양극화 시대의
한국 경제

민주주의 총서 09

양극화 시대의 한국 경제 : 노무현 정부의 경제정책에 대한 평가

1판1쇄 펴냄 2008년 10월 20일

지은이 | 유태환·박종현·김성희·이상호

펴낸이 | 박상훈
부대표 | 정민용
편집장 | 안중철
책임편집 | 성지희
편집 | 박미경, 최미정
디자인 | 서진
경영지원 | 김용운
제작·영업 | 김재선, 박경춘

펴낸곳 | (주)후마니타스
등록 | 2002년 2월 19일 제300-2003-108호
주소 | 서울 마포구 서교동 464-46 서강빌딩 301호(121-841)
편집 | 02-739-9930, 9929 제작·영업 | 02-722-9960 팩스 | 02-733-9910
홈페이지 | www.humanitasbook.co.kr

인쇄 | 영창인쇄 031-995-7959
제본 | 일진제책사 031-908-1406

값 15,000원

ⓒ 유태환·박종현·김성희·이상호 2008
ISBN 978-89-90106-69-8 04300
　　　978-89-90106-39-1(세트)

이 도서의 국립중앙도서관 출판시도서목록(CIP)은 e-CIP홈페이지(http://www.nl.go.kr/ecip)에서
이용하실 수 있습니다(CIP 제어번호 : CIP2008002977).

민주주의 총서 09

양극화 시대의
한국 경제

노무현 정부의 경제정책에 대한 평가

유태환·박종현·김성희·이상호

후마니타스

차례

서문

끊임없는 전진만이 '강요'되는 사회에서, '지나온 길을 되돌아보는' 행위는 호사가의 사치 혹은 여유로 폄하되기 쉽다. 반성이 종종 시간의 흐름을 거스르는 퇴행 혹은 후퇴로 비치는 이유도 이와 무관하지 않다. 하지만 우리의 반성은 결코 단순한 퇴행이나 후퇴가 아니다. 반성 없는 전진이 맹목일 수 있다면, 지나온 길을 되짚어 보는 행위는 앞으로 나아가야 할 방향과 그 의미를 비추어 주는 소중한 시간일 것이다. 이런 사정을 고려한다면, 우리에게 반성은 연어의 귀환만큼이나 '과거로 돌아감'과 '앞으로 나아감'이 교차하는 역설 혹은 변증법의 영역이다. 아니 바다로 나아가는 새끼 연어의 힘찬 몸짓이 언제나 어미 연어의 귀환을 전제하듯이, 어쩌면 우리에게 반성은 역설 혹은 변증법을 넘어 거의 존재론적 필연 혹은 '운명'에 가깝다. 앞으로 나아가기 위해서라도 반드시 뒤를 돌아보아야 하는 운명!

그렇지만 연어의 귀환이 죽음을 향해 나아가는 과정이듯 우리의 반성 또한 절대 만만치 않은 여정이다. 종종 지우고 싶은 아픔이나 치부까지 정면으로 맞부딪쳐야 할 뿐만 아니라 때로는 그 과정에서 상처가 도지거나 악화할 수도 있다. 문제는 여기서 그치지 않는다. '역사란 과거와 현재의 끊임없는 대화'라는 역사학자 카E. H. Carr의 말을 굳이 인용하지 않더라도, 한 사회의 역사는 이미 개인이나 집단의 현실적 필요나 요구 조건 앞에 호명되어 재구성되거나 해석된 것이기 쉽다. 이는 곧 사회나 집단의 과거 혹은 역사가 개인·집단의 서로 다른 가치관이나 현실적 이해관계의 개입으로 어느 정도의 불투명성을 안고 있을 수밖에 없음을 암시한다.

사정이 이러하다면, 우리에게 반성은 종종 그 대상조차 확정하기가 쉽지 않은 대상과 싸우는, 그것도 지우고 싶은 아픔이나 치부까지 드러내면서 싸우는 과정일 수도 있다. 설령 그러할지라도, '반성 없는 전진은 맹목일 수 있다'는 경구에 담긴 교훈을 무시할 수 없는 한, 좀 더 나은 사회에 대한 모색 혹은 전망은 언제나 '지금 여기'에 켜켜이 싸여 있는 과거에 대한 반성에서 출발할 수밖에 없다. 때로는 이런 반성이 좀 더 나은 미래를 예비하는 데 실패할 수도 있다. 그렇지만 적어도 동일한 실수를 반복하는 어리석음만큼은 줄여 줄 수 있다는 점에서, 반성은 충분히 가치 있는 작업일 것이다.

이 책은 바로 이런 문제의식에서 출발해서, 현 단계 한국 경제의 구조적 특징과 참여정부의 사회·경제정책을 평가하면서 좀 더 바람직한 방향이나 대안을 모색해 보려는 취지에서 기획된 것이다. 엄밀히 말해서 과거에 대한 반성 혹은 비판의 필요성에 동의한다고 해도, 참여정부의 사회·경제정책에 대해 평가하거나 비판하기란 쉽지 않다. '정권 양도'라는 객관적 사실과 무관하게, 정책 혹은 그 효과 면에서 참여정부는 상당 부분 현재로 남아 있기 때문이다. 더구나 참여정부는 '좌측 깜빡이를 켠 채 우회전했다'거나 '좌파 신자유주의'라고 평가될 정도로, 종종 매우 다양한, 그래서 혼란스럽기까지 한 정책 이념 혹은 방향을 드러내기도 했다는 점에서, 이 정부의 사회·경제정책을 일관된 체계나 틀로 묶어 내는 것 자체가 생각만큼 쉽지도 않을 것이다.

이런 점에서, 이 책은 조금은 '모험'에 가깝다. 우리는 오랜 토론과 고민 끝에 참여정부의 시대를 과감하게 '양극화 시대'로 정의하기로 결정했다. 이런 과감한 선택에 대해, '양극화'라는 단어가 현 단계 한국 경제의 구조적 특징을 모두 담아낼 수 있는 말인지, 설령 그렇다고 해도 이 문제가 모두 참여정부의 한계로만 설명될 수 있는 사안인지 등의 다양한 의견이 제시될 수도 있을 것이다. 오늘날 한국 경제가 안고 있는 양극화 문제는 저 멀리 '박정희 체제'에서부터 1997년 말 외환위기와 관련된 IMF 구조조정 프로그램이나 국민의 정부에 이르기까지 다양한 요인에서 비롯된 사안일 수도 있기 때문이다. 그렇지만 최근 한국 사회에서 '양극화'가 매우 중요한 사회경제적 쟁점으로 부상하고 있다는 사실은 참여정부가 이와 관련된 책임에서 결코 자유로울 수 없음을 간접적으로나마 보여 준다고 판단된다. 그렇다고 해서 우리가 하나의 키워드로 특정 시대나 정부의 사회경제적 특징을 정의할 경우 지나친 단순화의 위험에 빠질 수도 있다는 점까지 무시하는 것은 아니다. 다만 우리는 '양극화'라는 키워드를 통해 참여정부의 시대를 서슬러 오르게 되면, '단순화'의 위험은 남겠지만, 이 시대의 사회경제적 특징과 한계가 좀 더 분명하게 드러날 수 있다고 판단했을 뿐이다.

이런 판단에 동의한다고 해도, 참여정부의 사회 경제정책에 대한 평가는 그 키워드를 확정하는 것으로 끝나는 작업이 아니다. 하나의 시대나 정부의 특징을 구성하는 분야는 너무도 다양한 만큼, 좀 더 객관적이면서 공정한 평가를 위해서는 가급적 많은 분야를 고려할 필요가 있을 것이다. 이는 분명 현실적으로 쉽지 않은 작업이다. 그래서 우리는 차선책으로 참여정부의 특징을 좀 더 분명하게 드러낼 수 있는 분야를 선택해서 접근하는 방법을 채택했다. 이 차선책 또한 우리에게는 참여정부의 특징을 드러내는 키워드를 찾아내는 일 만큼이나 힘든 과제였는데, 오랜 논의 끝에 대외 통상정책, 금융정책, 노동정책, 연금정책을 선택하기로 결정했다. 이

네 가지 주제가 참여정부 시절 내내 가장 두드러진 논쟁거리였다고 판단했기 때문이다. 이런 의미에서 이 책은 '양극화'라는 키워드로 참여정부의 대외 통상정책, 금융정책, 노동정책, 연금정책을 항해하면서, 이 정부의 정책적·시대적 특징과 한계를 살펴보고 반성함과 동시에 좀 더 바람직한 대안까지 모색해 보려는 시도로 이해될 수 있을 것이다.

1부는 지난 2007년 4월 2일 타결된 한-미 자유무역협정을 중심으로, 참여정부의 대외 통상정책에 대해 평가하는 글이다. 이 글은 먼저 자유무역협정에 기반을 둔 통상정책이 한국 정부의 대외 개방 정책의 핵심으로 자리매김하는 과정을 살펴본 후, 선진통상국가론의 등장과 거대 경제권과의 동시다발적 FTA 추진에 대한 논의의 진행 과정을 추적한다. 그리고 나서 일반균형연산 모형을 이용해 한국과 중국, 미국, 일본, EU, ASEAN 등과의 FTA 체결에 대한 거시경제적 효과와 구조조정 비용을 추정한다. 이를 통해 국민적 합의 없이 일방적으로 추진된 한-미 FTA가, 추정하기 어려운 경제적 파급 효과와 악영향의 가능성을 안고 있음을 지적한 다음, 국민적 합의에 기초한 내부 개혁과 이에 기초한 국제 경쟁력 강화 방안을 모색하고 있다.

2부는 자본시장의 발전과 금융 허브의 육성을 장기적인 정책 과제로 설정하고 이를 위해 노력했던 참여정부의 금융정책에 대해 비판적으로 평가하는 글이다. 이 글에서 저자는 참여정부 들어 자본시장이 과거에 비해 양적·질적 측면에서 괄목할 만한 발전을 보였다는 점에서 외관상으로는 이 정부의 금융정책이 성공한 듯 보이지만, 그 이면에는 기업의 주요한 투자 자금이 주식시장을 통해 조달되고 기업의 성장에 따른 수익이 국민경제 전반에 고르게 흘러간다는 새로운 자금순환 패러다임이 정착되지 못한 채 산업과 금융의 연계가 오히려 약화되고 있는 현실이 놓여 있다고 주장한다. 또한 저자는 외환위기 이후 10여 년 동안 증시 활황과 부동산 가격 급등 속에서 부유층의 금융자산 및 부동산이 눈덩이처럼 불어난 반면 저소득층의 금융접근성은 크게 악화되는 금융 양극화가 본격화되고 있는데도, 참여정부의 금융정책에서 이 문제를 해결하기 위한 노력을 찾아볼 수 없다고 비판한다. 요컨대 자본시장의 발전이라는 목표에 막대한 정책적 자원을 투입한 반면 국민경제의 안정적 재생산과 사회적 안전망으로 기능할 지역 금융·서민금융 등 좀 더 보편적인 금융 인프라 구축이라는 과제는 정책 의제에서 배제하는, 문제의식의 비대칭성이 참여정부 금융정책의 주된 특징이라는 것이다. 참여정부가 중산층과 서민의 정부를 자임했음에도, 시간이 흐를수록 경제의 양극화가 확대되고 저소득층의 금융 배제 문제가 심화되었던 역설적 현상은 금융정책의 이런 비대칭성과 깊은 관련이 있다. 저자는 이런 현실 진단 위에 자본시장 일변도의 협소한 시야에서 벗어나 금융이 신입과 사회의 든든한 후견인 역할을 다시 담당할 수 있도록 하기 위해 전통적 금융기관과는 상이한 목표와 조직 원리에 의해 작동되는 대안 금융의 가능성을 타진한다.

　3부는 참여정부의 노동정책을 살펴보면서, 양극화 문제를 완화시키기는커녕 오히려 더욱 악화시키게 된 이유 혹은 배경을 분석하는 글이다. 이 글에서 저자는 참여정부가 '사회 통합과 개혁'이라는 정책 목표를 선언했음에도 불구하고, 배제와 차별이 심화되는 상황을 가져온 이유를 '미약한 제도화와 강화된 유연화'에서 찾는다. 무엇보다도 참여정부는 갈등과 협력의 제도화라는 노동 개혁의 구조적 특징을 간과한 채 협력의 제도화만을 강조함으로써 노사관계의 제도적 개혁이라는 목표에서 멀어졌을 뿐만 아니라, 신자유주의 세계화 논리에 사로잡혀 노동 유연화를 개혁이라는 이유로 정당화했다. 그래서 저자는 노동시장 양극화와 사회 양극화,

그리고 여기서 비롯된 경제적 불평등의 확대야말로 신자유주의에 사로잡힌 노무현 정부의 구조적 한계에서 비롯된 필연적인 산물이라고 주장하며, 비정규직을 보호하기 위한 비정규법이 비정규직에 대한 배제와 차별이라는 역설적인 결과로 이어지게 된 이유 또한 여기에 있다고 설명한다. 그리고 나서 저자는 노동과 사회의 양극화나 경제적 불평등 문제를 완화하거나 해결할 수 있는 제도적·정책적 방안을 모색한다.

4부는 참여정부의 연금 개혁안의 특징과 한계를 비판적으로 검토해 보는 글이다. 이 글은 현재 한국의 연금 체계가 인구 고령화에 따른 연금 재정의 안정성과 사각지대의 해소라는 이중의 과제를 안고 있다는 사실에서 출발한다. 저자의 추론에 따르면, 이 두 가지 과제는 '양극화' 문제를 매개로 서로 밀접하게 얽혀 있는데, 현재 한국 사회에서 소득이나 고용의 불안정에서 비롯된 양극화 문제가 출산율을 떨어뜨림으로써 인구의 고령화 속도를 강화하고 있을 뿐 아니라 연금 체계의 사각지대를 초래해서 궁극적으로 연금 재정의 안정성까지 약화시키고 있다고 판단하고 있다. 저자는 이런 판단에 기초해서 참여정부의 연금 개혁안(2007년에 개정된 국민연금법을 포함해서)의 한계를 지적하고 바람직한 대안을 모색한다.

이 책은 고려대학교 아세아문제연구소의 지원 아래 진행된 공동 연구의 산물이다. 공동 연구가 종종 그러하듯이, 이 책 또한 일관성을 갖추고 있다고 장담하기는 힘들다. 때로는 지나치게 과감한 시도가 단순함의 미덕을 넘어 무모함으로 나타나는 부분도 있을 것이다. 아니 어쩌면 참여정부의 사회·경제정책을 대외 통상, 금융, 노동, 연금이라는 네 가지 정책 분야를 중심으로 평가한다는 것 자체가 이미 정책의 다양성을 간과하는 오류를 내포한 것일지도 모르겠다. 독자 여러분의 아낌없는 비판을 기대한다.

14

끝으로 어려운 출판 환경에서도 부족한 우리의 원고를 기꺼이 받아 주신 후마니타스 출판사 여러분께 이 자리를 빌려 고마움을 전한다. 부족하나마, 이 책이 참여정부의 특징이나 한계와 관련된 논의를, 더 나아가 한국 경제의 바람직한 발전 방향과 관련된 논의를 좀 더 생산적인 방향으로 이끄는 자그마한 계기라도 되기를 바란다.

2008년 9월
필자들을 대신해서 이상호

1부

의욕의 과잉과 전략의 부재 :
노무현 정부의 자유무역협정 추진에 대한 평가

유태환

I. 전략적 대외 개방의 중요성

세계무역기구WTO의 도하개발어젠다DDA와 같은 다자 협상이나 지역 경제 공동체 구축, 자유무역협정FTA 체결 등이 국가 경제의 궁극적 지향점이 될 수 없다는 사실에는 의문의 여지가 없다. 모든 대외 개방은 형식을 불문하고 국가 경제 발전의 수단일 뿐이며, 빈곤 감소와 삶의 질 향상이라는 목표 달성을 위한 하부 실행 규범에 불과하다. 그러므로 세계경제와의 통합 방식이나 개방안을 논의하기 전에 국가 경제의 목표와 산업 발전 전략을 먼저 확정하는 것이 우선이다. 그다음 국가 경제의 발전을 위해 대외 개방이 불가피하다면, 국가 경제의 발전을 견인하고 지역공동체의 경제 협력을 높일 수 있는 전략적 대외 개방 정책을 수립해야 한다.

무역자유화를 통한 시장 개방이 경제성장을 촉진하는지, 소득 분배의 불평등을 완화할 수 있는지에 대한 무수한 이론적 검증과 이에 대한 비판이 제기되어 왔다. 무역자유화가 경제성장에 기여한다는 주장을 하고 있는 논문으로는 달러와 크레이(Dollar and Kraay 2001)의 연구와 이 논문에 기초한 세계은행의 2002년 보고서를 들 수 있다. 반면에 무역자유화를 지지하는 신고전파 경제학자들의 실증 분석과 방법론을 실증적으로 비판하고 있는 로드리게스와 로드릭(Rodriguez and Rodrik 2000), 그리고 세계무역기구의 다자주의 체제는 개도국의 경제 발전에 기여할 수 없으므로 새로운 국제무역 규범을 제정해야 한다는 샤페딘(Shafaedin 2003)은 무역자유화와 경제성장의 관계를 비판적으로 분석하고 있는 대표적인 연구라 할 수 있다. 또한 밀라노비치와 스콰이어(Milanovic and Squire 2005)는 150개국을 대상으로 관세율 하락이 저소득 국가의 직업 간, 산업 간 임금격

차를 확대하고 결과적으로 소득 불평등을 심화시켰다는 실증 분석 결과를 제시하고 있다.[1]

그러나 대부분의 경제학자들은 좁은 의미의 무역자유화(따라서 상품 무역의 자유화)가 경제성장을 촉진한다는 주장에 동의한다. 미국에서는 93%의 경제학자들이 '관세와 수입 쿼터가 부과되면 경제적 후생 수준이 낮아진다'고 했으며 한국의 경우에는 95%가 같은 답을 했다.[2] 나아가 무역자유화가 경제성장의 충분조건은 아닐지라도 필요조건의 하나라는 사실은 한국을 비롯한 동아시아 국가의 역사적 경험에서 확인할 수 있다. 또한 1997년 한국의 외환위기와 남미 국가들의 경제적 부침은 자유화 또는 개방 정책의 '관리'가 필요하다는 사실을 증명하고 있다. 그러므로 비가역적인 흐름으로써 우리 경제의 대외 개방은 피할 수 없는 운명이지만 질서 있는 혹은 관리된 대외 개방을 통한 '실속 챙기기'는 온전히 우리의 몫이라고 할 수 있다.

2004년 하반기 이후 지금까지 한-미 FTA 체결에 대한 논란이 계속되고 있는 것은 최상위 대외 정책 목표와 경제 발전 전략, 이해 조정 기제가 부재한 탓이 크다. 정부가 제시하는 동시 다발적 FTA 추진이나 거대 경제권과의 FTA 체결은, 비교적 짧은 시간 내에 여러 거대 경제권과의 FTA 체결이 필요한 경우 우리가 선택할 수 있는 전술에 불과하다. 그러나 정

---

[1] 이는 상품 무역에 의해 생산요소의 상대가격이 국제적으로 균등화(헥셔-올린 정리의 제2명제)되는 경향이 있다는 신고전과 국제경제학의 일반론과 상반되는 분석 결과이다. 따라서 밀라노비치와 스콰이어의 연구는 양극화 해소 방안으로 한-미 FTA 추진을 고려하게 되었다는 노무현 대통령의 인식이 잘못된 것일 수 있다는 판단의 계기가 된다.

[2] 미국의 예는 Alston et al.(1992)를 참고했으며 한국의 예는 Cho(2001)를 참고.

부의 FTA 추진 전략을 살펴보면, 이 두 가지 수단을 위해 그보다 상위의 목표들이 이용되는 모습을 보이고 있다. 특히 하나의 대외 통상정책 수단에 불과한 한-미 FTA 체결을 위해 맞춤형 대외 통상정책이 작성되고, 이를 수용하도록 억압하면서 국민적 갈등을 확산시켰다.

우리는 쌀 시장 개방 협상과 이미 발효된 네 건의 FTA 체결 과정에서, 사회적 합의가 없는 대외 개방이 얼마나 심각한 국론 분열을 야기하는지를 이미 뼈저리게 경험했다.[3] 그럼에도 정부는 일방적으로 한-미 FTA를 추진하고 있다. 또한 협상에서 법제도를 미국화하고 신통상 이슈에 대한 미국 측 요구를 수용함으로써 영·미형 자본주의 모델의 이식 가능성을 높였다. 결국 한-미 FTA의 발효는 한국 사회 전반에 냉혹한 신자유주의적 시장 근본주의를 확산시킬 것이다.

이에 따라 본 연구는 국민적 합의 없이 일방적으로 추진된 참여정부의 대외 개방, 특히 FTA 추진에 대한 문제점을 지적하고 대외 개방의 선결 과제를 제시하려 한다. 참여정부 이전 한국의 대외 개방 정책은 선진국의 개방 압력 등 국가 경제 발전을 제약하는 조건을 피하기 위한 종속적·방어적 성격을 갖고 있었다. 이에 반해 참여정부 들어서는 국가 경제의 발전을 견인하기 위한 능동적·공세적 개방 정책의 필요성이 제기되면서 대외 개방이 국가 경제에 미치는 영향이 광범위해졌다는 점에서, 참여정부의 대외 개방 정책을 주시할 필요가 있다.

이 글은 먼저 FTA에 기반을 둔 통상정책이 한국 정부의 대외 개방 정책의 핵심으로 자리매김되는 과정을 살펴보고, 이를 토대로 선진통상국

---

3 한국의 FTA 추진 현황에 대해서는 〈부록 1〉을 참고.

가론의 등장, 거대 경제권과의 동시 다발적 FTA 추진에 대한 논의가 진행된 과정을 알아본다. 또한 일반균형연산 모형을 이용해 한국이 중국, 미국, 일본, EU, 동남아시아국가연합ASEAN4과의 FTA를 체결하고 관세를 철폐하는 것에 대한 경제적 효과와 구조조정 비용을 추정한 다음, 한-미 FTA의 협상 결과를 평가하고 대응 방안을 제시한다. 마지막으로 국가 경제 차원의 산업 발전 전략을 시급히 수립해야 하며, 대외 개방 정책을 국가 경제 발전 전략과 유기적으로 연계함으로써 개방의 성과를 극대화할 수 있다는 점을 강조한다.

II. 한국의 대외 통상정책의 변화

1. 다자주의 지지 정책에서 양자주의에 대한 적극적 고려

1997년 외환위기 이전까지 한국 정부는 GATT/WTO를 중심으로 하는 다자무역주의를 지지하면서 지역주의나 양자주의에 대해서는 큰 관심을 보이지 않았다. 그러나 외환위기 이후 세계무역기구의 다자간 무역자유화 노력에도 불구하고 지역무역협정RTA에 기반을 둔 지역주의가 전 세계적으로 확산되었고, 이에 대한 대응책으로 FTA 체결을 고려하게 되었

---

4 동남아시아국가연합은 싱가포르, 말레이시아, 인도네시아, 타이, 브루나이, 필리핀, 베트남, 미얀마, 라오스, 캄보디아 10개국으로 구성.

다. 특히 김영삼 정부의 '세계화' 전략과 1996년 경제협력개발기구OECD 가입 전후의 무분별한 개방 정책이 외환위기의 원인으로 작용했다는 지적에 따라, 우리나라의 대외 경제정책 전반에 대한 재검토가 필요했다.

이에 따라 김대중 정부에서는 1998년 중반 통상교섭본부의 주도로 "주요국과의 자유무역협정 추진 방안 검토"라는 자료를 작성하고 다자무역 체제에 대한 보완 수단으로 FTA를 추진하기로 결정했다. 이 자료는 한국이 FTA를 추진해야 하는 이유를 경제구조의 취약성 극복, 산업구조의 고도화, 외국인 직접투자 유치 및 해외 수출 거점 지역의 확보 등으로 설명하고 있다. 높은 무역 의존도에 따라 한국 경제가 세계적인 경기 침체나 주요 교역 상대국들의 무역 제한 조치에 무방비로 노출되어 있다는 점을 지적하고 있으며, 특히 FTA를 체결함으로써 수출 위주의 취약한 경제구조를 보완할 수 있는 대외 무역 기반을 확보할 수 있을 것으로 판단하고 있다. 또한 FTA 체결을 통해 선진 외국 기업들의 첨단 기술을 적극적으로 받아들일 수 있게 됨으로써 저기술·저부가가치 산업에 집중되어 있는 한국의 산업구조를 고도화하고, 외국인 직접투자도 유치할 수 있을 것으로 전망하고 있다. 한편 이 자료는 첫 FTA 대상국으로 칠레, 이스라엘, 남아프리카공화국을 검토하고 있다.[5]

이와 같은 연구 결과에 기초해 1998년 11월에 열린 대외경제조정위원회는 우리나라의 첫 번째 FTA 대상국으로 칠레를 선정했다. 칠레는 지리적으로 멀리 떨어져 있으면서 중남미 진출의 교두보 역할을 기대할 수 있

---

[5] 이후 첫 FTA 검토 대상국은 태국, 뉴질랜드, 터키가 추가되어 총 6개국으로 늘어나게 된다. 이에 대해서는 한국농촌경제연구원·대외경제정책연구원(2004)을 참고.

고, 공산품을 수출하고 원자재를 수입함으로써 산업 및 무역 구조의 보완
성이 높고, 나아가 농업 피해는 매우 제한적이라는 점이 우선 고려되었다.
또한 주요 거점 국가와의 단계적 FTA 추진, 주요 거대 경제권(미국, 일본,
중국)과의 FTA 추진 방안에 대한 연구 검토 진행, FTA추진위원회 설치 등
을 의결했다.

한-칠레 FTA가 3년 1개월의 협상을 거쳐 타결(2002.10)된 직후 대외경
제장관회의에서는 한-싱가포르 FTA 체결을 위한 산·관·학 공동연구회
를 시작하기로 결정했다. 싱가포르와의 FTA 추진 또한 가속화되는 지역
주의에 대한 방어와 손실 최소화 전략에 기초하고 있으며 따라서 2002년
까지 한국 정부의 FTA 추진은 세계적인 FTA 네트워크 역외 국가로서의
피해 최소화에 초점을 맞춘 것이라고 평가할 수 있다.

한-칠레 FTA 협상 타결 이후 추가적인 FTA 체결을 위해 대상국 선정
과 대상국의 우선순위 결정에 대한 기준이 필요해졌다. 이에 따라 통상교
섭본부와 대외경제정책연구원에서는 "FTA 추진 로드맵"(이하 "로드맵")을
작성, 대외경제장관회의(2003.8.30)와 국무회의에 보고(2003.9.2)했다.

"로드맵"은 FTA 추진 대상국을 선정한 네 가지 기준으로 ① 경제적 타
당성, ② 정치·외교적 함의, ③ 우리나라와의 FTA에 적극적인 국가, ④
거대·선진 경제권과의 FTA 추진에 도움이 되는 국가를 제시하고 있다.
이런 기준으로 "로드맵"은 한국 정부의 FTA 체결 대상국으로 단기 추진 대
상 5개 경제권(일본, 싱가포르, ASEAN, 멕시코, 유럽자유무역연합[6])과 한·중·일
FTA를 포함, 미국, EU, 중국 등 중·장기 추진 대상 11개 경제권을 제시했다.

---

6 유럽자유무역연합(EFTA)은 스위스, 노르웨이, 아이슬란드, 리히텐슈타인 4개국으로 구성.

〈표 1〉 "FTA 추진 로드맵"에 따른 자유무역협정 추진 대상국

구분[1]	대상 국가	추진 내용
단기 추진 대상국	일본, 싱가포르	가능한 한 조기 협상 개시 - 일본과는 2003년 12월 협상 개시, 2005년 말 타결 목표 - 싱가포르와는 2004년 1월 협상 개시, 2004년 말 타결 목표
	ASEAN, 멕시코, 유럽자유무역연합	공동 연구 또는 협상 준비
중·장기 추진 대상국	미국, EU, 중국, 한·중·일 FTA	우호적인 여건을 조성하면서 점진적으로 추진
	호주, 뉴질랜드, 이스라엘, 페루, 파나마	한국과의 FTA 체결 의사를 표시
	캐나다, 인도	한국이 FTA 체결을 기대 - 캐나다: 미주 시장 교두보 - 인도: 잠재적 시장 규모가 큰 개도국

주: 1) 단기는 1년 이내, 중기는 2~3년, 장기는 5~10년을 의미.
자료: 외교통상부(2003)를 참고해 필자 재구성.

1998년 작성된 "주요국과의 자유무역협정 추진 방안 검토"에 비교해 보면, "로드맵"에서는 검토 대상 국가가 확대되었고 비교적 객관적인 기준에 의해 단기와 중·장기 추진 대상국이 검토되었다. 그러나 이 보고서는 FTA 협정 체결에 따르는 경제적 효과와 정치·외교·안보에 미치는 영향에 대한 치밀한 분석이 없이 상식 수준의 내용을 정리한 것에 불과하다. 이후 "로드맵"에 따라 일본(2003.10.20), 싱가포르(2003.10.23)와의 FTA 체결을 위한 공식 협상이 개시되었다. 또한 2004년에는 유럽자유무역연합, 인도, 캐나다와의 FTA 체결에 대한 경제적 효과와 타당성 검토를 위해 외교통상부의 연구 용역이 발주되었다.

한편 2003년 9월 제5차 세계무역기구 각료회의(칸쿤)에서 DDA 협상이 합의에 실패한 후 다수의 국가가 FTA를 적극적으로 추진하게 되었고 FTA 체결을 통한 양자 경제 협력이 매우 빠른 속도로 확산되었다.[7] 우선

동유럽 10개국의 EU 가입 논의가 현실화되고, 미국과 중미 5개국의 중미 자유무역협정CAFTA 협상 타결, 그리고 미주자유무역지대FTAA 창설 논의, 미국과 남아프리카관세동맹SACU, 안데안 그룹ANDEAN Group 국가와의 무역자유화 협상 진행 등으로 유럽과 미주 지역에서 지역 블록 간 경제 통합이 가속화되는 경향을 보여 주었다.[8] 이에 더해 일본과 중국 등 동아시아 국가에서도 FTA 체결에 대한 논의가 급속도로 확산되었다. 이에 따라 통상교섭본부에서는 동시다발적인 FTA를 추진하기로 결정하고 기존 "로드맵"을 수정(이하 "수정 로드맵")해 대외경제장관회의에 보고했다(2004.5).

공세적 FTA 추진을 핵심으로 하는 "수정 로드맵"을 작성하게 된 배경에는 한-칠레 FTA의 발효(2004.4)로 여타 FTA 추진을 위한 국내 기반이 조성되고, 적극적 FTA 추진을 위한 여건이 확보되었다는 판단이 있었다. 그 내용을 보면 첫째, 피해 최소화를 위한 FTA가 아닌 국익 극대화를 위한 FTA 추진을 제안하고 있다.

둘째, FTA 추진 방식으로는 협상에서의 지렛대 효과leverage effect를 극대화시키기 위해 동시다발적으로 FTA를 추진할 것, 일괄 추진과 조합 전략 Package and Combination Strategy[9]을 활용할 것, 높은 수준의 포괄적인 FTA를 체

---

7 DDA 협상은 1947년 GATT 설립 이후 아홉 번째, 1995년 세계무역기구 출범 이후 첫 번째 다자무역협상(multilateral trade negotiation)이다. DDA 협상은 2001년 카타르 도하에서 개최된 제4차 세계무역기구 각료회의에서 공식 출범했으며 현재 150개국이 참여하고 있다.

8 중미자유무역협정(CAFTA)은 미국과 코스타리카, 엘살바도르, 과테말라, 온두라스, 니카라과가 협정 체결국이며, 미주자유무역지대(FTAA)는 쿠바를 제외한 미주 지역 34개국이 참여해 1994년부터 논의 중이다. 남아프리카관세동맹(SACU)은 남아프리카공화국, 보츠와나, 레소토, 나미비아와 스와질란드를 회원국으로 하고 있으며, 안데안 그룹에는 볼리비아, 콜롬비아, 에콰도르, 페루 및 베네수엘라가 포함되어 있다.

9 일괄 추진과 조합 전략은 산업 발전 단계와 경제구조가 상이한 국가와의 동시적 FTA 체결을

〈표 2〉 "수정 로드맵"에 따른 FTA 추진 대상국과 우선순위

구분	그룹의 특징	대상국과 우선순위[1]	
		단기 추진 대상국	중·장기 추진 대상국
A 그룹	우리나라의 수출 비중과 해당 국가의 시장 규모에 기초한 5대 경제권	일본, ASEAN	[미국, 중국] → [EU, 한·중·일, 동아시아]
B 그룹	시장의 성장 가능성이 크거나, 산업 경쟁력의 비교 열위 국가	멕시코, 캐나다, 인도	남미공동시장[2] → 호주 → 러시아(세계무역기구 가입 이후)
C 그룹	FTA 협상의 모멘텀 유지, 또는 거대 경제권과의 FTA 교두보 활용 가능 국가	싱가포르, 유럽자유무역연합	뉴질랜드

주: 1) 중·장기 추진 대상국의 우선순위는 외교통상부의 각종 발표 자료를 참고해 필자 추정.
    2) 남미공동시장(MERCOSUR)은 남미의 브라질, 아르헨티나, 우루과이, 파라과이 4개국으로 구성되어 있으며 관세동맹 (customs union) 단계의 경제 공동체임. 자세한 내용은 유태환·박순찬(2006)을 참고.

결할 것을 제시하고 있다. 높은 수준의 FTA는, 국내 제도의 개선과 선진화를 위해 GATT/WTO와 서비스 무역에 관한 일반 협정GATS 규정에 배치되지 않는 한 세계무역기구에서 추진하는 자유화 수준보다 높은 수준의 FTA를 체결한다는 의미다. 포괄적인 FTA는 FTA 체결의 효과를 극대화하기 위해 상품 무역에서의 관세 및 비관세 장벽 철폐, 투자 및 서비스 시장 개방, 정부 조달, 위생 검역, 통관 절차, 지적재산권 등의 무역 규범 조화와 환경, 기술 표준 등을 모두 포함해야 한다는 의미다.

마지막으로 거대 경제권과의 FTA가 한국 정부의 궁극적인 목표지만, 우선 국내 여건 조성이 필요하며 순차적으로 추진되어야 한다는 점을 밝히고 있다. 특히 농·수산업 부문에 대한 충격의 완화와 여타 산업 부문의

통해 국내 산업에 대한 부정적 영향을 최소화할 수 있다는 판단에 기초하고 있다. 예를 들어 일본과의 FTA에서 국내 제조업이 저기술 중심의 산업구조로 재편되는 것을 동남아시아국가연합과의 FTA 추진으로 완화할 수 있다는 것이다.

적응 기간을 고려할 때 거대 경제권과는 순차적인 FTA를 추진해야 하며 예상할 수 있는 시나리오로 '일본, 동남아시아국가연합 → 미국, 중국 → EU'의 순서를 제시하고 있다.[10]

"수정 로드맵"은 DDA 협상이 수년 내로 완료되는 경우 상대국과의 양자 간 관세 철폐를 주된 내용으로 하는 FTA의 매력이 감소하고 우리나라의 관세장벽 또한 무의미해질 수 있다는 점을 지적하고 있다. 따라서 아시아태평양경제협력체APEC 무역자유화Bogor Goal와 DDA 협상에 따른 무역자유화 일정을 감안해 개별 FTA 추진 시기를 조정할 필요가 있지만, 가능한 한 DDA 협상 종료 이전에 다수의 FTA를 체결하는 것이 바람직하다고 제언하고 있다. 또한 유망 대상국과의 FTA를 적극 추진하기 위해 중·장기 FTA 추진 대상국 가운데 캐나다와 인도를 단기 추진 대상국에 포함시켰고 모든 단기 FTA 추진 대상국과의 공동 연구를 빠른 시일 내에 시행할 것을 주장했다. "수정 로드맵"은 FTA 대상 국가를 3개 그룹으로 구분하고 7개의 단기 추진 대상국과 9개의 중·장기 추진 대상국에 대해 〈표 2〉와 같은 우선순위를 제시했다.

"수정 로드맵"에 따라 한-싱가포르 FTA 협상이 타결(2004.11)되었고, 2004년 중 인도(10월), 동남아시아국가연합, 캐나다, 남미공동시장(이상 11월), 유럽자유무역연합(12월)과 FTA 체결을 위한 협상 추진에 합의했다. 또한 같은 해 11월 아시아태평양경제협력체 각료회의 한-미 통상장관회

---

10 2004년 제4차 대외경제위원회(2004.4.6)에서 노무현 대통령은 "한-미, 한-중 FTA 둘 다 중요한 사안이며, 우선순위와 관련해서 중국과의 FTA 체결 시 어떤 경제적 영향이 있을지에 대한 연구가 필요하다"고 지적함으로써 중립적인 자세로 본격적인 연구의 필요성을 강조했다(국민경제자문회의 2004).

담에서 한-미 FTA 체결에 대한 사전실무검토회의를 개최하기로 결정했으며 중국과는 민간 공동 연구를 추진하기로 합의했다.

2. 선진통상국가론과 대외 개방의 기반 구축

참여정부의 FTA 추진이 본격화되기 직전인 2004년 초 재정경제부의 주도로 한국 경제의 여러 가지 문제점을 점검·분석하고 대안을 찾기 위한 작업이 시작되었다. 또한 한-칠레 FTA 발효 과정을 거치면서 극심한 국론 분열과 대외 개방에 대한 강력한 저항에 직면했던 정부 또한 범부처 차원에서 개방을 가속화하기 위한 논리를 개발하는 데 착수했다.

2004년 4월에 열린 제4차 대외경제위원회 보고서는 우리 경제의 대내적 문제로, 성장 잠재력 위축, 고용 없는 성장, 고령화, 양극화 등 선진국형 경제 문제와 집단 간 이해 갈등의 확산을 들고 있다. 대외적 위협 요인으로는 세계경제의 통합과 국제 네트워킹의 심화, 중국 중심의 새로운 동아시아 분업 구조의 형성, 대외 개방과 대내 정책의 연계 부족 등을 제시하고 있다. 이에 더해 동북아 시대 구현 이념의 좌절, 서비스산업의 구조 개혁을 통한 성장 동력의 확충과 WTO/DDA 협상에 따른 대외 개방의 불가피성 등을 감안할 때 능동적 대외 개방이 필요하다는 결론을 내렸다 (대외경제위원회 2004).

이와 같은 논리는 2005년 4월 국민경제자문회의에 보고된 "선진통상국가의 개념 정립"으로 발전했고 최종적으로 『동반 성장을 위한 새로운 비전과 전략』에서 체계화되었다. 이들 자료에 의하면 정부는 개방을 회피하면서 경제적 성장을 달성한 선례가 없다는 인식에서 '用세계화' 전략에 기초한 선진통상국가론을 제기하고 있다.

이들 자료에 따르면 선진통상국가의 5대 구성 요소는 ① 노동·금융·경쟁 등 각 부문에서 국제적 기준을 갖추고, ② 적극적 해외 투자와 외국인 투자 유치를 통한 국제 네트워킹 구축, ③ 강한 서비스산업과 부품·소재 산업을 보유하고 IT 등 미래 성장 산업에 집중 투자하면서, ④ 개방 친화적 인프라를 구축하는 것이다.

구체적으로 선진통상국가 구현을 위해 금융시장의 국제화 추진과 동북아 금융 허브 조성 지원, 경쟁 제한적 규제의 개선으로 경쟁 환경 조성, 노사관계법과 제도의 선진화로 노동시장의 유연성 제고, 외국인 투자 유치를 위한 창업 절차 간소화 등으로 국내 제도와 관행의 국제 표준화를 달성한다는 정책 추진 방향이 제시되었다. 또한 국적 기업의 다국적 기업화 지원, 세계적 중견 기업 육성으로 부품 소재 산업의 국제 네트워크 편입 지원, 장기적 국가 이미지 홍보 전략 수립과 서비스산업의 경쟁력 강화 및 국내 산업 고도화를 통한 국제 네트워킹 촉진 등을 과제로 제시했다. 마지막으로 개방 친화적인 사회 인프라를 구축하기 위해 무역조정지원법과 실업 수당 및 교육비 지원 등으로 사회적 안전망을 강화하고, 개방에 대한 이해관계자의 참여와 의견 수렴 확대로 개방 정책에 대한 국민적 공감대를 구축할 것을 주문하고 있다.

즉 用세계화는 세계화에 저항하기보다 그 흐름을 잘 이용하고 세계화의 이득을 사회 안전망 확충에 이용함으로써 세계경제로 편입되는 과정의 낙오자를 보호한다는 전략이다. 그러나 이는 본질적으로 김영삼 정부의 세계화globalization 개념에 뿌리를 두고 있으며 국제적 기준의 도입과 대외 개방을 핵심으로 사회 안전망을 추가한 '세계화론'의 참여정부 버전이라고 평가할 수 있다.

〈그림 1〉 FTA 정책의 결정 과정

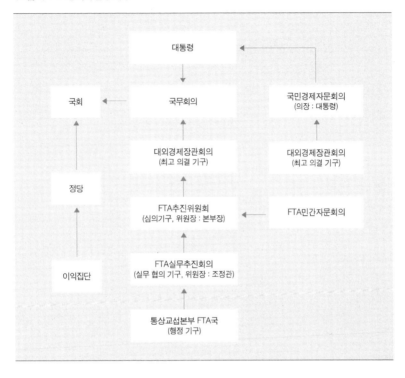

用세계화론과 선진통상국가론으로 이론적 틀을 확정한 참여정부에서
는 본격적인 FTA 추진을 위한 제도적 기반 구축에 나섰다. 우선 FTA 추
진 과정을 체계화하고 투명성을 제고하기 위해 관련 법률을 정비했다.
FTA 이행과 관련, 농어업인 등의 경쟁력을 제고하고 피해를 입거나 입을
우려가 있는 농어업인 등에 대한 효과적인 지원 대책을 마련하기 위해
FTA 체결에 따른 농어업인 등의 지원에 관한 특별법을 제정했다
(2004.3.22). 또한 FTA 체결과 관련된 추진 기구의 구성, 운영, 체결 절차

등을 규정함으로써 FTA 체결을 효율적으로 추진하고 그 과정에서 국민의 이해와 참여를 높이기 위해 자유무역협정체결절차규정(대통령 훈령 제121호, 이하 절차규정)을 제정했다(2004.6.8). 이 절차규정에 의해 FTA추진위원회와 FTA민간자문회의가 신설(2004.8)되었고 FTA 협상 개시 전 공청회 실시가 의무화되었다.

FTA추진위원회는 ① 자유무역협정 정책의 기본 방향 및 추진 전략, ② 특정 국가 또는 지역과의 자유무역협정 체결의 타당성, ③ 자유무역협정 협상안, ④ 국내 산업에 미치는 영향과 보완 대책, ⑤ 대국민 홍보 활동 등의 사항을 심의한다. 또한 절차규정은 FTA추진위원회의 위원장이 대외경제장관회의에 FTA 협상 개시에 대한 의결을 요청하고자 하는 경우 공청회를 개최하고 그 결과를 제출해야 하며 협상 타결 후에는 국회에 협상 결과를 보고하도록 규정하고 있다.

이에 더해 국민경제자문회의 산하에 경제부총리를 위원장으로 관계 부처 장관, 경제 단체장과 정부 출연 연구원장 등으로 구성된 대외경제위원회를 설치(2004.8, 이하 대경위)해 FTA를 비롯한 주요 대외 경제정책의 종합적 기획 및 추진 전략 수립에 대한 대통령 자문 기능을 수행하도록 했다(재경부 2004). 또한 FTA 추진에 따른 부서별 협의를 위해 FTA실무추진회의(위원장 : 통상 교섭 조정관, 유관 부처 국장급 참여)와 각계 전문가의 의견과 업계의 이익을 반영하기 위해 FTA민간자문회의를 설치하도록 규정했다.

3. 거대 경제권과의 동시다발적 FTA 추진에 대한 검토

정부에서는 2005년 2월 동남아시아국가연합과의 FTA 체결을 위한 공식 협상을 시작하기로 결정했다. 따라서 동남아시아국가연합과 또 다른 거대 경제권, 즉 미국과의 동시적 FTA 추진 가능성에 대한 체계적인 검토가 필요해졌다. 이에 앞서 2004년 11월 제2차 대경위에서는 거대 경제권과의 동시적 FTA 추진 가능성에 대한 연구를 요구했고 대외경제정책연구원을 비롯한 4개 국책 연구 기관에서는 "FTA 대상국 선정 및 상대적 영향 평가"라는 보고서를 작성했다. 이 보고서는 우리 경제의 효율성을 높이고 해외시장을 안정적으로 확보하기 위해 적극적인 FTA 추진이 필요하다고 주장하고 있다. 여기에서는 우리나라가 FTA를 추진하고 있는 국가를 3개 그룹으로 분류하고 ① FTA의 경제적 효과, ② 산업 발전에의 기여, ③ 농수산물 등의 민감도, ④ 기타 고려 사항이라는 네 가지 평가 기준으로 우선순위를 부여했다. A그룹은 우리나라의 수출 비중과 해당 국가의 시장 규모에 기초한 5대 경제권으로 미국, 중국, 일본, EU, 동남아시아국가연합이다. B그룹은 거대 경제권과의 FTA에서 나타날 수 있는 부정적 효과를 보완하기 위한 국가로 시장의 성장 잠재력이 크거나, 자원 확보, 산업 경쟁력 비교 우위 등의 이익이 있는 국가들로 남미공동시장, 인도, 러시아, 캐나다, 멕시코, 호주 등이 포함되었다. C그룹은 FTA 추진 동력을 유지하고 거대 경제권과의 FTA 추진을 위한 교두보 및 지렛대로 활용할 수 있는 국가들로 유럽자유무역연합과 뉴질랜드가 포함되었다.

또한 5대 경제권과의 FTA 추진은 국내 산업이 충분히 적응해 나갈 수 있도록 순차적으로 추진할 필요가 있으며 경제적 이익, 산업 발전 전략, 농수산물 민감도 등을 감안할 경우 미국 → 중국 → EU 순으로 진행할 수 있다는 의견을 제시했다.

그러나 통상교섭본부는 이미 체결한 FTA의 학습 효과에 따른 자신감에 기초해, 통상정책에 대한 연구 기관의 정책 조언을 무시하고 거대 경제권과의 동시다발적 FTA라는 무모한 대외 개방 전략을 실행에 옮겼다. 특히 한-칠레 FTA 발효 이후 한-싱가포르, 한-유럽자유무역연합과의 비교적 무난한 FTA 협상 타결을 통해, FTA 체결에 따르는 부정적 효과와 협상 과정에 대한 면역, 과도한 자신감을 획득한 것으로 보인다. 정부 간 협상 개시 이후에도 FTA 체결까지 1~3년 소요, 그로부터 10~15년의 이행 기간이 지난 후에 자유무역 지대가 완성된다는 안이한 사고에 기초해 "동시다발적 FTA 추진 전략으로 2007년까지 최다 50개국과의 FTA를 추진하겠다"는 다짐을 여러 차례 반복했다(『중앙일보』 2006/02/08).

III. 거대 경제권과의 FTA 체결에 대한 경제적 효과 분석

거대 경제권과의 FTA 체결 가능성에 대한 첫 번째 연구는 대외경제정책연구원의 2004년 정책 보고서 『거대 경제권과의 FTA 평가 및 정책 과제』다. 그러나 이 연구는 한-일, 한-중-일, 한-미, 한-EU, 한-ASEAN FTA 논의의 전개 과정과 주요 현안들을 검토하고 있을 뿐이며 거시경제적 효과 분석과 추진 전략은 포함하고 있지 않다.

주요 무역 상대국과의 FTA 체결에 대한 경제적 효과 분석은 2004년 말 4개 국책 연구 기관을 중심으로 시작되었다. 2004년 말 대외경제정책

연구원을 비롯한 4개 국책 연구 기관에서 발표한 "FTA 대상국 선정 및 상대적 영향 평가"는 연산 가능한 일반균형CGE, Computable General Equilibrium 모형을 이용해 한국과 미국, 중국, 일본, EU, 동남아시아국가연합과의 FTA 체결에 따르는 거시경제적 효과를 추정하고 있다. 그러나 이 보고서의 거시경제 효과는 2001년에 출시된 국제무역분석 프로그램GTAP: Global Trade Analysis Project[11] 제5판의 데이터베이스(기준 연도: 1997년)를 이용한 분석 결과로, 1997년 이후 10여 년 동안 발생한 세계경제 구조와 우리나라 수출입 구조의 변화를 반영하지 못하고 있다. 따라서 비교적 최신 정보를 수록하고 있는 GTAP 제6판(2005년 출시)의 데이터베이스를 이용한 모의실험이 필요하다. 그러나 2001년을 기준 연도로 삼고 있는 GTAP 제6판의 데이터베이스 또한, 한국 관련 부분은 2000년 산업연관표와 2001년 전 세계 수출입 현황에 기초하고 있기 때문에 최근 수년 동안 발생한 한국 경제의 산업 및 수출입 구조의 변화를 반영하지 못한다는 한계가 있다.

1. 자본축적 효과를 고려한 일반균형연산 모형 설정

관세 인하 또는 비관세장벽의 철폐를 주 내용으로 하는 양국 간 무역 자유화는, 수출입이 증가하면서 생산 자원 배분의 효율성을 높일 수 있고, 경제주체 간 경쟁 촉진과 수입원부자재 가격의 하락 등을 통해 산업 부문

---

[11] '국제무역분석 프로그램'으로 불리는 GTAP은 연산 가능한 일반균형모형을 구현한 프로그램으로 미국 퍼듀(Purdue) 대학에서 개발되어 상용화되었다. 이와 유사한 것으로 세계은행이 개발한 링키지(Linkage) 프로그램이 있다.

의 국제 경쟁력을 강화시킬 수 있다(유태환 외 2005). 이와 같은 무역정책의 효과 분석을 위해 과거에는 주로 시계열 자료를 이용한 부분균형 분석이 활용되었다. 그러나 부분균형 분석은 분석 대상이 되는 모든 시장과 경제 주체 간의 상호 작용을 동시에 고려할 수 없다는 한계를 갖고 있다. 따라서 최근 연구자들은 정책의 변화가 경제 변수에 미치는 영향을 체계적으로 추정할 수 있게 해주는 일반균형 모형을 많이 이용하고 있다. 특히 무역자유화 정책은 경제 전반에 영향을 미치게 되므로 정책 효과를 분석하기 위해서는 소비자와 생산자, 정부와 해외 부문 등 경제주체 간 상호작용과 GDP, 물가, 무역수지 등 거시 변수의 변화를 동시에 파악하는 것이 매우 중요하다.

이 글에서 이용하는 연산 가능한 일반균형 GTAP 모형은 전형적인 다국가 다부문 일반균형 모형으로 다음과 같은 몇 가지 가정을 하고 있다. 첫째, 각 경제는 초기 균형 상태를 유지하며 따라서 어떤 경제활동에도 초과이윤은 존재하지 않는다. 둘째, 각국 소비자들의 가격탄력성과 생산자들의 생산구조는 동일하다. 다만 현실적인 국가 간 차이는 소비 유형, 생산요소 투입계수와 수출입 유형 등에 따라 구분된다. 셋째, 노동, 토지와 자본 등 생산요소는 국내에서 산업 부문 간에 자유로이 이동할 수 있으나 국가 간에는 자본만 이동 가능하다. 넷째, 소비자와 생산자는 각각 효용 극대화와 이윤 극대화를 추구한다. 이처럼 GTAP 모형의 가정은 매우 엄격하고 비현실적이지만 모형 구축을 위한 불가피한 제약이라고 할 수 있다.

이 글에서는 GTAP이 제공하는 전 세계 87개 경제권을 한국과 5개 FTA 체결 대상국, 기타 국가로 구분한다. 그리고 GTAP이 제공하는 57개 산업 부문을 기초산업 2부문, 제조업 7부문, 서비스업 1부문으로 재구성했다.[12] GTAP 정태분석 모형은, FTA 체결에 따라 양국의 관세 및 비관세 장벽이 철폐되면 자국의 생산요소가 비교 열위 산업에서 비교 우위 산업으로 이동해 자원 배분의 효율성이 향상될 수 있다는 점을 보여 주는 데 의의가 있다. 나아가 GTAP 자본축적 모형은 국가 경제의 효율성 향상에 따른 소득의 증가가 저축과 투자를 자극해 다시 국내총생산을 증가시키는 경제성장 효과를 추정할 수 있게 한다. 즉 자본축적 모형은 무역자유화로 자원 배분의 효율성이 높아져 생산, 소비와 후생이 증가하는 과정까지 분석하는 정태 모형의 한계를 넘어, 증가된 소득이 다시 투자되어 생산, 소비와 후생이 다시 증가하는 동태적 특성을 반영하고 있다.

볼드윈(Baldwin 1989; 1992), 프랑수아와 맥도널드(Francois and McDonald 1996), 박순찬(2002)에 따르면 신고전파 경제학의 1부문 경제성장 모형을 이용해 자본축적 효과를 다음과 같이 설명할 수 있다. 규모에 대한 수익 불변, 한계생산물의 체감이라는 특성을 갖는 곱-더글라스 생산 함수에서 t기의 산출은 노동(L)과 자본(K)의 함수다.

$$Y_t = AK_t^{\alpha}L_t^{1-\alpha}, \quad 0 < \alpha < 1 \qquad ①$$

식 ①에서 A는 생산성을 나타내는 변수이며 α는 자본소득 분배율(또는 자본의 생산 탄력성), $1-\alpha$는 노동소득 분배율(또는 노동의 생산 탄력성)을 나타낸다. 아래 〈그림 2〉에서 초기 자본 스톡(K)과 산출(Y)의 관계는 YY로 표시되어 있으며 균형 자본 스톡은 K, 균형 산출은 Y임을 알 수

---

[12] 자세한 산업 구분에 대해서는 GTAP 홈페이지(www.gtap.agecon.purdue.edu)를 참고.

있다.

식 ②에서 보듯이 $t+1$기의 자본 스톡은 감가상각분(감가상각률 δ)을 빼고 신규 투자를 더함으로써 얻을 수 있다. 식 ③에서 저축은 소득의 일정 부분이며 저축률(s)은 고정된 것으로 가정한다.

$$K_{t+1} = (1-\delta)K_t + I_t, \ 0 < \delta < 1 \qquad ②$$

$$S_t = s Y_t \qquad ③$$

국제 자본 이동을 고려하지 않으면 저축은 곧 신규 투자가 된다. 저축은 소득의 함수이고 소득은 자본 스톡의 함수이므로 결국 저축을 자본 스톡의 함수로 나타낼 수 있다. 〈그림 2〉에서 저축 함수는 SS로 주어져 있다. 위 그림에서 DD는 매기 자본의 감가상각분을 보충하기 위해 필요한 투자이며 $DD=\delta K_t$의 관계가 성립한다. 자본 스톡은 SS가 DD보다 큰 경우 증가하고 SS가 DD보다 작은 경우에는 감소한다.

자원 배분의 효율성 향상은 생산성 변수 A를 증가시키며 따라서 산출 곡선은 YY에서 YY'으로 이동한다. 이에 따라 자본 스톡 K 수준에서 산출량은 Y에서 Y'으로 증가한다. Y가 증가함에 따라 저축 곡선은 SS'으로 이동한다. 자본 스톡 K 수준에서는 $SS' > DD$이므로 순투자가 발생하며 따라서 자본 스톡은 K''까지 증가하고 이에 따라 산출도 Y''까지 증가한다. 산출의 증가분 $Y'' - Y$는 다음과 같이 구분할 수 있다.

$$Y'' - Y = (Y' - Y) + (Y'' - Y') \qquad ④$$

식 ④에서 우변의 첫째항은 자본 스톡이 고정된 상태에서 자원 배분의

<그림 2> 고정저축률을 가정한 무역자유화의 자본축적 효과

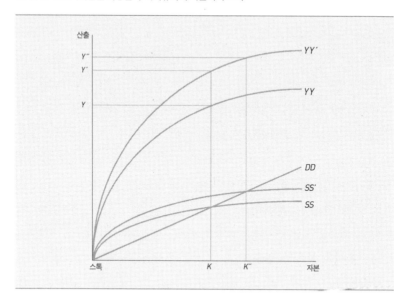

효율성 향상으로 발생한 단기적 추가 산출이며 관세 철폐의 효과라고 할 수 있다. 그리고 두 번째 항은 자본축적에 의한 산출량 증가분으로 중기적 효과이며 관세 철폐 및 자본축적의 결합 효과에 해당한다.

현실적으로 FTA 상대국에 따라 실현 가능한 상품 및 서비스 자유화의 범위는 매우 다르겠지만, 이 글에서는 자유화의 범위를 단순화해 각 대상국과의 FTA 체결에 따른 경제적 효과를 비교하기 쉽게 했다. 따라서 FTA 체결의 당사자는 모든 교역 가능한 상품에 대한 관세를 즉각적으로 철폐한다는 가정하에, 한국과 주요 교역 상대국 가운데 중국, 미국, 일본, EU 25개국, 동남아시아국가연합과의 FTA 체결에 따르는 경제적 효과를 추

정하고자 한다.[13]

2. GTAP 데이터베이스의 신뢰성 검증

2005년에 출시된 GTAP 제6판의 데이터베이스는 2001년을 기준 시점으로 전 세계 87개 경제권의 거시 및 국제경제 데이터와 57개 산업 부문의 미시 데이터 약 400만 개로 구성되어 있다.[14] 기본적으로 국별 데이터는 해당국의 투입산출표Input Output Table에 근거하고 있으나 각국 투입산출표의 기준 연도가 동일하지 않다는 문제를 해결하기 위해 국제통화기금IMF의 국제금융통계International Financial Statistics, 세계은행World Bank의 세계개발보고서World Development Report, 그리고 미국 중앙정보국CIA의 월드팩트북The World Factbook을 이용해 기준 시점을 2001년으로 통일했다. 특히 논쟁의 대상이 되고 있는 국제무역 관련 자료는 유엔의 국제무역데이터COMTRADE, 국제연합무역개발회의UNCTAD의 국제무역데이터TRAINS, IMF의 국제수지통계Balance of Payments Statistics, 미국 농무성의 ERS/USDA 데이터를 이용해 2001년을 기준으로 각국의 산업별 무역통계와 일치시켰다.

GTAP의 거시경제 데이터는 국내총생산GDP, 민간 소비, 정부 지출, 투자, 내국세 등을, 무역 관련 데이터는 산업별 상품 무역과 서비스 무역, 수출입 관세를 포함한 관세 및 비관세 무역 장벽, 산업 보조금과 수출 보조

---

13 연산 가능한 일반균형 모형의 계량경제학적 신뢰성에 대한 문제는 Hertel et al.(2004)를 참고.
14 이에 대해서는 GTAP 홈페이지(www.gtap.agecon.purdue.edu), Hertel et al.(1997)과 유태환(2007)을 참고.

<표 3> 주요 교역 상대국에 대한 한국의 수출입액 비교

(단위: 미화 백만 달러, %)

구분		2001 (KOTIS, ECOS)		2001 (GTAP DB)[1]		2005 (KOTIS, ECOS)	
		수출	수입	수출	수입	수출	수입
상품 무역	중국	18,190.2 (12.1)	13,302.7 (9.4)	26,948.3 (17.0)	31,904.0 (18.0)	61,915.0 (21.8)	38,648.2 (14.8)
	미국	31,210.8 (20.8)	22,376.2 (15.9)	33,758.9 (21.3)	35,768.8 (20.2)	41,342.6 (14.5)	30,585.9 (11.7)
	일본	16,505.8 (11.0)	26,633.4 (18.9)	15,545.8 (9.8)	16,827.6 (9.5)	24,027.4 (8.5)	48,403.2 (18.5)
	EU 25국	21,096.3 (14.0)	15,270.1 (10.8)	21,507.0 (13.6)	23,436.2 (13.2)	43,658.9 (15.4)	27,295.6 (10.5)
	ASEAN	16,459.0 (10.9)	15,915.7 (11.3)	16,599.7 (10.5)	18,356.9 (10.4)	27,432.2 (9.6)	26,063.8 (10.0)
	기타 국가	46,977.1 (31.2)	47,599.8 (33.7)	44,289.7 (27.9)	50,738.4 (28.7)	86,042.7 (30.3)	90,241.5 (34.5)
	소계	150,439.1 (100.0)	141,097.8 (100.0)	158,649.3 (100.0)	177,032.0 (100.0)	284,418.7 (100.0)	261,238.3 (100.0)
서비스 무역		29,054.9	32,927.0	17,761.6	17,761.6	45,374.6	58,466.8
총계		179,494.0	174,024.8	176,410.9	194,793.6	329,793.3	319,705.1

주: 1) GTAP 데이터베이스는 다양한 가격 수준을 기초로 특정국의 수출입액을 제시하고 있으며 본 데이터는 수출국과 수입국의 시
장가격에 기초한 금액임. 참고로 GTAP 데이터베이스는 세계시장가격, 즉 수출의 경우 본선인도 가격(FOB, Free on Board),
수입의 경우 운임 및 보험료 포함 가격(CIF, Cost, Insurance and Freight)에 기초한 한국의 수출입액(VXWD와 VIWS)을 제시
하고 있으나 이 또한 한국 정부와 IMF에서 제시하는 수출입 규모보다 한국의 수출입액이 과대평가되어 있음.

금 등을 포함하고 있다. 따라서 서로 다른 시점에 발표된 각국의 투입산
출표에 기초하고 있음에도 불구하고 GTAP 데이터베이스는 전 세계경제
권을 대상으로 하는 연구에 이용될 수 있는 유일한 기초 자료라고 평가할
수 있다.

이 글에서는 한국의 상대국별·산업별 무역에 대한 GTAP 데이터의 정
확성을 검증하기 위해 2005년판 GTAP 데이터와 한국무역협회의 KOTIS
데이터, 그리고 한국은행의 ECOS 데이터를 각기 비교한다. 또한 2001년
이후 한국의 수출입 구조의 변화를 살펴보기 위해 2005년 데이터를 포함

시켰다.

〈표 3〉에 따르면 GTAP 데이터베이스는 2001년 한국의 상품 수출입을 IMF의 통계나 한국의 공식 자료보다 더 많은 것으로 집계하고 있음을 확인할 수 있다. 즉 상품 수출의 경우에는 한국 정부의 공식 자료보다 약 5.5%(82억 달러), 상품 수입의 경우에는 약 25.5%(359억 달러)를 과대 계상하고 있다. 이로써 상품 수지는 공식 자료상 93억 달러의 흑자를 기록했음에도 GTAP 데이터베이스에는 184억 달러의 적자로 제시되어 있다.[15]

한편 서비스 무역액과 서비스 수지 적자의 과소평가 문제도 지적할 수 있다. IMF의 국제금융통계에 따르면 2001년 한국의 서비스 수출액은 290억 5,500만 달러, 수입액은 329억 2,700만 달러로 서비스 부문에서 약 38억 달러의 적자를 기록했으며 이는 당해 연도 상품 수지 흑자액 93억 달러의 40.9%에 이르는 금액이다. GTAP 데이터베이스에서 볼 수 있는 특이한 점은 서비스 무역액이 전체 수출입 금액의 약 10%로 과소평가됨으로써 상품 무역에서 발생한 공식 자료와의 격차가 상품 및 서비스 무역 합계에서는 상당히 축소되고 있다는 점이다.

상대국별 수출입액을 비교하면 한국의 중국으로부터의 수입은 거의 2배로 과대평가되고 일본으로부터의 수입은 거의 절반 수준으로 과소평가되어 있다. 또한 미국으로부터의 수입액도 약 134억 달러가 과대평가되어 있다.

한편 2001년과 비교했을 때 2005년 한국의 상품 수출은 약 89%, 수입

---

[15] IMF의 국제금융통계는 한국의 국제수지통계에서 2001년 본선인도가격(FOB) 기준 한국의 수출은 151,478백만 달러, 본선인도가격(FOB) 기준 한국의 수입은 137,990백만 달러로 약 135억 달러의 상품수지 흑자를 기록한 것으로 계산하고 있다.

<표 4> 한국의 산업별 수출입액 비교

(단위: 미화 백만 달러, %)

구분	2001 (KOTIS, ECOS)		2001 (GTAP DB)		2005 (KOTIS, ECOS)	
	수출	수입	수출	수입	수출	수입
농산품	1,550.0 (0.9)	4,899.0 (2.8)	2,416.0 (1.4)	2,985.7 (1.5)	2,229.9 (0.7)	6,711.6 (2.1)
축·수산품	1,237.7 (0.7)	3,471.7 (2.0)	261.7 (0.2)	346.2 (0.2)	1,127.8 (0.3)	5,387.0 (1.7)
섬유·의류	18,232.0 (10.2)	7,449.8 (4.3)	16,767.0 (9.5)	20,688.5 (10.6)	15,409.3 (4.7)	9,295.2 (2.9)
화공제품	15,375.9 (8.6)	14,060.5 (8.1)	22,129.7 (12.5)	25,331.8 (13.0)	32,994.9 (10.0)	26,345.0 (8.2)
금속제품	10,340.7 (5.8)	10,908.5 (6.3)	13,568.1 (7.7)	15,436.8 (7.9)	23,487.9 (7.1)	29,244.0 (9.2)
수송장비	25,680.8 (14.3)	3,093.6 (1.8)	25,338.2 (14.4)	28,577.1 (14.7)	55,141.6 (16.7)	6,821.4 (2.1)
전기·전자	37,826.3 (21.1)	28,892.8 (16.6)	50,072.7 (28.4)	52,397.6 (26.9)	80,488.0 (24.4)	48,734.0 (15.2)
기계류	25,537.0 (14.2)	22,088.1 (12.7)	20,532.0 (11.6)	22,569.6 (11.6)	50,584.3 (15.3)	41,066.9 (12.9)
기타 제조업	14,658.8 (8.2)	46,233.8 (26.6)	7,563.8 (4.3)	8,698.7 (4.5)	22,955.0 (7.0)	87,633.4 (27.4)
서비스	29,054.9 (16.2)	32,097.0 (18.9)	17,761.6 (10.1)	17,761.6 (9.1)	45,374.6 (13.8)	58,466.8 (18.3)
총계	179,494.0 (100.0)	174,024.8 (100.0)	176,410.9 (100.0)	194,793.6 (100.0)	329,793.3 (100.0)	319,705.1 (100.0)

은 약 85% 증가했으며 서비스 수출은 약 56%, 서비스 수입은 78% 증가
했다. GTAP 제6판의 데이터베이스가 이를 반영하고 있지 못함은 자명한
사실이다. 또한 한국의 수출입에서 미국과 일본의 비중은 축소된 반면 중
국에 대해서는 절대 규모와 수출입 비중이 크게 증가해 수출은 3.4배, 수
입은 2.9배로 늘어남으로써 수출입 구조가 매우 빠르게 변화하고 있음을
확인할 수 있다.

〈표 4〉에서는 한국 정부의 공식 자료와 GTAP 데이터베이스가 제시

하고 있는 한국의 산업별 수출입액을 비교함으로써 상품 수출입과 상품 수지의 차이가 어떤 산업 부문에서 주로 발생하고 있는지 살펴보고자 한다. 수출입 품목은 GTAP 제6판의 산업 분류에 기초해 서비스 부문을 포함, 10개 상품 군으로 구분했다.

먼저 2001년 한국무역협회와 한국은행의 자료, GTAP 데이터베이스를 비교하면 1차 상품의 수출입 금액에 큰 차이가 있음을 확인할 수 있다. GTAP 데이터베이스의 경우 농산품의 수출은 과대평가하고 수입은 과소평가하고 있다. 이런 차이는 축·수산품의 경우 수출액은 약 5배, 수입액은 10배의 격차를 보이고 있다. 원시 자료의 집계 차이와 산업 분류상의 오류를 감안하더라도 GTAP 데이터베이스에서 제1차 산업의 수입액이 한국 정부의 자료와 비교했을 때 약 2.5배의 큰 차이를 보이고 있어 데이터의 신뢰성에 의문을 제기하지 않을 수 없다.

또한 섬유와 의류 부문에서는 2001년 한국의 수입액이 약 75억 달러임에도 GTAP 데이터베이스에서는 약 207억 달러로, 수송 장비의 수입액은 약 31억 달러임에도 286억 달러로 과대 계상되어 있다. 반면 화공 제품, 금속 제품과 기계류, 서비스 부문은 수출입이 모두 과소평가되어 있음을 확인할 수 있다.

2001년과 2005년의 수출입 구조를 비교해 보면 섬유와 의류의 수출입 비중이 낮아졌음을 확인할 수 있다. 대신 기계류의 수출입과 전기·전자 및 수송 장비의 수출 비중이 높아졌지만 이와 같은 수출입 구조의 변화가 GTAP 데이터베이스에서는 포착되지 않고 있다.

3. 거대 경제권과의 FTA 체결에 대한 경제적 효과 분석

한국의 주요 교역 상대국 가운데 중국, 미국, 일본, EU 25개국, 동남아시아국가연합은 2005년 기준 우리 상품 수출의 약 70%, 상품 수입의 약 65%를 차지하고 있다. 2001년과 비교할 때 위 5개 교역국에 대한 수출의 집중도는 오히려 증가(68.8%→69.7%)하고 있으며 상품 수출의 15%, 상품 수입의 23%에 이르는 서비스 부문을 포함하면 수출입의 집중도는 75% 수준에 달하는 것으로 추정된다.

앞에서 설명한 바와 같이 이 글은 GTAP 정태 모형과 자본축적 모형을 이용해 한국과 5개 상대국과의 FTA 체결에 따르는 경제적 효과를 추정하고자 한다. 한국은 상대국과 양자 FTA를 체결하고 양국은 모든 교역재에 대한 관세를 즉각 철폐한다는 가정하에 추정된 결과는 다음과 같다. 〈표 5〉에서 GDP는 물량 기준 실질 GDP의 증가분을 의미한다.

관세 철폐의 효과만을 고려했을 때 FTA 체결의 경제성장 효과는 매우 미미한 것으로 나타났다. 즉 2001년 기준 원화로 환산된 한국의 GDP 규모가 622조 원임을 고려할 때 가장 경제성장 효과가 높을 것으로 추정된 한-중국의 경우 0.72%의 경제성장 효과는 약 4조 5,000억 원 수준이다.[16]

---

16 한국은행의 국제투자대조표(IIP) 편제 결과를 보면 외국인 투자자들은 2005년 한 해 동안 국내 주식시장에서 899억 7,000만 달러(원화 기준 약 91조 원), 2006년에는 353억 5천만 달러(원화 기준 약 33조 원)의 평가 이익을 거두었다. 또한 2003년 외환은행 인수에 1조 3,800억 원을 투자한 론스타는 2006년 국민은행과 6조 4,000억 원의 매각 인수 의향서에 서명함으로써 약 3년 만에 5조 원에 이르는 양도 차익을 기록한 바 있다. 한편 캐런 바티아(Karan Bhatia) 미국무역대표부(USTR, United States Trade Representative) 부대표는 미하원 청문회(2007.3.20)에서 한-미 FTA 체결로 미국은 약 170~430억 달러(원화 기준 약 18조~45조 원)의 경제적 효과를 기대하고 있다고 보고했다.

그럼에도 불구하고 한-ASEAN의 경우를 제외하면 FTA 체결에 따른 관세 철폐는 한국의 경제성장에 긍정적으로 기여하는 것으로 평가할 수 있다. 〈표 5〉에서 보듯이 관세 철폐와 자본축적의 효과를 고려하는 경우 한-중 FTA가 3.25%(약 20조 원)의 가장 높은 GDP 증가 효과를 낳을 것으로 추정되며 다음으로 미국, 일본과 EU, 동남아시아국가연합의 순서로 나타났다. 그러나 경제성장 효과는 초기 각 경제의 균형 상태에서 정책 변화라는 충격이 주어졌을 때 균형에서 이탈한 경제가 다시 균형으로 회복하는 과정, 따라서 비교적 장기에 걸친 누적적 효과라는 점을 감안해야 한다.

실질 GDP의 증가와 함께 고용 또한 한-ASEAN의 3만 2,000명 수준에서 한-중국의 19만 3,000명 수준까지 증가할 것으로 추정되었다. 대세계 수출과 수입은 모든 경우 동시에 증가하지만 수출보다는 수입의 증가폭이 크며 따라서 상품 및 서비스 수지는 악화될 것으로 예상된다. 관세 철폐의 효과만을 고려했을 때보다 관세 철폐와 자본축적 효과를 동시에 고려하는 경우 국제수지의 적자폭이 모든 경우에 크게 감소한다는 점 또한 흥미로운 추정 결과다. 이는 FTA 체결 이후 한국의 상품 및 서비스 수지의 변화를 산업별로 구분해서 살펴보는 경우에도 동일하다.

우선 관세 철폐의 효과만을 고려할 때 산업으로는 섬유와 의류, 기타 제조업, 지역으로는 ASEAN을 제외한 대부분의 업종과 지역에서 국제수지의 악화를 경험한다. 물론 가장 큰 충격이 예상되는 분야는 농·축·수산업과 서비스업 부문이며 섬유·의류 부문이 가장 큰 혜택을 볼 것이다. 이와 같은 결과는 다음 표에서 보듯이 관세 철폐와 자본축적 효과를 동시에 고려해도 크게 변하지 않는다. 다만 산업 부문별로 적자 규모의 소폭 축소, 적자 부문의 흑자 전환(한-중국에서 전기·전자, 한-미국에서 화공 제품 등) 또는 흑자의 소폭 증가를 확인할 수 있다.

〈표 5〉 FTA 체결에 따른 한국의 주요 경제 변수의 변화

구분	관세 철폐의 효과					관세 철폐와 자본축적의 효과				
	GDP (%)	고용[2] (만 명)	대세계 수출 (%)	대세계 수입 (%)	상품 및 서비스 수지 (백만 달러)	GDP (%)	고용[2] (만 명)	대세계 수출 (%)	대세계 수입 (%)	상품 및 서비스 수지 (백만 달러)
한-중국	0.72	4.27	5.98	11.28	-2,945.9	3.25	19.29	9.62	13.23	-179.5
한-미국	0.60	3.56	4.28	6.56	-2,653.9	1.87	11.10	6.13	7.48	-1,202.3
한-일본	0.04	0.24	2.05	2.92	-837.1	0.66	3.92	2.94	3.38	-153.4
한-EU	0.02	0.12	1.87	3.09	-748.8	0.66	3.92	2.78	3.56	-37.5
한-ASEAN	-0.02[1]	-0.12	1.10	2.36	-561.4	0.54	3.20	1.89	2.78	171.2

주: 1) 관세 철폐의 효과만을 고려한 한-ASEAN FTA의 경우 실질 GDP 증가율은 (-)지만 금액 기준의 경상 GDP 증가율(vgdp 항목)은 0.97을 기록.
2) 고용 효과는 연산 가능한 일분 균형(CGE) 분석 결과와 2000년 산업연관표의 고용표(한국은행 2004a; 2004b)를 이용해 추정.
자료: 유태환(2007).

〈표 6〉 FTA 체결에 따른 한국의 산업별 대세계 상품 및 서비스수지의 변화

(단위: 미화 백만 달러)

구분		한-중국	한-미국	한-일본	한-EU	한-ASEAN
관세 철폐	국제수지 변화[1]	-2,945.9	-2,653.9	-837.1	-748.8	-442.5
관세 철폐, 자본축적 고려	농산품	-5,276.8	-4,796.1	329.7	-689.6	-588.4
	축·수산품	72.4	-84.4	-33.6	-246.1	-107.5
	섬유·의류	5,944.0	4,840.7	678.5	1,051.8	1,328.9
	화공제품	2,997.6	44.8	-9.1	-197.9	226.6
	금속제품	-307.5	-276.0	-344.1	-330.5	138.5
	수송장비	-897.8	509.3	-81.8	1,712.4	1,409.1
	전기·전자	697.8	-42.8	1,045.4	518.1	-814.1
	기계류	-155.0	-956.0	-1,351.4	-951.7	-234.5
	기타 제조업	-67.1	-1.9	54.2	-164.9	-244.5
	서비스	-3,187.1	-439.8	-441.2	747.9	-942.9
	국제수지 변화*	-179.5	-1,202.3	-153.4	-37.4	171.2

주: 1) 국제수지 변화는 상품 및 서비스수지 증감액의 합임.
자료: 유태환(2007).

다음으로는 FTA 체결에 따른 한국의 산업별 생산의 변화를 살펴본다. 〈표 7〉에서 보듯이 관세 철폐와 자본축적 효과를 고려하면 농산물을 제외한 거의 전 산업 부문의 생산이 증가함을 확인할 수 있다. 농산물은 미국, 중국과의 FTA에서 약 12~13%, 2001년 농산물 생산액 33조 4,000억 원을 기준으로 할 때 약 4조 원 이상 생산이 감소할 것으로 보인다. 그러나 일본과의 FTA에서는 약 4,000억 원 정도의 생산이 증가할 것으로 예상되었다. 특히 자본축적 효과를 고려할 경우 서비스업 부문은 모든 FTA에서 생산이 확대되며 한-중, 한-미와 한-EU의 경우에는 1.39~ 2.52% 수준, 즉 원화 환산 금액으로는 5조 8,000억~10조 6,000억 원 정도의 생산이 증가할 것으로 추정된다.

시뮬레이션 결과 특이한 점은 한-중, 한-미와의 FTA에서 섬유·의류 부문의 생산이 이해하기 어려울 만큼 수준의 큰 폭으로 확대된다는 점이다. 2001년 한국 GDP의 약 1.5%, 금액으로는 약 12조 원 수준인 섬유·의류 부문의 생산이 24.8~30.0% 정도(2조 9,000억~3조 5,000억 원) 증가한다는 것은 받아들이기 어렵다. 다만 앞에서 보았듯이 GTAP 데이터베이스에서 섬유·의류 부문의 수출입, 특히 중국 및 미국과의 수출입이 과대평가되어 있다는 점에 그 원인이 있는 것으로 생각된다.

FTA 체결에 의한 국내 산업의 구조조정 비용은 여러 가지 방식으로 산정될 수 있다. 그러나 이 글에서는 FTA 체결에 따라 높은 무역 장벽으로 보호받던 비효율적인 산업 부문의 생산이 축소되고, 해당 산업의 노동력이 비교 우위가 있는 산업으로 이동할 때까지 발생하는 실업을 구조조정 비용의 대리 변수로 고려한다. 2000년 산업연관표상의 취업 계수와 연산 가능한 일반균형분석에서 산업별 생산의 변동을 고려해 취업자 수의 변화로 추정한 구조조정 비용은 〈표 8〉과 같다.

〈표 7〉 FTA 체결에 따른 한국의 산업별 생산의 변화

(단위: %)

구분	한-중국		한-미국		한-일본		한-EU		한-ASEAN	
	관세철폐	자본축적	관세철폐	자본축적	관세철폐	자본축적	관세철폐	자본축적	관세철폐	자본축적
농산품	-13.13	-12.36	-12.91	-12.53	0.94	1.17	-0.67	-0.44	-0.51	-0.30
축·수산품	3.92	5.36	1.98	2.69	0.16	0.49	-1.36	-1.02	-0.28	0.02
섬유·의류	25.79	29.57	22.77	24.82	2.75	3.57	3.48	4.33	5.64	6.37
화공제품	5.60	8.82	1.35	2.93	0.15	0.90	-0.13	0.65	0.64	1.33
금속제품	-3.50	0.24	-1.63	0.31	-1.45	-0.51	-0.89	0.09	0.02	0.89
수송장비	-4.21	-1.68	0.84	2.19	-0.35	0.32	4.00	4.71	2.97	3.60
전기·전자	-1.95	2.14	-0.96	1.15	1.97	3.04	0.50	1.58	-2.30	-1.43
기계류	-2.74	1.68	-2.20	0.03	-1.74	-0.63	-1.34	-0.20	-1.39	-0.40
기타 제조업	4.62	8.24	2.08	3.91	0.54	1.41	-0.41	0.46	-0.07	0.68
서비스	0.24	2.52	0.31	1.46	-0.02	0.54	-0.04	1.39	-0.08	0.43

자료: 유태환(2007).

〈표 8〉 FTA 체결에 따른 구조 조정 비용

(단위: 명)

한-중국	한-미국	한-일본	한-EU	한-ASEAN
242,010	243,753	2,209	12,703	8,428

자료: 유태환·배성일(2007).

〈표 8〉에서 보듯이 다섯 가지 경우 중 한-중 FTA와 한-미 FTA의 구조조정 비용이 가장 높고 다음으로는 한-EU, 한-ASEAN의 순이다. 한-일 FTA의 경우 금속 제품과 기계 산업 부문에서 발생하는 소폭의 생산 축소에 따라 구조조정 비용도 가장 낮은 수준일 것으로 예상된다. 2000년 산업연관표에 따르면 한국의 농림·어업 취업자 수는 223만 명으로 전체 취업자의 13.4%를 차지하고 있다. 한-중, 한-미 FTA에서의 고용 감소는

대부분 농업 부문에서 발생하며 그 수준은 전체 농업인구의 약 10%를 조금 상회하는 24만 명 수준인 것으로 추정되었다.

IV. 한-미 FTA 협상 결과와 정치경제적 함의

1. 한-미 FTA 추진과 협상 타결

노무현 정부는 집권 중반을 지나면서 동(북)아시아 지역주의 형성을 우려하는 미국의 견제와 북한 문제를 둘러싼 한-미 간의 갈등으로, 동북아 시대 구현이라는 정책 목표를 지속시키기 어렵겠다고 판단했다. 이에 더해 한-일, 중-일 사이의 갈등이 심화됨으로써 동북아에서의 경제협력이 어려워졌으며, 한-일 FTA 협상의 좌초로 대안이 필요하게 되었다. 바로 이때부터 노무현 대통령은 경제 시스템의 선진화를 위해 국제적 기준을 도입하고, 개혁 반대 세력의 저항을 무력화할 수 있는 구조 개혁의 수단으로 한-미 FTA를 추진할 것을 적극 검토하기 시작했다.

또한 우리 경제의 성장 잠재력을 확충하고 중국의 부상에 대처하기 위해서는 서비스업 중심으로 산업구조를 개편하고 대외 개방을 해야 한다는 개방론자들의 견해가 정부 각 부처의 공통된 입장으로 정리되었다. 재정경제부는 2005년 12월 DDA 서비스 협상과 관련, 2007년부터 10개 서비스 분야(법률, 회계, 세무, 방송 광고, 교육, 보건·의료, 영화, 뉴스 제공업, 통신, 금융)를 개방할 계획을 확정했으나, 비우호적인 여론으로 추진 동력을 확보하지 못했다. 또한 국내 산업의 보호·육성 방안을 제시해야 할 산업자원부, 농림부, 해양수산부 등은 개방론자들의 논리에 포섭되고 말았다.

FTA 연구 기관과 전문가들이 참여한 한-미 FTA 1차년도 공동 연구가 2005년 1월에 들어서야 시작되었음에도 불구하고, 통상교섭본부는 한-미 FTA 추진에 속도를 내기 시작했다. 2004년 11월 이전까지 대외경제위원회나 대외경제장관회의에 보고된 미국과의 FTA 추진 관련 내용은 '언젠가는 미국과 FTA를 체결해야겠지만 우선은 대내·외적인 준비에 집중해야 한다'는 상식 수준의 판단에 불과했다. 그러나 그해 11월 한-일 FTA 협상이 좌초됨으로써 통상교섭본부는 일본을 대신할 수 있는 FTA 추진 대상국으로 미국을 고려하기 시작했다. EU는 DDA 협상 타결 이전까지 양자 간 FTA 체결을 추진하지 않을 것이라는 입장을 표명했고, 중국과의 FTA 추진은 농수산물을 포함한 1차 상품에 대한 우려와 서비스 부문 포함 시 인력 이동 등에 대한 대책이 없다는 문제가 제기되었기 때문이다.

한국과 미국은 2004년 11월 칠레 산티아고에서 개최된 아시아태평양 경제협력체각료회의의 한-미 통상장관회담에서 FTA 체결을 위한 국장급 사전실무검토회의 개최에 합의했다. 이에 따라 2005년 2월에 제1차 한-미 FTA 사전실무점검협의가 서울에서 열렸다. 이 회의에서 미국 측 수석대표인 앤드류 퀸Andrew Quinn 미국 무역대표부 한국 통상 담당 자문관은 "농산물, 지재권 및 스크린쿼터 등 양측 주요 현안에 상당한 진전이 있다면 한-미 FTA에 대한 논의가 가능하다"는 입장을 표명했다. 스크린쿼터 축소, 미국산 쇠고기 수입 재개, 건강보험 약가 현행 유지, 자동차 배기가스 기준 적용 유예라는 4대 통상 현안이 한-미 FTA 추진의 신결 조건으로 제시되는 순간이었다.

한편 2005년 3월 대외경제장관회의에서는 미국과의 우선적인 FTA 추진이 필요하다는 결론을 내렸고, 이 회의 이후 모든 회의 안건을 비밀에 부치기 시작했다. 같은 해 3월과 4월에 한-미 양국은 제2차 및 제3차 한-미 FTA 사전실무점검협의회를 개최하고 FTA 추진 시 발생할 문제점과 해결 방안에 대해 검토했다.

노무현 대통령은 2005년 9월 초 멕시코, 코스타리카 순방 시 통상교섭본부장의 한-미 FTA 추진 계획에 동의했다. 이를 계기로 중·장기 추진 대상국으로 분류되었던 미국과의 FTA 체결에 대한 논의가 본격화되었다. 나아가 9월 12일 제5차 대경위에서는 한-미 FTA 추진을 결정하고 각 부처별로 선결 조건 관련 쟁점 사항을 해결할 것을 의결함으로써 정부 차원의 사전 준비 작업이 시작되었다.

위에서 살펴본 바와 같이 한-미 FTA에 대한 사전 검토는 전혀 진행되지 않았다. 2004년 말까지 한-미 FTA에 대한 연구는 국민경제자문회의의 용역 보고서와 대외경제정책연구원의 정책 연구 오직 두 편만 있을 뿐이다(장근호 2004; 박순찬 2004). 다만 통상교섭본부의 요청에 따라 4개 정부 출연 연구원(대외경제정책연구원, 산업연구원, 농촌경제연구원, 해양수산개발원)이 공동으로 작성한 "FTA 대상국 선정 및 상대적 영향 평가"라는 보고서가 존재하며 통상교섭본부에서는 이 보고서를 '충분한 사전 연구'의 근거로 제시하고 있다.

노무현 대통령은 '평화와 번영의 동북아 시대 구현'이라는 참여정부 최상위 외교 목표의 좌절과 중국의 경제적 부상, 타율적 개혁에 대한 고려에 따라 한-미 FTA 추진에 동의한 것으로 보인다. 동시에 정부에서 개방론과 성장지상주의론이 득세하고, 통상교섭본부의 성과주의가 국회의 견제 기능 부재라는 제도적 공백과 결합함으로써 '뜻밖의' 한-미 FTA 추진이 결정되었다.

결국 한-미 FTA 추진 합의는 4대 통상 현안을 선결 조건으로 제시한 미국 측 요구를 수용함으로써 가능했던 결과며 우리 정부가 "주체적으로 매달렸다"는 평가는 참으로 타당하다(〈프레시안〉 2006/04/24).

FTA 연구자들은 한-일 FTA를 포함한 기존 FTA 추진 과정을 고려할 때, 2005년 경제적 효과 및 타당성을 검토하는 연구를 수행, 2006~2007년 양국의 산관학 공동 연구를 추진, 2007년 말 또는 2008년 초 협상을 개시하는 일정으로 미국과의 FTA가 추진될 것으로 예상했다.[17] 그러나 정부에서는 법령에서 정한 절차인 공청회와 타당성 검토 작업을 건너뛰고 2006년 6월 5일 제1차 협상을 시작했다. 이후 양국은 약 11개월 동안 총 8차례의 공식 협상과 수차례의 고위급 협상을 진행했고, 한-미 FTA 협상은 2007년 4월 2일 최종 타결되었다.

2. 한-미 FTA의 주요 부문 협상 결과

한-미 FTA 협상 타결 직후 외교통상부는, 양국이 상품 전 품목에 대한 관세를 철폐하고 수입액 기준 약 94% 품목의 관세를 조기 철폐(즉시 또는 3년 이내)하기로 합의함으로써 매우 높은 수준의 FTA를 체결한 것으로 발표했다. 다음에서는 협상 종료 후 정부 측에서 매우 긍정적으로 평가하고 있는 주요 분야에 대한 협상 결과의 이해득실을 살펴보고자 한다.

---

[17] 한-일 FTA의 경우 2002년 이전 한-일 FTA 심포지엄과 비즈니스 포럼을 제외하더라도 2002년 상반기에만 2회의 한-일 FTA 세미나가 개최되었다. 또한 한국과 일본은 동년 7월부터 2003년 10월까지 총 8회의 산관학 공동 연구회를 진행했다. 통상교섭본부, "우리나라 FTA 추진"(http://www.fta.go.kr/fta_korea)을 참고.

농업 부문

농업 분야에서는 HS 10단위(세관 분류 기준) 기준 1,531개 농수축산물 가운데 쌀 및 쌀 관련 제품 14개를 제외한 1,517개 품목(품목 수 기준 99.1%)을 개방하기로 했다.[18] 이 중 37.6%인 576개 품목에 대한 관세는 즉시 철폐하는 것에 합의했다. 이에 따라 쇠고기, 돼지고기와 감귤뿐만 아니라 한국의 대미 수입량이 많고(100만 달러 이상) 미국의 대세계 수출이 많은(1억 달러 이상) 양파, 감자, 콩, 포도, 잎담배, 오렌지, 토마토, 낙농 제품 등이 국내 농업에 치명적인 피해를 줄 것으로 예상된다. 다만 우리 측 요구에 따라 농산물 특별 긴급관세가 도입되었지만 엄격한 발동 요건과 발동 횟수의 제한으로 실효성은 매우 낮은 것으로 평가할 수 있다. 또한 우리가 맺은 역대 FTA에서는 육류의 원산지를 완전 생산 기준으로 정했음에도 한-미 FTA에서는 미국 측 요구에 따라 도축국 기준으로 정함으로써, 미국산 쇠고기뿐만 아니라 광우병 발병지인 캐나다산 쇠고기의 우회 수입 가능성이 높아졌다.

여기서 눈여겨봐야 할 점은 미국이 농업 강국인 호주와 FTA 협상을 할 때 호주산 쇠고기 등에 대해 최장 18년의 관세 철폐 이행 기간을 부여하고 민감 품목은 양허 대상에서 제외했다는 점이다. 즉 농산물 1,799개 품목 가운데 담배류, 설탕류, 낙농품 등 182개 품목(쇠고기, 낙농품, 땅콩, 연초, 목화, 아보카도, 포도주 등)에 대해서는 관세 인하 예외 품목으로, 160개 품목은 저율 관세 수입 물량Tariff Rate Quota으로 지정함으로써 전체 대상 품

---

18 HS 10단위 기준 쌀 및 쌀 관련 제품은 16개 품목이나 찐쌀과 쌀의 배아는 양허 대상에 포함되었다.

목의 19%를 양허에서 제외했다. 또한 북미자유무역협정NAFTA 체결 시 미국은 멕시코에 대해 총 81개 품목(전체 대상 품목의 7.8%)을 관세 철폐 예외 품목으로 지정한 바 있다. 미국의 이런 결정은 국제경제학의 기본인 비교우위의 원리에서도 벗어나고, 농업의 국제 경쟁력 제고와도 관련이 없는 것이다. 따라서 개방을 통해 농업의 국제 경쟁력을 높일 수 있다는 한국 정부의 주장을 의심해 볼 필요가 있다.

한국의 농산품 양허율은 한-칠레 FTA의 경우 98.5%, 한-싱가포르 66.6%, 한-유럽자유무역연합 84.2%에 불과하며 즉시 철폐율 또한 20%에 미치지 못한다. 미국의 농가 소득에서 정부의 보조금이 차지하는 비율은 약 33% 수준이며, 2004년 기준 미국의 쌀 농가는 전체 소득의 70.4%인 6만 213달러의 보조금을 받았다. 쌀 소득의 12.4%만을 보조금으로 받고 있는 한국 농가와, 2006년 기준 식량자급률 54%, 곡물 자급률 26%에 불과한 농업 부문을 위한 한국 정부의 입장이 무엇인지 의아할 뿐이다.

섬유 부문

섬유 부문에서의 핵심 쟁점은 관세 철폐 계획, 원산지 기준, 섬유 특별 세이프 가드의 도입 등이었다. 미국의 섬유제품 관세율은 평균 12.5%(한국의 섬유제품 수입 관세율은 평균 9.3%)로 비교적 높은 수준이다. 협상 전 정부에서는 섬유산업을 한-미 FTA의 대표적인 수혜 업종으로 분류했으며 대부분 영세 중소기업으로 이루어진 섬유업계의 생산 확대가 산업 양극화를 완화시킬 것이라고 주장했다. 협상에서 양국은 섬유 분야의 100% 관세 철폐에 합의했다. 구체적으로 미국은 1,387개 품목(품목 수 기준 86.8%), 한국은 1,265개 품목(품목 수 기준 97.6%)의 상품에 대한 관세를 즉시 철폐하기로 결정했다.

그러나 대부분의 원사를 중국이나 동남아에서 수입하는 국내 섬유·의류 업체의 입장에서는 관세 철폐와 상관없이 미국의 엄격한 원사 기준^{Yarn} Forward Rule이나 섬유 원료 기준^{Fiber Forward Rule}을 완화시키지 않고는 관세 철폐의 혜택을 기대할 수 없다.[19]

이에 따라 협상 초기 한국은 섬유 부문 전 품목에 대한 원사 기준의 완화를 요구했으나 미국의 거부에 의해 85개 품목으로 기준 완화 대상을 축소했고, 결국 6개 품목(실크, 아크릴, 린넨, 라이오셀, 여성 재킷, 남성 셔츠)에 대해서만 원사 기준 예외를 얻어냈다. 국내 섬유제품의 대미 수출액 27억 달러 중 약 30%만이 미국의 원사 기준을 충족시킴으로써 관세 인하의 혜택을 볼 것으로 예상된다. 재경부의 『한-미 FTA Q&As : 최근 비판론을 중심으로』는 섬유, 의류, 가죽, 고무 및 신발 등 고관세 품목의 경우 수출국들의 경쟁이 치열하므로 미국의 관세 철폐 시 한국 기업의 가격 경쟁력 확보가 가능하다고 주장한다. 이 중 관세율이 11.5%에 이르는 양말의 경우 한국의 수출이 연 2억 5,000만 달러에 달함으로써 미국 시장 점유율 1위를 차지하고 있고, 나아가 한-미 FTA 체결은 양말을 수출하는 중소 제조업체에 큰 도움이 될 것으로 전망했다. 그러나 국내 양말 제조업체에 따르면 미국이 양말의 관세를 철폐해도 "실을 훔쳐 와서 만들지 않는 한 중국산 제품과의 가격 경쟁은 불가능"하다(『신동아』 2006/06).

---

19 싱가포르는 미-싱가포르 FTA 협상(2003년 타결)에서 일정 쿼터에 한정해 원사 기준 원산지 규정을 면제해 주는 우대 기준(Trade Preference Level) 규정을 마련했다. 미국은 자국 섬유산업의 민감성을 고려해 섬유제품에 대해서는 별도의 협상을 하고 있으며, 통상 미국의 섬유제품에 대한 고관세는 철폐하되 엄격한 원산지 규정을 이용한 비관세장벽을 유지하고 있다. 미국과 FTA를 체결한 나라 중 이스라엘과 싱가포르만이 원사 기준 원산지 규정 완화에 성공했다.

〈표 9〉 섬유 부문 양허안 비교

(단위: 미화 백만 달러)

구분	한국 측				미국 측			
	품목수	비중 (%)	수입액	비중 (%)	품목수	비중 (%)	수입액	비중 (%)
즉시 철폐	1,265	97.6	170	72.0	1,387	86.8	1,654	61.2
3년 철폐	7	0.5	32	13.4	-	-	-	-
5년 철폐	24	1.9	34	14.6	149	9.3	504	18.6
10년 철폐	-	-	-	-	62	3.9	548	20.2
합계	1,296	100.0	236	100.0	1,598	100.0	2,706	100.0

자료: 외교통상부(2007).

나아가 이번 협상에서 한국은 섬유제품의 우회 수출 방지를 위해 미국에 수출업체의 경영 정보를 제공하고, 미국이 요구하는 경우 사전 고지 없는 현장 조사가 가능하도록, 그리고 섬유 특별 세이프 가드를 도입하는 것을 허용했다. 또한 한국 정부에서는 섬유 부문 개방의 대가로 유전자 변형 생물체LMO의 위생 검역 절차 간소화를 약속했다.

자동차 부문

정부에서는 자동차 분야를 한-미 FTA 체결의 대표적인 수혜 업종으로 평가하고 있다. 국회 한-미FTA특위 보고 자료는 자동차의 대미 수출이 약 8억 달러 증가할 것으로 추정하고 있다(대외경제정책연구원 등 11개 연구 기관 합동 2007). 2006년 자동차의 대미 수출액 약 86억 달러와 비교하면 9.3% 정도의 수출 증대 효과를 예상하는 것이다.

자동차 협상과 관련, 정부에서는 69만 대 수출에 5,000대 수입이라는 양국 간 자동차 부문의 극심한 무역 불균형을 고려해야 한다고 밝혔다. 〈표 10〉의 협상 결과는 정부의 입장을 매우 충실하게 반영한 것으로 평가할 수 있다. 그렇다면 우리가 일방적으로 수입하고 있는 쌀, 쇠고기 등 농산품과 각종 서비스 부문의 무역 불균형을 이유로 우리가 얻어낸 것은 무엇인지 확인해야 한다.

또한 일본과 유럽계 완성차 업체가 미국에서 생산하는 승용차의 국내 유입을 막기 위해 부품의 원산지 비율을 70% 이상 수준에서 결정했어야 함에도 불구하고 약 50% 수준에서 합의했다. 이에 따라 미국에 25개의 현지 생산 공장을 운영하고 있는 일본 차의 국내 유입이 봇물을 이룰 것으로 예상된다.[20] 정부는 미국에서 생산되는 일본 자동차는 약 330만 대 수준인 반면 미국 내 일본 차 수요는 550만 대로 국내 유입을 걱정할 필요가 없다고 주장한다. 그러나 항구적인 수요처가 발굴되는 경우 생산라인 증설에는 많은 시간이 걸리지 않는다는 것이 자동차 업계의 주장이다. 또 고려해야 할 점은 협정이 발효할 것으로 예상되는 2010년 이후에는 한국 자동차 업체의 미국 현지 생산이 약 70%에 이를 것으로 보여 관세 철폐의 실익이 없다는 것이다.[21]

한편 배기량 기준의 자동차 세제가 변경되었다. 현행 5단계인 자동차세는 3단계로, 현행 3단계인 자동차 특소세는 2단계로 개편되었다. 자동차 특소세는 현행 800cc 이하 면제, 800~2,000cc 5%, 2,000cc 초과 10%가 협정 발효 후 3년 내 1,000cc 이하 면제, 1,000cc 초과 5%로 단일화된

---

[20] 국내 수입차 상위 10개 품목 중 6개가 혼다와 도요타 제품이며 나머지는 BMW(3개 제품)와 아우디 제품이다.
[21] 현대자동차의 2006년 대미 수출 물량은 24만 대(전년 대비 27% 감소)이고 미국 현지 생산은 23만 6,000대(전년 대비 160% 증가)였다. 현대자동차에 따르면 국내에서 생산해 미국에 수출하는 물량은 매년 감소하고 있는 반면 현지 생산은 빠르게 증가하고 있다.

〈표 10〉 자동차 부문 협상 결과에 대한 평가

구분	한국 이득	미국 이득
관세 철폐	- 3000cc 이하 승용차 즉시 - 3000cc 초과 승용차 3년 내 - 픽업트럭 10년 내 - 자동차 부품 즉시, 타이어 5년 내	- 친환경차(10년 내)를 제외한 모든 자동차 즉시
자동차 세제	-	- 자동차세 5단계에서 3단계로 축소 - 특소세 3단계를 2단계로 축소 - 자동차 공채 매입 부담 완화
안전 및 환경 기준	-	- 배기가스 평균 배출량 제도 도입 - 승용차 배기가스 측정 장치(OBD) 장착 의무 2008년까지 면제 - 초저공해차 적용 기준 2010년까지 유예로 한국업체 역차별
분쟁 해결	-	- 신속 분쟁 해결 절차와 스냅백 도입
기타	-	- 완화된 원산지 규정 적용 - 중고 자동차와 자동차 애프터마켓 개방 여부(미확인) - 수입차에 대한 소비자 인식 개선을 포함, 80여 개에 이르는 비관세장벽 철폐 수용 여부(미확인)
표준협력	(중립)자동차 표준 작업반(Automotive Work Group) 설치로 통상 마찰 사전 예방	

자료: 한-미 FTA 협정문에 기초해 필자 재구성.

〈표 11〉 배기량 기준 자동차세 개편 (5단계 → 3단계)

차종	경차 (800cc 이하)	소형차		중형차 (1,600cc 초과 ~2,000cc 이하)	대형차 (2,000cc 초과)
		800cc 초과 ~1,000cc 이하	1,000cc 초과 ~1,600cc 이하		
현행(cc당)	80원	100원	140원	200원	220원
단계 축소(cc당)	80원		140원	200원	

사료: 외교통상부(2007).

다. 자동차세와 특소세의 개편은 미국 자동차 생산 업체의 주생산 품목인 2,000cc 이상 대형차에 대한 세 부담을 축소하기 위한 것임을 확인할 수 있다. 이는 자원 활용과 환경의 관점에서 소형차에 대한 우대 정책이 필요한 현실에 역행하는 정책이다. 조세연구원에 따르면 특소세 5% 단일화에 따라 약 3,000억 원, 자동차 세제 개편에 따라 약 1,000억 원 등 총 4,000억 원의 세수가 감소할 것으로 보인다. 정부에서는 세수 감소분을 교통세나 주민세 인상 등으로 보전할 계획이지만 이는 결국 자동차 업체나 자동차 보유자가 부담하던 세금을 일반 국민에게 전가하는 것으로 조세정책의 형평에도 어긋난다.

무역구제, 투자, 서비스와 기타 부문

한-미 FTA 협상에서 수출업계와 정부의 가장 큰 관심 부문이 미국 무역구제제도의 발동 요건을 강화함으로써 빈번한 수입 규제를 배제하는 것이었다. 최근 20여 년간 한국 수출업체가 부담한 상계관세[22]는 373억 달러로 대미 수출액의 7%에 달한다. 2005년 말 현재 한국은 19건(철강 14, 석유화학 1, 화학섬유 2, 반도체 1, 다이아몬드 절삭공구는 반덤핑 조사 중)의 수입 규제 조치를 받고 있다. 특히 철강과 섬유 등 한국이 경쟁력을 갖고 있는 분야에 규제가 집중되고 있으므로 실질적인 대미 시장 접근 확대를 위해 무역구제 조치의 발동 요건 강화가 매우 중요한 과제였다. 협상 시작 전 정부에서는 미국 무역구제 조치 중 전체 피해액의 약 86%를 발생시킨 제

---

22 상계관세는 수출국이 수출품에 장려금이나 보조금을 지급하는 경우 수입국이 이에 의한 경쟁력을 상쇄시키기 위하여 부과하는 누진관세다.

로잉Zeroing[23] 금지를 포함, 14개 항목을 요구하다 미국의 강력한 반발에 부딪혀 6개로 축소했다. 그러나 이마저도 반덤핑 관련법의 개정 사항으로 FTA 협상의 대상이 아니라는 미국의 주장에 밀려 반덤핑 조사 개시 전 사전 통지와 협의, 그리고 무역구제협력위원회 설치에 그쳤다.

한편 간접수용[24] 대상에서 공중 보건, 환경, 안전, 부동산 안정화 정책은 예외적인 경우를 제외하고 간접수용을 구성하지 않는 것으로 합의되었다. 그러나 '예외적인 경우'에 대한 명확한 규정이 없기 때문에 정부의 모든 정책이 소송 대상화될 수 있는 가능성이 크게 열려 있다.

금융 서비스 부문에서는 현지법인이나 지점을 통한 금융, 보험, 컨설팅 등 신금융 서비스 공급이 허용되고 무역 관련 금융 서비스에 대한 국경 간 거래가 개방되었다. 또한 금융 정보의 해외 위탁 처리가 2년 유예기간을 거친 후 허용되었다. 통신 부문에서는 KT와 SKT를 제외한 기간 통신 사업자에 대한 외국인 간접투자 제한(15%)이 협정 발효 2년 후 해제됨으로써 100% 간접투자가 가능해졌다.

지적재산권 부문에서는 저작권 보호 기간을 저작자 사후 50년에서 70년으로 연장했으며 비영리 목적의 복제도 저작권 침해로 간주하도록 되었다. 또한 스크린쿼터는 현행 73일 이상 확대가 불가능해졌다.

---

23 덤핑마진 계산 시 수출 가격이 국내 가격보다 높은 경우는 마이너스로 처리하지 않고 제로(0)로 간주해 덤핑관세율을 높이는 것이다.
24 간접수용(indirect expropriation)이란 투자 유치국 정부의 규제 조치로 인해 투자자의 투자이익이 상실되는 경우를 말한다.

3. 한-미 FTA 협상 결과에 대한 평가

한-미FTA저지범국민운동본부에서는 2006년 8월 외교통상부가 국회 통일외교통상위원회에 제출한 보고 자료를 기초로 총 21개 분과(2개 작업반 포함)의 88개 쟁점(세부 쟁점 114개)별 양국 간 협상 목표의 반영 결과를 분석했다. 이에 따르면 총 88개 쟁점의 분석 결과 미국안은 77%(미국안 60개, 조건부 4개)가 반영된 반면 한국안은 8%(한국안 4개, 조건부 3개) 반영에 그쳤다. 한국안과 미국안이 모두 반영된 경우는 총 14%(12개)이고 나머지 5개 쟁점은 미확인인 것으로 드러났다(이해영 2007).

우리 측 입장이 반영된 7개 항목은 ① 상품 분과의 조정관세 유지, ② 농산물 특별 긴급관세 도입, ③기술 장벽 부문에서 협정 적용 범위에 지방정부 포함, ④ 자동차 관세 인하, ⑤ 신약에 대한 최저 가격 보장제 도입 요구 철회, ⑥ 금융 일시 세이프 가드 도입, ⑦ 영문 협정문과 국문 협정문의 동등한 효력 인정 등에 불과하다.

주목해야 할 것은, 서비스 부문을 원칙적으로 전면 개방하는 포괄주의 방식과 현재유보의 역진 방지 조항 도입, 그리고 미래의 최혜국 대우 등이다.[25] 이 협상에서 한국은 금융 서비스의 국경 간 거래를 제외하고는 포괄주의 방식에 의한 서비스 부문 개방 원칙에 합의했다. 이로써 유보안에 명시되지 않은 미래의 서비스는 모두 개방된다.[26] 또한 현재유보의 경우

[25] 현재유보는 서비스협정상의 의무에 불일치하는 현존 정부 조치를 의미하며 장래에는 현존하는 것보다 더 규제적인 방향으로 개정이 불가능하다. 미래유보는 서비스협정상의 의무가 배제되는 분야를 의미하며 현행보다 더 규제적인 조치를 취하는 것이 가능하다(유태환 2006b). 역진 방지 조항은 일단 자유화한 부문을 다시 후퇴시킬 수 없다는 원칙으로 '래칫(Ratchet) 조항'으로도 불린다.
[26] 미국은 1987년에 타결된 캐나다와의 FTA 협상에서 서비스 부문에 대한 열거주의 방식을 수용

역진 방지 조항에 의거, 현존하는 규제보다 더 엄격한 규제를 가할 수 없다. 따라서 정책 실패에 대한 시정이 불가능하고, 정부의 자발적인 자유화 정책 수행에 큰 어려움을 겪게 될 것으로 보인다. 앞으로 체결할 FTA에 한정해 최혜국 대우를 하는 미래 최혜국 대우는 우리가 체결할 FTA의 효과를 미국에 제공하는 역할을 하게 된다. 미국은 일본이나 유럽연합 등 선진국, 중국과 같은 거대 경제권과의 FTA를 체결할 가능성이 적은 반면 우리는 유럽연합이나 호주 등, 총 52개국과의 FTA 체결을 계획하고 있으므로 모든 협상의 경우에 미국을 고려해야 하는 정책적 제약을 갖게 된다. FTA 체결은 양자 간 특성에 따라 구체적 협상 내용이 달라지며, 효과를 높이기 위해 상대국에 맞는 협상 전략을 갖고 있어야 한다. 그러나 미국의 반사이익을 고려하면 전략의 선택폭이 축소될 수밖에 없을 것이다.

한-미 FTA 협정의 비준 시한은 따로 정해져 있지 않으나 칠레, 싱가포르, 유럽자유무역연합과 맺은 FTA의 국회 비준 동의에는 평균 13개월이 걸렸다. 따라서 현재 국회에 계류 중(2008년 2월 13일 국회 통일외교통상위원회 상정)인 한-미 FTA 비준 동의안을 처리하기에 앞서 협정 내용의 면밀한 검토를 위한 국정조사가 선행되어야 한다. 현행 헌법 제61조 1항은 "국회는 국정을 감사하거나 특정한 국정 사안에 대하여 조사할 수 있으며 이에 필요한 서류의 제출, 증인의 출석과 증언이나 의견의 진술을 요구할 수 있다"라고 규정하고 있다. 또한 국정감사 및 조사에 관한 법률은 "재적 의원 4분의 1 이상(재적 의원의 수가 296명이므로 75명)의 서면 요구가 있는

한 바 있으며 한국은 유럽자유무역연합과의 협상에서 열거주의 방식에 의한 서비스 부문 개방을 관철시켰다(유태환 2006a).

때에 특별위원회 또는 상임위원회가 국정의 특정 사안에 관하여 국정조사를 개시"하는 것으로 규정하고 있다.

한-미 FTA와 관련된 모든 정보의 공개를 전제 조건으로 국민투표를 실시하는 것도 검토해야 한다. 헌법 제72조는 "대통령은 필요하다고 인정할 때에는 외교·국방·통일 기타 국가 안위에 관한 중요 정책을 국민투표에 붙일 수 있다"고 규정한다. 행정 수도 이전이나 군사 작전권 환수에 대한 국민투표 실시 주장의 근거가 여기에 있다(우석훈 2007). 그러나 한-미 FTA 체결이 헌법 72조에 해당한다는 법리적 해석에도 불구하고 국민투표를 강제할 방법이 없다는 것이 문제다. 대통령은 필수적 국민투표 부의권(헌법 129조 2항의 헌법 개정안에 대한 국민투표 부의)과 임의적 국민투표 부의권(위에서 언급한 제72조의 '……붙일 수 있다')을 갖지만 후자의 경우 대통령이 거부하면 그만이다. 또한 현행 9차 개정 헌법에서는 국민들이 직접 국민투표를 발의할 수 없다. 따라서 국민투표를 요구함으로써 한-미 FTA 체결에 대한 정치적 이슈화는 가능하겠으나 실질적 효과를 기대하기는 어렵다.

대통령의 비준 동의안을 국회에서 부결시키는 방법도 검토할 수 있다. 우리 헌법 제73조는 대통령이 조약의 체결·비준권을 갖고 있음을 명시하고 있다. 그러나 제60조 1항은 "국회는 상호 원조 또는 안전보장에 관한 조약, 중요한 국제조직에 관한 조약, 우호 통상 항해 조약, 주권의 제약에 관한 조약, 강화 조약, 국가나 국민에게 중대한 재정적 부담을 지우는 조약 또는 입법사항에 관한 조약의 체결·비준에 대한 동의권을 가진다"고 규정하고 있다. 즉 헌법 제60조의 규정에 따라 국회는 조약의 체결·비준에 대한 동의권을 갖게 된다.[27]

한-미 FTA는 본질적으로 헌법이 정하는 국회의 체결 동의와 비준 동의권의 대상이 되는 조약이다. 나아가 한-미 FTA 협정이 발효되면 협정문의 내용은 국내법과 동일한 효력을 갖게 되므로 이는 입법 행위 그 자체라고 할 수 있다.[28] 따라서 협정 체결의 전 과정에 대한 국회의 검토와 개입이 필수적이지만 지금까지는 관례적으로 무시되어 왔다. 앞으로 남은 절차는 비준 동의안에 대한 국회의 찬반 투표뿐이며 따라서 비준 동의안에 대한 부결 운동을 고려할 수 있다. 그러나 비준 동의안이 부결되더라도 다음 회기에 동일 안건의 재상정이 가능하다는 점을 고려하면 이 또한 결정적인 대책은 될 수 없다.[29] 오히려 EU 국가의 경험에서 보듯이 비준 동의안이 통과될 때까지 국회 개회 시마다 동일 안건이 재상정됨으로써 심각한 국론 분열과 대립이 지속될 가능성이 높다.

---

27 이를 넓게 해석해서 체결에 대한 동의를 포함하는 것으로 이해하면 체결 과정에서부터 국회가 개입할 수 있는 법리적 근거가 된다. 참고로 미국 헌법 제2조는 "대통령은 상원의 권고와 동의를 얻어 조약을 체결하는 권한을 가진다. 다만, 그 권고와 동의는 상원 출석 의원 3분의 2 이상의 찬성을 얻어야 한다"고 규정하고 있다. 무역증진권한(TPA, Trade Promotion Authority)에 따라 미 의회가 협상의 범위와 내용에 대한 광범위한 권한을 미국 무역 대표부에 부여하고 있음에도 불구하고, FTA 체결의 전 과정에 미 의회가 개입하는 법률적 근거가 바로 미국 헌법 제2조다.

28 국회에서 비준 동의안을 처리하는 우리 방식에서는 '조약 그 자체'가 국내 법률과 동일한 효력을 갖는 '또 하나의 국내법'이 되며, 게다가 신법이므로 구법에 우선하게 된다(『한겨레21』 2007/04/11). 정부의 발표에 의하면 한-미 FTA는 관세법, 특별소비세법, 지방세법, 자유무역협정의 이행을 위한 관세법의 특례에 관한 법률, 전기통신기본법, 불공정무역행위 조사 및 산업피해구제에 대한 법률, 공인회계사법, 세무사법, 변호사법, 우체국예금·보험에 관한 법률, 선기통신사업법, 독점규제 및 공정거래에 관한 법률, 상표법, 저작권법, 컴퓨터프로그램 보호법, 특허법, 약사법, 상표법, 범죄수익은닉의 규제 및 처벌 등에 관한 법률, 방송법 등 24개 법률의 제·개정을 필요로 한다.

29 일사부재의(一事不再議) 원칙에 대해 국회법 제92조는 "부결된 안건은 같은 회기 중에 다시 발의 또는 제출하지 못한다"고 규정하고 있다. 따라서 부결된 안건은 동일 회기가 아닌 경우 다시 발의할 수 있다.

V. 전략적 대외 개방의 선결 과제

1. 국가 경제 발전 전략과 FTA 추진의 유기적 연계

거대 경제권과의 FTA 추진은, 한-칠레나 한-싱가포르 FTA에서와 같이 경제협력 강화라는 낮은 수준의 대외 통상정책 이상의 의미를 갖고 있다. 북한 문제나 한반도의 지정학적 특수성을 논외로 하더라도 중국과 미국, 일본이 갖고 있는 정치·외교·안보적 중요성은 이들과의 FTA가 최상위의 대외 정책이라는 밑그림 위에서 매우 정교하게 추진되어야 함을 의미한다.

국익의 판단 기준은 국가나 시장이 아닌 국민의 삶의 질에 기초해야 한다. 서구 복지국가들의 성공에는 개방과 사회 통합이 선순환할 수 있는 '시장의 비시장적 기초', 즉 사회 공공성이라는 안전판이 공통적으로 존재한다(이병천 2007). 그러나 미국식 자본주의는 결코 이를 용납하지 않는다. 특히 한-미 FTA는 이제 막 사회 복지와 삶의 질에 관심을 갖게 된 우리에게 다시 노동 중독 국가로 돌아갈 것을 요구할 것이다.

출범 이후 참여정부는 '평화와 번영의 동북아 시대 구현'을 최상위 외교 목표로 설정하고 동아시아 공동체 또는 동북아 경제 공동체 구축을 추진했다.[30] 매우 이질적인 정치 체제를 갖고 있는 동(북)아시아 국가들의 협

---

30 동아시아 공동체 또는 동북아 경제 공동체를 강조하면서 동시에 한-미 FTA를 추진한 참여정부의 현실은 국가 차원의 대외 정책에 대한 전략적 고려와 조율을 담당하는 통제 기제가 작동하지 않았음을 보여 준다. 참여정부의 동북아 구상에 대해서는 김양희(2005)를 참고.

<그림 3> 주요 4개국의 GDP 성장 전망

(단위 : 미화 십억 달러)

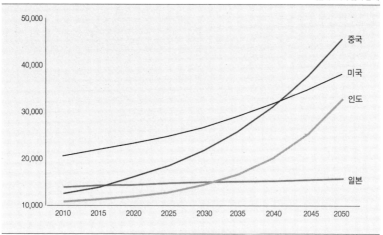

자료 : Goldman Sachs(2004), 유태환·최윤정·정인교(2004)에서 재인용.

력은 정경분리의 원칙하에 순수한 경제적 이슈에서 출발해야만 가능하다. 그러나 한국은 한-미 FTA를 통해 동(북)아시아 경제협력에 미국이 침투할 수 있는 통로를 제공했다. 전 세계 4강과 이웃하고 있는 한국은 모두의 친구이지만 누구의 친구도 아닌Everybody's friend but nobody's friend 균형 매개자 역할을 수행하는 것이 바람직하다. 즉 미국과의 안보 동맹은 유지하되, 동시에 중국을 포함한 동(북)아시아 국가와의 공동체적 협력을 강화시켜야 할 필요가 있는 것이다.[31]

---

[31] 한-미 FTA는 신자유주의적 시장 경쟁 원리 내지는 미국식 시스템을 동아시아에 전파하는 수로 역할을 담당할 것이다. 또한 미국 시장에서 한국과 경쟁하고 있는 동아시아 여러 국가가 경쟁

중국 상무부에서는 2010년경 중국이 미국을 제치고 세계 1위의 무역 대국으로 성장할 것으로 전망하고 있다. 한편 투자은행 골드만삭스는 2041년에 중국의 GDP가 약 30조 달러로 미국을 제치고 세계 1위의 경제 대국이 될 것으로 추정했다.

반면 미국은 냉전 질서의 해체와 중국의 부상에 따라 패권국으로서의 정치·외교적 위상이 약화되었고, 경상수지 적자에 의한 세계경제 불균형 global imbalance의 심화, 달러 헤게모니의 침식으로 초강대국의 지위를 잃어 가고 있는 상태다.[32] 따라서 중국의 경제적 부상과 미국 헤게모니의 침식을 감안하면 한국의 경우 일방적으로 경도된 전략보다는 자율적인 영역을 넓게 가져가는 대외 전략이 절실하다.

2007년 2월 미국의 대아시아 정책의 교본이라 할 수 있는 아미티지 보고서가 발표되었다. 이에 따르면 "미국의 세계 전략의 핵심은 아시아이고, 아시아 전략의 핵심은 미-일 동맹"이다. 나아가 "중국이 국제사회의 책임감 있는 이익 공유자가 되도록 미, 일이 공동 노력"해야 한다. 이와 같이 중국을 견제하기 위한 미-일 동맹의 보조 축으로 한-미 동맹이 강화되고 한-미-일 삼각 동맹 체제로 발전하게 되면, 동북아의 안보는 대륙 세력 대 해양 세력의 신냉전 구도로 전환될 것이다. 따라서 동(북)아시아 경제

적으로 미국과 FTA를 체결하게 되면 미국에 대한 동아시아의 경제적 예속 내지는 미국화가 한층 강화될 것이다(정태인 2007).

[32] 미국 경상수지 적자의 대부분은 동아시아 국가로부터의 무역수지 적자에 기인한다. 2006년 미국의 대중국 무역수지 적자는 2,326억 달러였으며, 일본(885억 달러), 대만(152억 달러), 한국(133억 달러)과의 무역에서도 큰 적자를 기록했다. 동아시아 국가는 외환 보유액(중국 1위, 1조 2,000억 달러; 일본 2위, 9,000억 달러; 대만 4위, 2,600억 달러; 한국 5위, 2,400억 달러)의 상당부분을 미국 국채 매입에 활용함으로써 달러 환류에 기여하고 있다.

협력과 한반도의 평화는 요원해진다.[33]

제2차 아미티지 보고서는 "미-일 동맹이 미-일 FTA 체결을 통해 개방적 동맹으로 발전해야 한다"고 쓰고 있다. 미국의 입장에서는 미-일 안보 동맹에 미-일 FTA를 추가함으로써 동(북)아시아 경제에 개입하는 것을 간절히 바라고 있다. 그러나 취약한 농수산업 부문에 대한 우려와 '농수산족' 의원 등의 반대로 일본 정부는 미-일 FTA를 전혀 고려하지 않고 있다.[34] 물론 여기에는 미국과 일본의 경제적 밀착이 동(북)아시아에 가져 올 부정적 영향에 대한 일본 정부의 판단도 반영되어 있다. 한편 미국과 중국의 경우, FTA 논의는커녕 중국의 시장경제 지위 인정 문제에서부터 대립하고 있다. 실상 선진 G7[35] 국가 모두 중국의 상품과 중국 자본의 진출에 대한 우려 때문에 중국과의 FTA에는 매우 소극적이다.

〈표 12〉는 1970년 이후 한국 경제의 성장에 대한 요인별 기여도를 분석하고 2020년까지의 잠재 성장률과 요인별 기여 전망치를 보여 주고 있다. 이에 따르면 2000년 이전 한국 경제의 고도성장에는 노동 및 자본 투입의 증가, 그리고 규모의 경제와 자원 배분의 효율성 증진에 기초한 생산성 향상이 큰 역할을 했다. 그러나 2000년 이후에는 저출산, 고령화로

---

[33] 아미티지 보고서의 원제는 "U.S.-Japan Alliance: Getting Asia Right Through 2020"이며 박건영(2007)에서 재인용.

[34] 일본의 FTA 정책을 담당하는 경제산업성(METI)의 "일본의 EPA/FTA 정책"(2005)에서 미국과의 FTA는 아예 일정표에서 빠져 있다. 일본 정부는 일본이 미국과 농업을 포함한 FTA를 체결할 경우 일본이 싱가포르, 한국, 중국, 아세안 4개국 모두와 FTA를 체결하는 경우보다 약 3.6배의 후생 손실이 발생할 것으로 예상하고 있다. 송기호(2007)에서 재인용.

[35] Group of Seven, G8 국가 중 러시아를 제외한 캐나다, 프랑스, 독일, 이탈리아, 일본, 영국, 미국을 가리킴.

인해 노동 투입이 정체되고, 경제 발전이 성숙 단계에 진입함에 따라 규모의 경제와 자원 배분의 효율성 향상도 크게 기대하기 어렵다는 것을 보여 주고 있다. 따라서 한국 경제의 추가 성장을 위해서는 먼저 기업들의 국내 투자 활성화와 외국인 직접 투자 유치로 자본 투입량을 늘리는 방안을 고려해야 한다. 그러나 이와 같은 정책 대안은 필연적으로 국내 대자본과 외국자본에 의한 경제적 형평성equity의 침해와 국민경제의 자율성 훼손으로 귀결될 가능성이 크다. 특히 우리는 경쟁 우위 영역이 매우 제한적인 세계시장에서 전략적 고려 없는 대기업 중심의 수출 주도형 성장 전략이 과잉투자와 장기 침체로 귀결될 수 있음을 이미 경험한 바 있다. 따라서 한국 경제의 지속적 성장을 위해서는 기술혁신과 자원 배분의 효율성을 제고함으로써 총요소생산성TFP, Total Factor Productivity을 높이는 것이 핵심 과제라고 할 수 있다.

우선 정부에서는 국가 경제의 장기 발전 전략을 수립하고, 적극적인 보호 정책이 필요한 산업, 국제 경쟁에 노출시켜야 할 산업, 장단기 구조조정이 필요한 산업 등에 대해 명확한 기준을 갖고 있어야 한다. 이를 토대로 산업 부문의 선별적·차등적 개방 및 지원 정책을 제시함으로써 대외 개방의 불가피성에 대한 국민적 합의 도출을 용이하게 할 수 있을 것이다. 또한 각 경제주체의 합리적 기대는 자연스러운 구조조정을 추동함으로써 구조조정 비용을 최소화하고 자원 배분의 효율성을 높일 것으로 예상된다. 이에 더해 모든 산업을 포괄하는 무역 구조조정 지원 제도가 조기에 구축되어 산업 부문 간, 이해 집단 간 갈등을 선제적으로 해소할 수 있도록 해야 한다.[36]

지금까지의 경제성장 과정과 대외 부문에 크게 의존하고 있는 한국 경제의 특성을 고려할 때, 수출 촉진 등 적극적인 개방 정책이 가장 효율적

〈표 12〉 한국 경제의 잠재 성장률 전망

(단위: %)

구분	1970~1980	1980~1990	1990~2000	2000~2010		2010~2020	
				고성장	저성장	고성장	저성장
실제 성장률	7.6	9.1	5.7	-	-	-	-
불규칙 요인	-0.6	1.1	1.0	-	-	-	-
잠재 성장률	8.2	8.0	6.7	5.1	4.4	4.1	3.3
요소 투입	5.2	4.5	3.4	2.4	2.2	1.9	1.7
노동 투입	3.1	2.6	1.5	0.3	0.3	0.2	0.2
자본 투입	2.1	2.0	1.9	2.1	1.9	1.7	1.5
생산성 증가	3.0	3.5	3.4	2.7	2.2	2.2	1.6
규모의 경제	1.5	1.7	1.5	0.9	0.7	0.7	0.5
자원 재배분	0.9	0.8	0.7	0.6	0.5	0.4	0.3
기술 진보	0.6	1.1	1.2	1.2	1.0	1.1	0.8

자료: 박준경(2005).

인 성장 전략으로 인식되어 왔다. 그러나 한국의 GDP 대비 상품 및 서비스 무역액의 비중(2004년 기준)은 83.8%로 미국(24.1%), 일본(24.3%), 독일(71.1%)에 비해 매우 높은 수준이다. 또한 외국인 투자는 공공 부문을 제외하면 98.9% 수준으로 개방되어 있다. 이는 국가 경제 발전에 대한 전략적 고려 없이 무차별적으로 추진되는 대외 개방이 더 이상 바람직하지 않을 뿐만 아니라 유효하지도 않다는 것을 의미한다.

정부가 주장하는 선진 경제권과의 FTA 추진 논리 중 하나가 국제 경

36 무역자유화에 따른 지원 대책은 한–칠레 FTA에서와 같이 개방에 따른 피해 예상 산업의 직접적 피해 구제를 위한 금전적 보상 위주로 추진하는 것보다, 퇴출을 포함한 구조조정의 촉진 및 경쟁력 제고에 초점을 맞추는 포괄적 무역 구조조정 지원 체계하에서 추진되어야 한다.

쟁을 통한 산업 부문의 경쟁력 제고였다. 그러나 〈표 13〉에서 보듯이 우리 제조업의 노동생산성은 미국을 100으로 했을 때 44에 불과하며, 기본적으로 경쟁의 틀을 구성할 수 없는 상태다. 나아가 선진국과의 FTA는 우리 산업을 중·저 기술의 저부가가치·노동집약적 산업에 묶어 놓음으로써 샌드위치 경제를 지속하게 만들 가능성이 높다.

일반적으로 높은 경제 발전 단계에 있는 국가와의 FTA 체결은 저발전 단계에 있는 국가의 비교 열위 산업 부문의 생산요소를 비교 우위가 있는 저기술·노동집약적 산업에 집중시킬 가능성이 높다. 미국 등 선진국과의 FTA 체결은 우위 산업과 열위 산업의 구분을 강화하고, 산업 간, 산업 내 국제분업을 더욱 공고하게 함으로써 산업구조 고도화에 큰 제약이 될 수 있다.[37]

한편 2004년 기준, GDP 대비 서비스산업의 비중을 살펴보면 미국이 75%, 독일이 69%, 일본이 68%, 그리고 한국은 65% 수준이다. 따라서 한국 경제의 경우 GDP 비중을 고려한 산업구조의 고도화는 이미 충분히 달성된 상태라고 할 수 있다. 문제는 서비스산업의 비중 자체가 아니라 경제성장 기여도가 낮은 도소매, 음식, 숙박업 등 전통 서비스산업의 수준을 향상시켜 고부가가치 서비스산업으로 재탄생시키는 것이다. 동시에 수준 높은 상업 서비스가 제조업의 생산 유발과 고용 유발 효과를 높일

---

37 이를테면 FTA 체결에 따른 국제 경쟁의 심화로 저기술 섬유산업에서의 생산이 큰 폭으로 증가하고 대신 비교 열위에 있으면서 고기술, 소규모인 핵심 부품 산업의 생산이 축소된다면 이는 경제적 관점에서 매우 합리적인 변화다. 그러나 축소가 예상되는 산업의 발전 가능성이 매우 높고 장차 한국 산업의 경쟁력을 뒷받침할 수 있는 분야라면 이와 같은 변화를 수용해서는 안 될 것이다. 또한 비슷한 수준의 피해가 예상된다면 차세대 성장 동력 산업이나 특정 산업군 전체의 경쟁력을 좌우할 수 있는 핵심 결절 산업을 우선적으로 보호, 육성해야 할 것이다.

<표 13> 제조업 분야의 노동생산성 비교

구분	한국	미국	일본	프랑스	캐나다	영국	독일	이탈리아
노동생산성	44	100	105	80	74	65	63	50

주 : 미국의 제조업 노동생산성을 100으로 했을 때 각국 노동생산성의 환산값임.
자료: 한국개발연구원(2005).

<표 14> 서비스업 분야의 노동생산성 비교

(한국=100)

구분	전기, 가스 및 수도	건설업	도소매, 음식, 숙박업	운수, 창고, 통신업	금융, 보험, 부동산업	기타 서비스업
한국	100.0	100.0	100.0	100.0	100.0	100.0
미국	89.1	147.9	371.3	186.5	176.9	167.3

주: 2000년 기준이며 구매력 평가로 환산한 값임.
자료: OECD와 한국생산성본부가 출처이며 대외경제정책연구원(2006.5)에서 재인용.

수 있도록 견인해야 한다. 그러나 전기, 가스 및 수도와 건설업을 제외한 대부분의 서비스 분야에서 우리나라의 노동생산성은 미국을 비롯한 여타 선진국에 비해 크게 낮은 수준이다.

따라서 선진국과의 FTA 체결은 비교역재의 성격이 강한 전기, 가스 및 수도 부문을 제외한 거의 전 분야에서 우리나라의 서비스업을 위축시킬 가능성이 높다. 그러므로 내부 개혁으로 경쟁력 제고가 가능한 부문과 대외 개방이 필요한 부문을 구분해 선별적으로 개방하는 전략적 사고가 필요하다.

2. FTA 추진의 일반 원칙과 체결 전략 수립

개별 FTA 추진에 앞서 국가 경제 차원의 산업 발전 전략과 각 상품 또는 산업 부문별 특징에 기초해 품목별 대외 개방 원칙을 수립하는 것이 필요하다. 즉 HS 10단위 기준 농산품 1,452개, 임·수산품 650여 개, 공산품 9,552개, 155개 서비스산업을 관세 즉시 철폐(또는 즉시 개방), 단기 유예와 장기 유예, 양허 예외 품목으로 범주화해야 한다. 또한 각 범주에서도 협상 단위로써 교역액이나 품목 수를 동시에 고려해 품목별 우선순위를 설정해야 한다. 이로써 FTA 체결 상대국의 경제 발전 단계나 산업 부문별 경쟁력에 따라 특정 상품이 개방 또는 보호의 대상으로 포함되는 논리적 오류를 피할 수 있다.

〈표 15〉에서 보듯이 한-싱가포르, 한-유럽자유무역연합 FTA에서 공산품은 대부분 개방되었으나 양허된 농산품은 전체 약 1,400여 개 품목 중 1,000~1,200개 품목에 불과하다. 즉 초민감 품목인 쌀, 사과, 배를 포함해 관세율 300% 이상인 94개 고민감 품목(HS 10단위 기준, 참깨: 630%, 마늘: 360%, 겉보리: 324%, 쌀보리: 300%)과 관세율 300% 이하의 민감 품목인 맥주맥, 대두, 단옥수수와 식용 감자, 일부 민감 축산물이 양허 대상에서 제외되었다.

〈표 16〉에서 보듯이 한-칠레 FTA에서도 1,432개 농산품 중 27.5%인 394개 품목이 DDA 협상 타결 이후 재논의, 또는 양허 대상에서 제외되었으며 임·수산품과 공산품은 거의 100% 개방되었다.

이와 같이 칠레, 싱가포르, 유럽자유무역연합과의 FTA 체결은 상대국의 경제 규모, 국제 경쟁력과 경제적 긴밀성을 감안할 때 한국 경제가 감당할 수 있는 정도의 개방이었던 것으로 판단된다.[38]

〈표 15〉 한국이 체결한 각 FTA에서의 양허율 비교

(단위: %)

구분		전체		공산품		임산품		수산품		농산품	
		양허율	즉시 철폐	양허율	즉시 철폐	양허율	즉시 철폐	양허율	즉시 철폐	양허율	즉시 철폐
한-칠레 FTA	한국	99.8	87.2	100	99.9	100	58.2	100	69.5	98.5	15.6
	칠레	99.0	41.8	99.8	30.6	100	100	100	99.0	94.2	92.9
한-싱가포르 FTA	한국	91.6	59.7	97.4	68.8	82.9	53.7	56.2	13.8	66.6	16.0
	싱가 포르	양허율: 100, 즉시 철폐: 100									
한-EFTA FTA	한국	99.1	86.3	100	92.3	100	45.5	88.4	27.1	84.2	15.8
	EFTA	양허율: 100, 즉시 철폐: 100(일부 기본 농산물만 제외)[1]								100	35~55

주: 1) 한-유럽자유무역연합 FTA에서는 기본적으로 공산품, 수산물 및 가공 농산물을 자유무역 대상으로 하고 기본 농산물에 대해서는 별도의 양자 간 협정을 체결함.
자료: 외교통상부·대외경제정책연구원(2005a; 2005b; 2003)을 참고해 필자 재구성.

〈표 16〉 한-칠레 FTA의 한국 측 양허안 개요

(단위: 개, %, HS 10단위 기준)

양허 카테고리	전체	공산품	농산품	임산품	수산품	농산물 주요 품목
즉시 철폐	9,740(87.2)	9,101(99.9)	224(15.6)	138(58.2)	277(69.5)	배합 사료, 종우, 양모, 커피 등
이행 기간 설정 또는 TRQ[1]	1,036(9.3)	1(0.01)	814(56.8)[2]	99(41.8)	122(30.6)	고사리, 두부, 감자, 포도주, 과일주스, 토마토, 돼지고기, 쇠고기, 닭고기 등
DDA 이후 논의	373(3.3)	-	373(26.0)	-	-	마늘, 양파, 고추, 낙농 제품 등
제외	21(0.2)	-	21(1.5)	-	-	쌀, 사과, 배 등
합계	11,170	9,102	1,432	237	399	

주: 1) 이행 기간은 5년부터 16년까지 5단계로 구분되어 있으며 TRQ(Tariff Rate Quota; 저율관세할당)는 특정 물품의 수입에 대해 일정량까지는 낮은 세율(또는 무세)을 적용하고 그 이상의 수입량에 대해서는 높은 세율을 적용하는 2중 세율 제도임.
2) 포도는 유일한 계절관세 부과 대상으로 11월부터 4월까지만 관세를 철폐하고 나머지 기간에는 계절관세 부과.
자료: 외교통상부·대외경제정책연구원(2003)을 참고해 필자 재구성

38 즉 이들 국가와의 FTA는 무역에 관한 관세 조정 협정이라고 할 수 있지만 미국과의 FTA는 무역자유화뿐만 아니라 사회·경제적 동조화를 촉진함으로써 최종적으로는 미국식 경제구조로의 통합을 야기할 수 있는 위험을 내포하고 있다.

그러나 거대 경제권과의 동시다발적 FTA 추진에는 좀 더 전략적인 사고가 요구된다. FTA 추진 대상 국가를 선별하고 순위를 부여하는 작업에는 많은 고려 사항이 필요하다는 점을 인식해야 한다. 우선 잠재적 대상 국가를 선정할 때는 수출 시장 방어와 개척 차원에서 FTA 이외의 경제적 협력보다 FTA가 효과적인지의 여부, FTA를 체결할 경우 한국에 정치·경제 및 외교·안보적으로 도움이 될 수 있는지의 여부, 그리고 교역 상대국으로서 한국에 대한 상대국의 관심 여부 등을 검토해야 한다. 좀 더 구체적으로는 정치·외교·안보적 기준, 경제적 기준, 지리적 기준, 실현 가능성과 기타 사항으로 구분할 수 있다.

정부에서는 DDA 협상 추이 및 한국의 산업 발전 전략과 연계된 다양한 개방 시나리오를 준비하는 것이 필요하다. 또한 주요 교역 상대국을 중심으로 모든 잠재적 FTA 추진 대상 국가를 조합해 계량화가 가능한 부분에서만이라도 FTA 추진 대상국의 우선순위를 점검할 필요가 있다. 특히 서로 다른 경제 발전 단계에 있는 거대 경제권과는 대외 정책 목표, 경제 발전 및 산업 발전 전략과 유기적으로 연계된 FTA를 추진함으로써 손실을 최소화하고 국익을 극대화할 수 있는 방안을 모색해야 한다.

3. 국회의 기능 강화와 이해 조정 기제의 구축

거대 경제권을 포함한 주요 국가와의 FTA 추진에 따르는 가장 큰 어려움은 다양한 이해 집단과의 대내 협상과 국민적 합의 도출이라고 할 수 있다. 그런데 한국 정부의 FTA 추진 과정에서 국회와 이해관계자의 참여가 원천적으로 배제되면서 국론이 심각하게 분열되었고, 합의를 위한 억

<표 17> FTA 체결 대상국의 선정 기준

구분	세부 검토 항목
정치·외교·안보적 기준	정치·외교·안보적 우호 관계 구축의 필요성
	경제 관계의 전략적 활용 가능성
	대내 개혁 수단으로서의 활용 가능성
경제적 기준	상호 간의 교역 증진 효과
	투자, 기술이전, 경쟁력 제고, 산업구조 고도화 등 교역 이외의 경제적 효과
	산업의 경쟁·보완적 구조(민감 품목의 비중)
	대상국의 타 FTA 추진에 따른 불이익의 크기
지리적 기준	역내, 또는 역외국 여부[1]
	해당 지역의 거점 국가 또는 거점 국가 진출의 교두보 역할 가능성
실현 가능성 기준	사회적 갈등과 조정 비용의 크기
	사전적 검토의 충실성과 대내·외 협상 능력
	상대국의 FTA 체결 의지
기타	국제법규, 지렛대 효과와 경제주체들의 요구[2]

주: 1) 지역 경제통합의 효과는 자연적 교역 지대(natural trading bloc)에서 극대화될 수 있다는 점을 감안.
2) 지렛대(레버리지) 효과는 특정 국가와의 FTA 추진이 다른 나라와의 FTA 추진 또는 협상에서 유리한 환경을 조선하는 데 이용될 수 있다는 것임. 예를 들어 DDA 협상 타결 이전에는 FTA를 추진하지 않을 예정인 것으로 알려졌던 EU가 한-EU FTA 체결을 위한 예비 협의(2006년 7월과 9월)에 참가한 것은 한-미 FTA 추진이 영향을 준 것으로 볼 수 있음.
자료: 유태환·최윤정·정인교(2004)에 기초해서 재작성.

압과 즉자적으로 제시되는 사후적 보상만이 있을 뿐이다.

2004년 6월 제정된 자유무역협정체결절차규정은 대외경제장관회의를 FTA 추진의 최고 의결 기구로, FTA추진위원회를 심의 기구로 정하고 FTA민간자문회의를 설치하도록 명문화했다. 그러나 장관급 정무직인 통상교섭본부장이 FTA추진위원회의 위원장을 겸직함으로써, 유관 부서와의 협조 체제가 원활하게 작동하지 않는 상태에서 통상정책의 결정에 대한 교섭 본부의 독주가 계속되고 있다. FTA추진위원회의 위원장은 협상 타결 후 국회에 협상 결과를 보고할 의무만 갖고 있으며 이는 미국의 무역 증진 권한이 항시적으로 부여된 경우에 해당된다. 또한 외교통상부 장관이 자유무역협정안을 국무회의에 상정하고 대통령의 재가를 얻어 국회에 비준 동의를 요청함으로써 통상교섭본부장은 모든 국내 협상과 보완 대책 준비 과정에서 자유롭게 된다. 이에 더해 민간자문회의에 이해관계사의 참여가 어렵게 되어 있으며 절차규정상 국회의 사전 검토 및 심의 기능이 없다는 점도 심각한 문제라고 지적할 수 있다.

한편 FTA추진위원회와 실무추진회의에는 민간 위원의 참여가 원천적으로 배제되어 있다. 또한 FTA 민간 전문가, 업계 및 단체의 대변자, 중앙 행정 기관의 추천을 받은 자 등으로 구성되는 FTA민간자문회의에는 대기업 위주의 경제 단체 관계자와 중소기업협동조합중앙회, 농협, 수협 등 관제 이익 단체 관계자들이 주로 참여함으로써, 산업 현장의 피해 기업이나 종사자들의 요구 사항 전달이 불가능하다.

이에 비해 미 의회는 무역 증진 권한을 대통령에게 위임하고 있음에도 불구하고 FTA 협상 개시 전, 협상 진행 중, 협상 후, 협정 이행 단계로 구분해 FTA 추진의 모든 과정에 개입하고 있으며 이해관계자의 의견을 제도적으로 반영하고 있다. 미국의 2002년 무역법에 따르면 먼저 FTA 본협상 개시 90일 전까지 대통령과 무역대표부 대표는 미 의회에 협상 개시의 의사, 시점, 협상 목표와 타당성 등에 대한 내용을 보고해야 한다. 대통령은 예상되는 관세 또는 비관세 규제 변경 목록을 공표해야 하며, 미국 국제무역위원회USITC는 FTA 체결이 산업계 및 소비자에 미치는 영향을 분석, 보고서를 작성하고 공청회를 개최해야 한다. 동시에 협상 개시 전 3개월 동안 상원의 금융위원회, 하원의 세출세입위원회, 농업위원회 등이 FTA의 성격과 추진 방식, 기존 법률 위배 여부, 경제적 효과와 피해 산업 여부 등을 검토한 후 협상 개시 여부를 판단한다.

미 의회는 정부 간 협상 중에도 수시로 청문회를 개최해 이해 집단의 의견을 수렴하고 관련 부처의 협상 실행 계획 등을 점검한다. 특히 양허 관세율은 이해 당사자의 의견 수렴이 없이는 조정될 수 없다. 하원 세출 세입위원회와 상원의 금융위원회의로 구성되는 의회 감독 그룹은 무역대표부에 정책 지침을 제시하고 실행 여부에 대한 조사 권한을 행사함으로써 협상팀의 공식 자문 역할을 수행한다. 또한 대통령은 무역협정의 공식 체결 180일 전에 하원 세출세입위원회 및 상원 금융 위원회에 미국의 무역조치법trade remedy law상 수정이 필요한 사항을 통지해야 한다.

대통령과 무역대표부 대표는 협정 체결 90일 이전에 상하원에 협정 체결 의사를 통지하고 연방 공보에 공표해야 한다. 대통령의 협정 체결 의사 통지 이후 30일 이내에 통상정책 및 협상 자문위원회는 총 33개의 민간자문위원회와 7,000여 개에 달하는 각종 협회의 검토 및 검증 작업 후 협상 평가서를 작성, 대통령과 외희에 제출해야 한다. 또한 국제무역위원회는 90일 이내에 해당 협정으로 예상되는 산업 부문별 영향을 대통령과 의회에 보고함으로써 협정 비준 동의의 판단 근거를 제공한다. 무역대표부는 협정 체결 직전까지 의회 감독 기구 및 의회 자문위원회와 협의를 계속하며 농업과 관련된 협상의 경우 의회의 농업위원회와 협의해야 한다. 결국 미 의회는 협상 종료 후, 서명 전 3개월간 협상 결과를 검토하고 협상안의 수정이나 재협상을 요구할 수 있는 법적 권한을 갖고 있다(김정곤 2006). 한편 협정 체결 후 60일 이내에 대통령은 해당 무역협정과 관련해 법적 수정이 요구되는 사항의 목록을 의회에 제출해야 한다. 이행 법안 제출에는 시간제한이 없으나 일단 법안이 제출되면 의회는 60일 이내에 이행 법안 승인에 대한 표결 처리를 해야 한다.

FTA 체결에 대한 사후적 비준 동의권만을 행사함으로써 최종 국면에서의 갈등을 증폭시키고 있는 한국 국회는 계류 중인 통상협정의 체결절차에 관한 법을 서둘러 제정해야 한다. 이로써 대내 협상의 제도적 기반을 구축하고 FTA 실무 협상권을 제외한 모든 권한을 행정부로부터 회수해야 한다. 특히 타당성 검토를 비롯한 모든 연구 결과의 국회 제출을 의무화해야 하고 본협상 개시 여부를 최종 심의해야 한다. 나아가 통일외교통상위원회로부터 독립된 통상위원회를 설치하고 기명 조인 전 국회 비준 동의권을 행사함으로써 행정부에 대한 입법부의 민주적 통제를 강화해야 한다.

산업 부문 간 국제 경쟁력이 매우 비대칭적인 우리 경제의 현실을 감안할 때 FTA 체결로 피해가 예상되는 취약 산업이나 계층에 대한 지원과 포괄적 구조조정 지원 방안도 시급히 마련되어야 한다. 정부에서는 2004년 3월 FTA 이행과 관련, 농어업인 등의 경쟁력을 제고하고 피해를 입거나 입을 우려가 있는 농어업인 등에 대한 대책을 마련하기 위해 FTA 체결에 따른 농어업인 등의 지원에 관한 특별법을 제정한 바 있다. 또한 2007년 제조업 등의 무역조정 지원에 관한 법률이 발효되었다. 그러나 전자는 한–칠레 FTA 체결에 따른 농어업인 등의 피해 구제에만 초점을 맞춤으로써 취약 산업에 대한 선제적 구조조정이나 피해 계층의 소득 안정은 고려하지 못하고 있다.[39] 후자는 무역자유화 확대로 심각한 피해가 우려되는 기업과 근로자만을 대상으로 한 지원 체제로 산업 경쟁력 향상을 위한 포괄적 구조조정 지원에는 매우 미흡한 실정이다.

---

[39] 이 특별법은 사실상 피해가 예상되는 과수 산업에 대한 지원이 주된 내용이라고 할 수 있다. 이에 대해서는 임정빈(2006)을 참고.

정부가 추진하고 있는 높은 수준의 동시다발적 FTA 체결은 각국에 대한 산업 전반의 동시적 개방에 기초하고 있으므로 매우 높은 수준의 조정비용이 불가피할 것으로 예상된다. 즉 농·축·수산업은 한-미, 한-EU, 한-중 FTA에서, 제조업은 한-미, 한-EU, 한-일 FTA에서, 그리고 서비스업은 한-미, 한-EU FTA에서 심각한 구조조정 압력에 직면하게 될 것이다. 따라서 모든 산업 부문에 대한 종합 대책과 포괄적 구조조정 지원 체제, 그리고 소득 보상 대책 등을 포함하는 무역 구조조정 지원 제도의 조기 구축이 마련되어야 FTA 추진에 따른 사회적 갈등과 조정 비용을 최소화할 수 있을 것으로 보인다.

VI. 맺음말

추정하기 어려운 경제적 파급 효과와 악영향의 가능성, 준비 부족에 대한 우려에도 불구하고 2007년 4월 2일 한-미 FTA 협상이 타결되었다. 이에 더해 한국 정부에서는 EU 27개국, 동남아시아국가연합, 캐나다, 인도, 멕시코 등 41개국과 FTA 협상을 진행하고 있다. 이미 산·관·학 연구를 시작한 중국을 포함, 조만간 협상에 착수하거나 협상 여건을 검토하고 있는 나라 또한 11개 국가에 달한다. 정부의 '동시다발저 FTA 추진' 논리가 '전략적 FTA 추진'으로 발전하면서 FTA가 한국 경제의 갖가지 문제를 해결할 수 있는 만병통치약 수준에 달한 것이다.

한-미 FTA와 관련해서, 정부는 우리 국회의 선비준을 미국 의회에 대한 압박으로 이용할 수 있다는 점을 강조하면서 국회가 비준안을 조속히 처리해 줄 것을 요구하고 있다. 그러나 우리는 한-미 FTA 추진의 4대 선결 조건 중 하나로 수용되었던 미국산 쇠고기 수입 재개를 위한 정부 간 협상이 결국 검역 주권의 포기로 귀결되는 과정을 보면서, 전략적 고려 없는 의욕의 과잉이 가져올 수 있는 치명적 결과를 되새기게 된다. 2006년에만 스위스, 아랍에미리트연합, 카타르, 에콰도르가 미국과의 FTA 협상을 중단시켰다. 또한 한-일 FTA 협상은 다음 일정에 대한 합의 없이 중단 5년째를 맞고 있다. 이처럼 FTA 추진의 중단은 파국적인 결말과 결코 동의어가 아니다. 한-미 FTA 추진 과정의 절차적 하자와 협정문의 입법권 침해, 국가 경제의 자율성 훼손, 추정하기 어려운 갖가지 경제외적 효과를 고려할 때 지금 우리가 취할 수 있는 최상의 전략은 한-미 FTA 비준 동의안의 국회 본회의 상정을 보류함으로써 비준 동의를 유보하는 것이라고 판단한다.[40]

WTO/DDA 다자 협상에 비해 FTA를 중심으로 한 양자, 또는 지역무역협정의 체결은 국가가 상대적 자율성을 갖고 추진할 수 있다는 장점이 있다. 즉 대상국 선정, 개방의 형식과 범위 등을 국가 경제의 발전에 기여하도록 설계할 수 있다는 점이다. 따라서 미국, EU, 일본 등 선진국과의 FTA 추진에 앞서 성장 잠재력 확충이나 삶의 질 향상에 FTA 추진이 가져

---

[40] 국회 통일외교통상위원회의 "한-미 FTA 비준 동의안 검토 보고서"(2008.1)는 "비준 동의권의 본질상 일부분에 대한 동의 또는 거부가 허용되지 않는다는 점, 비준을 거부한다고 하여 협상 자체가 추진되지 아니했을 때의 가상적 현재 상태로 되돌아갈 수 없다는 점을 고려"해 비준 동의 여부에 대한 결정을 내려야 할 것이라고 제언하고 있다. 그러나 동일한 맥락에서 한-미 FTA 비준 동의안이 국회를 통과, 발효된 다음에는 결코 협정 체결 이전의 상태로 되돌릴 수 없게 될 것이라는 점 또한 적극 고려해야 한다.

올 영향에 대한 사려 깊은 연구가 선행되어야 한다.

지금까지 한국 경제의 발전에는 산업 정책과 대외 개방 정책의 연계, 특히 관리된 대외 개방 정책이 큰 역할을 했으며 이 점은 앞으로도 결코 지나칠 수 없다. 최근 동북아 3국의 경제협력이 긴밀해지는 상황을 감안해, 정부는 산업구조를 고도화하고 국제 경쟁력을 강화시킬 수 있는 산업 전략을 시급히 수립해야 한다. 이에 더해 대외 의존형 경제성장보다는 국내 투자의 활성화와 내수 진작 등을 통한 독립적이며 자기 완결적인, 그리하여 세계경제에 대한 상대적 자율성을 강화할 수 있는 발전 경로의 설계가 필요하다. 특히 개방의 방식과 순서를 국가 경제 발전이라는 거시적인 틀 속에서 고려함으로써 그 효과를 극대화할 수 있도록 해야 한다. 동시에 국민적 합의에 기초한 내부 개혁의 토대를 마련하고, 불가피한 대외 개방의 필요성에 대한 인식을 사회 각 층위에 뿌리내림으로써 개방에 따른 사회적 갈등을 최소화하려는 노력이 필요하다.

〈부록 1〉 한국의 FTA 추진 현황 (2008.2)

구분	대상 국가	추진 내용	협상 횟수와 소요 기간[1]
기체결	한-칠레 FTA	- 1998.11: 대외경제조정위원회에서 칠레를 첫 FTA 대상국으로 선정 - 1999.9: APEC 정상회담을 계기로 FTA 협상 개시에 합의 - 2002.10: 협상 타결 - 2004.4: 발효	- 사전 회의: 2회 - 공식 협상: 6회 - 별도 협상: 3회 - 3년 1개월 소요
	한-싱가포르 FTA	- 2002.10: 대외경제장관회의에서 산·관·학 공동 연구회 발족 합의 - 2003.10: 정상회담에서 협상 개시 선언 - 2004.11: 협상 타결 - 2006.3: 발효	- 공동 연구회: 3회 - 공식 협상: 5회 - 실무 협의: 2회 - 1년 1개월 소요
	한-유럽 FTA	- 2004.5: 한–유럽자유무역연합 통상장관회담에서 공동 연구 개시 합의 - 2004.12: 한–유럽자유무역연합 통상장관회담에서 협상 개시 선언 - 2005.7: 협상 타결 - 2006.9: 발효	- 공동 연구회: 2회 - 공식 협상: 4회 - 8개월 소요
	한-ASEAN FTA	- 2004.11: 한–ASEAN 정상회담에서 협상 개시 선언 - 2006.4: 제11차 협상에서 상품무역협정 타결 - 2007.6: 상품무역협정 발효(타이 제외) - 2008.1: 서비스협정 체결을 위한 제21차 협상 개최	- 전문가 그룹 회의: 5회 - 경제장관회의: 4회 - 공식 협상: 11회 - 상품무역협정 체결에 2년 8개월 소요
	한-미국 FTA	- 2004.11: APEC 각료회의 한–미 통상장관회담(칠레)에서 사전실무검토회의 개최 합의 - 2006.2: 통상교섭본부장·USTR 대표 FTA 추진 선언 - 2006.6: 제1차 협상 개최 - 2007.4.: 협상 타결 - 2007.9: 한–미 FTA 비준 동의안 국회 제출	- 실무 검토 회의: 3회 - 공식 협상: 8회 - 1년 2개월 소요
협상 중	한-일본 FTA	- 1998.11: 통상장관회담에서 민간 연구 기관 공동 연구 합의 - 2003.10: 정상회담에서 공식 협상 개시 선언 - 2004.11: 제6차 공식 협상 이후 중단	- 준비 모임: 4회 - 세미나: 4회 - 산관학 공동 연구: 8회 - 공식 협상: 6회
	한-멕시코 FTA	- 2002.7: FTA 타당성 연구 추진 합의 - 2003.11: 멕시코 FTA 모라토리움 선언 - 2005.9: 한·멕시코 정상회담 시 전략적 경제보완협정(SECA[2]) 추진 합의 - 2007.12: 제4차 협상 개최	- 전문가 그룹 회의: 6회 - 공식 협상: 4회

협상 중	한-인도 FTA	- 2004.10: 한·인도 정상회담에서 공동 연구 그룹 출범 합의 - 2006.2: 한·인도 정상회담에서 포괄적 경제동반자협정(CEPA[3]) 협상 개시 선언 - 2007.12 제8차 협상 개최	- 공동 연구 그룹 회의: 4회 - 공식 협상: 8회
	한-캐나다 FTA	- 2004.5: "수정 로드맵"에서 캐나다를 단기 추진 대상국에 포함 - 2004.11: APEC 양국 정상회담에서 FTA 예비 협의 개최 합의 - 2007.11: 제6차 협상 개최 - 2008년 중 협상 타결 목표	- 예비 협의: 2회 - 공식 협상: 6회
	한-EU FTA	- 2006.5: 예비 협의 추진 합의 - 2006.11: 한-EU FTA 추진 공청회 개최 - 2007.5: 협상 개시 선언 - 2008.1: 제6차 협상 개최	- 예비 협의: 2회 - 공식 협상: 6회
검토 중	한-중국 FTA	- 2004.11: APEC 정상회의에서 민간 공동 연구 추진 합의 - 2005~2006: DRC(국무원 발전 연구 중심)와 KIEP 공동 연구 진행 - 2008.2: 제4차 산관학 공동 회의 개최	
	한-MERCOSUR FTA	- 2004.11: 한·브라질, 한·아르헨티나 정상회담에서 공동 연구 개시 합의 - 2007.10: 제5차 공동 연구회의 실시 - 2008년 협상 개시 검토 중	
	한-GCC[4] FTA	- 2007.3: FTA 협상 사전 협의 개최 - 2007.11: 한-GCC FTA 체결을 위한 사전 협의 개최 - 2008.1: 한-GCC FTA 공청회 개최	
장기 검토	한-중-일 FTA	- 2002.11: 프놈펜 3국 정상회담에서 주룽지 중국 총리 제안 - 2003.1-2005.12: 3국 연구 기관 공동 연구(KIEP, DRC, NIRA) 수행	
	EAFTA (동아시아FTA)	- 2000: EAVG(동아시아비전그룹)에서 제기 - 2001: EASG(동아시아연구그룹)에서 제기	

주: 1) 협상 개시 선언부터 협상 타결 시까지의 소요 기간임.
    2) SECA(Strategic Economic Complementation Agreement)는 양국 간 공동 연구 과정에서 FTA 추진을 희망하는 우리 측과 자국 내 산업계의 반대에 봉착한 멕시코 측 간의 이견을 절충하는 대안으로 멕시코 측에 의해 제시된 것으로, 라틴아메리카 국가 간에 FTA의 전단계로 추진된 바 있는 경제보완협정(ECA, Economic Complementation Agreement)에서 아이디어를 얻은 것임.
    3) CEPA(Comprehensive Economic Partnership Agreement)는 상품무역자유화뿐만 아니라 서비스, 투자 및 기술 협력 등 다양한 경제협력을 포괄하는 높은 수준의 FTA임.
    4) 걸프협력회의(GCC, Gulf Cooperation Council)는 아랍 산유국인 사우디아라비아, 쿠웨이트, 카타르, 오만, 아랍에미리트연합, 바레인 6개국으로 구성.
자료: 통상교섭본부 자유무역협정국 홈페이지(http://www.fta.go.kr), 유태환 외(2005).

〈부록 2〉 한-미 FTA 추진 경과

<u>1984</u> 미국 무역대표부USTR 대표 브락 3세Brock III가 한-미 FTA에 대한 한국 측 입장을 타진

<u>1988</u> 미 상원의 요청에 따라 미국 국제무역위원회가 아태지역 국가와의 FTA를 검토한 후 보고서(USITC 1989) 제출

<u>1999.11</u> 미 상원 금융위원회 보커스Baucus 의장, 한국과의 FTA 추진 법안을 의회에 상정

<u>2000.12</u> 미 상원은 미국 국제무역위원회에 한-미 FTA의 타당성과 경제적 효과 분석 요청

<u>2001.10</u> 미국 국제무역위원회가 한-미 FTA의 경제적 효과를 분석한 보고서 발간

　("US-Korea FTA: The Economic Effects of Establishing a Free Trade Agreement Between the United States and the Republic of Korea").

<u>2003.8.30</u> "FTA 추진 로드맵" 대외경제장관회의 심의, 국무회의 보고(9.2)

<u>2004.3.22</u> 자유무역협정체결에 따른 농어업인 등의 지원에 관한 특별법 제정

<u>2004.5</u> 한국은 "FTA 추진 수정 로드맵"에서 캐나다를 단기 FTA 추진 대상국에 포함시키고 캐나다와의 FTA를 추진함으로써 미국 자극

<u>2004.6.8</u> 자유무역협정체결절차규정(대통령 훈령 제121호) 제정

<u>2004.9</u> 크리스토퍼 힐Christopher R. Hill 주한 미 대사가 한-미 FTA 필요성을 강조

<u>2004.10</u> 한-미 통상장관회의에서 한-미 FTA에 대한 공식 논의

<u>2004.11.18</u> 아시아태평양경제협력체각료회의(칠레 산티아고, 11.18~21)의 한-미 통상장관회담에서 한-미 FTA 체결을 위한 국장급 사전실무검토회의 개최 합의

<u>2004.11.24</u> 국민경제자문회의의 요청에 따라 장근호 교수(홍익대) "한-미 자유무역협정 체결 가능성에 대한 연구" 제출

<u>2004.12.30</u> KIEP, 한-미 FTA 연구서 "한-미 FTA의 무역 및 투자 창출 효과와 교역 구조에 대한 연구" 발간

<u>2005.1</u> 경제·인문사회연구회(KIEP, KIET, 농경연 등) 한-미 FTA 1차년도 공동 연구 시작

<u>2005.2.3</u> 제1차 한-미 FTA 사전실무점검협의(서울)에서 미국 측 수석대표인 앤드류 퀸 미국 무역대표부 한국통상담당 자문관은 "농산물, 지재권 및 스크린쿼터 등 양측 주요 현안에 상당한 진전이 있어야 한-미 FTA에 대한 미국 내 지지를 확보할 수 있다"고 강조하면서 한국 측 수석대표인 이건태 외교통상부 지역통상국장에게 4대 통상 현안(스크린쿼터 축소, 미국산 쇠고기 수입 재개, 건강보험 약가 현행 유지, 자동차 배기가스 기준 적용 유예)을 FTA의 선결 조건으로 제시

<u>2005.3.28~29(2차), 4.28~29(3차)</u> 제2차 및 제3차 한-미 FTA 사전실무점검협의(워싱턴)에서 FTA 추진 시 발생할 문제점과 해결 방안에 대해 검토하고 양국의 기체결 FTA 협정문을 비교, 분석

<u>2005.9.8</u> 노무현 대통령, 멕시코, 코스타리카 순방 시 통상교섭본부장의 한-미 FTA 추진 계획에 동의

<u>2005.9.12</u> 제5차 대경위에서 한-미 FTA 추진을 결정하고 부처별로 선결 조건 관련 쟁점 사항 해결을 결정

<u>2005.9.19</u> 미국 정부는 장관급 회의를 열고 25개 대상국 중 한국, 말레이시아, 이집트, 스위스를 FTA 협상 대상국으로 선정

<u>2005.9.20</u> 노 대통령과 부시 대통령의 6자회담 관련 전화통화에서 한-미 FTA에 대한 양국 정상의 의지 재확인

<u>2005.9.20</u> 한-미 통상장관회담(워싱턴)에서 롭 포트먼Rob Portman 미국 무역대표부 대표는 김현종 본부장에게 4대 통상 현안의 해결을 다시 요청하고 2005년 11월 부산 아시아태평양경제협력체 정상회담에서 한-미 FTA 협상 출범을 공식 발표하자고 제안

<u>2005.9.21</u> 주한-미국상공회의소AMCHAM와 한-미 재계회의US-Korea Business Council는 공동기자간담회에서 "2005년 한-미 경제현안 정책보고서"를 발표하고 한국은 미국과의 FTA체결 협상을 추진하기 위해 주요 통상 현안에 대한 중요한 진전을 보여 줘야 한다고 강조

<u>2005.10.28</u> 보건복지부는 새로운 약가 산정제 노입을 한-미 FTA 협상 개시 선언까지 보류해달라는 미국 측 요구를 수용해 의약품 약가 산정 기준 도입을 보류

<u>2005.11.6</u> 환경부는 대기환경보전법 시행규칙 개정안에 따른 자동차 배출가스 허용 기준 적용을 연간 총 판매 대수가 1만 대 미만인 업체들에 대해서는 현행 유예 적용 기

간을 1년에서 3년으로 연장해 2009년부터 적용하기로 함으로써 미국 측 요구 수용

2005.11.17 경주 아시아태평양경제협력체 정상회담(11.18~19) 직전에 열린 한-미 정상
회담에서 노무현 대통령과 부시 대통령의 한-미 FTA 추진 합의

2005.12.12 알렉산더 버시바우Alexander Vershbow 주한 미국대사, 대외경제정책연구원의 '한
-미정책포럼'에서 "내 임기 중 한-미 FTA 협상을 끝내겠다"고 발언

2005.12 재경부, 2007년부터 단계적으로 서비스산업 개방 계획 수립

2006.1.3 김현종 본부장과 포트먼 미국 무역대표부 대표는 화상회담에서 FTA 협상 개시
방안을 협의하고 4월 중 협상 개시에 합의

2006.1.13 미국산 쇠고기 금수 조치 해제로 수입 재개 합의

2006.1.18 대통령 새해 연설에서 한-미 FTA 추진 선언

2006.1.26 대외경제장관회의에서 현행 146일(40%)의 스크린쿼터를 73일(20%)로 축소
하기로 확정

2006.2.2 한-미 FTA 공청회 개최

2006.2.3 통상교섭본부장·미국 무역대표부 대표 FTA 협상 출범 선언

2006.3.6 한-미 FTA 제1차 사전준비협의(5차례의 공식협상 개최 합의)

2006.4.6 제조업 등의 무역조정 지원에 관한 법률안 제정

2006.4.17 한-미 FTA 제2차 사전준비협의에서 17개 협상분과 구성에 합의(상품 교역,
무역구제, 농업, 섬유, 원산지 및 통관, SPS, TBT, 서비스, 금융서비스, 통신 및
전자상거래, 투자, 정부 조달, 경쟁, 지적재산권, 노동, 환경, 분쟁 해결·투명 성과
총칙)

2006.5.19 한-미 FTA 협정문 초안 교환

2006.6.5~6.9(미국) 제1차 정부 간 협상

2006.6.27 제2차 정부 합동 한-미 FTA 공청회

2006.7.10~7.14(한국) 제2차 정부 간 협상(상품 양허안과 서비스/투자 유보안 교환)

2006.9.11~9.15(미국) 제3차 정부 간 협상

2006.10.23~10.27(한국) 제4차 정부 간 협상

2006.12.4~12.8(미국) 제5차 정부 간 협상

2007.1.15~1.19(한국) 제6차 정부 간 협상

2007.2.11~2.14(미국) 제7차 정부 간 협상

2007.3.8~3.12(한국) 제8차 정부 간 협상

2007.4.2(한국) 한-미 FTA 협상 타결

2007.6.21~6.22(한국) 한-미 FTA 추가 협상

2007.6.25~6.26(미국) 한-미 FTA 추가 협상

2007.6.30 한-미 FTA 협정 서명

2007.9.7 한-미 FTA 비준 동의안 국회 제출

2008.2.13 한-미 FTA 비준 동의안 통일외교통상위원회 상정

〈부록 3〉약어 모음

APEC: Asia-Pacific Economic Cooperation 아시아태평양경제협력체

CAFTA: Central American Free Trade Agreement 중미자유무역협정

DDA: Doha Development Agenda 도하개발어젠다

EFTA: European Free Trade Association 유럽자유무역연합

FTA: Free Trade Agreement 자유무역협정

FTAA: Free Trade Agreement of America 미주자유무역지대

GATS: General Agreement on Trade in Services 서비스 무역에 관한 일반 협정

GATT: General Agreement on Tariffs and Trade 관세 및 무역에 관한 일반 협정

GDP: Gross Domestic Product 국내총생산

IMF: International Monetary Fund 국제통화기금

NAFTA: North American Free Trade Agreement 북미자유무역협정

OECD: Organization for Economic Cooperation and Development
경제협력개발기구

RTA: Regional Trade Agreement 지역 무역 협정

SACU: Southern African Customs Union 미국과 남아프리카관세동맹

UNCTAD: United Nations Conference on Trade and Development
국제연합무역개발회의

USITC: United States International Trade Commission 미국 국제무역위원회

WTO: World Trade Organization 세계무역기구

참고문헌

강문성·권경덕·김양희·김흥종·이종화·정인교. 2004. 『거대경제권과의 FTA 평가 및 정책 과제』. KIEP 정책연구 04-11. 대외경제정책연구원.

국민경제자문회의. 2004. "제4차 대외경제위원회 결과 정리"(4월).

국회 통일외교통상위원회. 2008. "대한민국과 미합중국 간의 자유무역협정 비준 동의안 검토 보고서"(1월).

김양희. 2005. "한국 경제의 미래와 동북아 구상: FTA 전략의 재조명." 참여정부의 2년 평가와 3년 전망 심포지엄 발표자료.

김정곤. 2006. "미국의 FTA 체결 제도와 절차." 『KIEP 세계경제』 4월호. 대외경제정책연구원.

대외경제위원회. 2004. "선진통상국가의 개념정립 및 추진 과제"(04/06).

대외경제정책연구원·산업연구원·농촌경제연구원·해양수산개발원 협동 연구. 2004. "FTA 대상국 선정 및 상대적 영향 평가"(12월)

대외경제정책연구원 등 11개 연구기관 합동. 2007. "한미 FTA의 경제적 효과 분석"(04/20).

대외경제정책연구원. 2006. "한·미 FTA 바로 알기"(5월)

박건영. 2007. "제1차 '아미티지 보고서'(2000)와 제2차 '아미티지 보고서'(2007): 비교분석과 한국에 주는 정책적 함의." 『KNSI Report』 제15호.

박순찬. 2002. "한·일 자유무역지대의 자본축적 효과." 『국제경제연구』 제8권 제1호.

_____. 2004. 『한·미 FTA의 무역 및 투자 창출 효과와 교역구조에 대한 연구』. KIEP 정책연구 04-12. 대외경제정책연구원.

박준경. 2005. "한국 경제의 장기 전망." 한국개발연구원..

송기호. 2007. "한국과 일본, 진짜 바보는 누구인가?." 〈프레시안〉(04/12).

외교통상부. 2003. "FTA 추진 로드맵"(8월).

_____. 2004. "FTA 추진 로드맵 보완 계획"(5월).

_____. 2007. "한미 FTA 분야별 최종 협상 결과"(04/03).

외교통상부·대외경제정책연구원. 2003. 『한·칠레 FTA의 주요내용』(3월).

_____. 2005a. 『한·싱가포르 FTA의 주요내용』(8월).

_____. 2005b. 『한·유럽자유무역연합 FTA의 주요내용』(12월).

외교통상부 통상교섭본부. 1998. "주요국과의 자유무역협정 추진방안 검토."

우석훈. 2007. "국민이 스스로의 삶을 결정할 수 있게 해야." 〈프레시안〉(04/08).

유태환. 2006a. "한미 FTA 협상결과의 정치경제적 함의." 『동향과 전망』 제70호.

_____. 2006b. "한국 FTA 정책의 비판적 검토." 『시민과 세계』 제9호.

_____. 2007. "거대경제권과의 FTA 체결에 대한 평가와 정책 제언." 최태욱 편. 『한국형 개방
　　전략: 한미 FTA와 대안적 발전모델』. 창비.

유태환·박순찬. 2006. "EU–MERCOSUR FTA 협상의 주요쟁점과 경제적 효과 분석." EU학회
　　발표 자료.

유태환·배성일. 2007. "CGE 자본축적모형을 이용한 한국과 주요 무역상대국의 FTA 체결에 대
　　한 경제적 효과 분석." 『무역학회지』 제32권 제2호.

유태환·최윤정·정인교. 2004. "한-인도 FTA 체결의 타당성 및 경제적 효과 분석." 외교통상부
　　용역 보고서.

유태환·최윤정·M. Pant·V. Balaji. 2005. 『인도의 대외경제정책과 한·인도 경제협력 강화 방
　　안』. KIEP 정책연구 05-02. 대외경제정책연구원.

이병천. 2007. "한미 FTA와 두 개의 대한민국." 〈프레시안〉 (03/29).

이해영. 2007. "한미 FTA 주요 협상결과 총평." 코리아연구원-코리아컨센서스 공동 포럼 발표
　　자료(04/27).

임정빈. 2006. "한미 FTA가 농업부문에 미치는 파급 영향과 추진 전략." 새로운 코리아 구상을
　　위한 연구원 워크숍 발표자료.

장근호. 2004. "한–미 자유무역협정 체결 가능성에 대한 연구." 국민경제자문회의 용역 보고서.

재정경제부. 2004. "대외경제위원회 실무기획단 출범." 재경부 보도자료(10월).

_____. 2006. 『한미 FTA Q&As: 최근 비판론을 중심으로』.

정태인. 2007 "한미 FTA는 어떤 미래를 빚어낼 것인가?." 세교연구소 세교포럼 발제문(04/19).

최낙균 외. 2005. 『선진통상국가의 개념 정립』. 정책자료 05-01. 대외경제정책연구원.

한국개발연구원. 2005. 『한국의 산업경쟁력 종합연구』.

한국농촌경제연구원·대외경제정책연구원. 2004. 『한·칠레 FTA 백서』.

한국무역협회. KOTIS 데이터베이스.

한국은행. 2004a. 『산업연관분석 해설』. 한국은행 경제통계국.

_____. 2004b. 『"2000년 고용표"로 본 우리나라의 고용 구조와 노동 연관 효과』, 한국은행 경
　　제통계국.

_____. 2006. "2005년 말 국제투자대조표(IIP) 편제 결과." 한국은행 경제통계국.

_____. ECOS 데이터베이스.

Alston, R. M., J. R. Keral and M. B. Vaughn. 1992. "Is There Consensus Among
　　Economists in the 1990s?." *American Economic Review* Vol. 82. No. 2. pp.
　　203-209.

Baldwin, R. E. 1992. "Measurable Dynamic Gains from Trade." *Journal of Political
　　Economy* Vol. 100. No. 1. pp. 162-174.

_____. 1989. "The Growth Effects of 1992." *Economic Policy* Vol. 4. No. 9. pp. 247-283.

Cho, J. H. 2001. "Korean Economists' Belief about Economic Issues." *Korean Economic Review* Vol. 17. No. 1. pp. 67-79.

Dollar, D. and A. Kraay. 2001. "Trade, Growth and Poverty." World Bank Working Paper 2615.

Francois, J. and B. MacDonald. 1996. "Liberalization and Capital Accumulation in the GTAP Model." GTAP Technical Paper No. 7.

GTAP. 2006a. "What's New in Version 6?"(http://www.gtap.agecon.purdue.edu).

_____. 2006b. "Latest I-O Tables in GTAP Data Base"(http://www.gtap.agecon.purdue.edu).

_____. 2006c. "Two Alternative Concordance"(http://www.gtap.agecon.purdue.edu).

Goldman Sachs. 2004. "Dreaming with BRICs."

Hertel, T., D. Hummels, M. Irvanic and R. Keeney. 2004. "How Confident Can We be in CGE-Based Assessments of Free Trade Agreements?." NBER WP 10477.

Hertel, T. *et al.* 1997. "Overview of the GTAP data base" Thomas W. Hertel ed. *Global Trade Analysis: Modeling and Applications.* Cambridge University Press, pp. 74-123.

IMF. IFS Database.

Milanovic, B., and L. Squire. 2005. "Does Tariff Liberalization Increase Wage Inequality? Some Empirical Evidence." NBER WP 11046.

Rodriguez, F., and D. Rodrik. 2000. "Trade Policy and Economic Growth: A Skeptic's Guide to the Cross-National Evidence." *Macroeconomics Annual 2000.*

Shafaedin, M. 2003. "Free Trade or Fair Trade: How Conducive Is the Present International Trade System to Development?" mimeo.
(http://www.networkideas.org/featart/oct2003/fa31_Free_Trade_Fair.htm).

World Bank. 2002. "Globalization, Growth and Poverty: Building an Inclusive World Economy." World Bank.

WTO. "GATS-Facts and Fiction." http://www.wto.org.

2부

노무현 정부 금융정책의 비대칭성:
자본시장 확대와 금융 양극화의 심화를 중심으로

박종현

I. 문제의 제기

외환위기를 계기로 한국의 금융 부문에는 큰 변화가 있었다. 과거 산업자금의 젖줄이자 산업 정책의 핵심 통로로 존재했던 은행들이 대기업의 연쇄도산 속에서 건전성이 크게 악화된 가운데 대대적인 구조조정에 휘말렸다. 이 과정에서 여러 은행들의 소유권과 경영권이 외국의 사모펀드로 넘어갔고, 살아남아 몸집을 불린 은행들은 건전성·안정성·수익성을 중시하면서 기업 대출보다는 가계 대출 쪽으로 관심을 돌렸고, 이로 인해 국민경제의 자금순환에 근본적인 변화가 일어났다. 기업들은 은행보다는 주식시장을 염두에 두고 주가 극대화를 겨냥한 경영전략을 채택했으며, 은행도 예외는 아니었다. 은행은 여전히 가장 규모가 큰 금융기관이었지만, 주식시장의 영향력이 커짐에 따라 주식시장에 순응하는 방향으로 경영전략을 전환했으며, 그 결과 수익성을 중시하는 자산 운용 경향은 좀 더 가속화되었다.

참여정부 들어서도 이런 흐름은 지속되었다. 특히 재정경제부(이하 재경부)는 금융정책의 최우선 과제를 자본시장 발전 및 금융 허브 육성에 두고 일련의 제도화 프로그램을 시행에 옮겼다. 주식시장에 기반을 둔 새로운 자금순환 체계의 확립과 금융의 고부가가치 산업화를 주요 목표로 설정한 가운데, 자산 운용업 중심의 간접투자 문화 정착을 위해 간접투자자산 운용업법을 제정하고, 외국의 투기성 자본에 맞설 토종(土種) 펀드 출범을 겨냥해 사모투자펀드의 설립을 지원하는 한편, 직접 한국투자공사를 설립하기도 했다. 연기금의 주식 투자를 제도적으로 보장함으로써 국내 주식시장을 뒷받침하는 안전판 역할을 연기금에 부여했으며, 규제 개혁과 투자자 보호를 통해 금융혁신과 경쟁을 촉진함으로써 자본시장 빅뱅을 유도할 것을 목적으로 몇 년에 걸쳐 자본시장통합법을 추진하고 있다.

참여정부는 여기에 더해, 산업자본이 금융자본을 지배할 경우 고객 자금을 계열회사 확장에 이용하거나 부실한 계열기업을 지원함으로써 국민경제 전체 차원에서 경제력이 불공정한 방식으로 소수의 대기업 집단에 집중될 위험이 있으며, 산업에 대한 투자 자금 제공 및 기업 경영 규율이라는 금융 본연의 역할도 훼손될 수밖에 없다는 인식을 바탕으로, 산업자본의 금융 지배를 규제하기 위해 금융계열분리청구제 검토, 금융회사 보유 자기 계열사 주식의 의결권 행사 제한, 금융회사의 비금융계열사 주식 소유 제한 등 일련의 정책을 펼쳤다. 또한 400만 명에 육박하는 신용불량자 문제 해결을 위해 일련의 대책을 실시했으며, 신용 등급이 낮아 제도권 금융기관으로부터 이용이 배제된 사람들의 고금리 사금융 피해가 늘어남에 따라 서민금융 활성화와 이자제한법 부활, 불법 대부 업체 단속 등의 조치를 취하기도 했다.

참여정부의 금융정책은 외견상 큰 성공을 거둔 것처럼 보이기도 한다. 특히 주식시장은 인상적인 변화의 과정을 밟고 있다. 참여정부 출범 당시 592에 불과했던 종합주가지수가 1,800을 넘었으며, 243조 원에 불과했던 유가증권시장 시가총액도 1,000조 원으로 불어났다. 더욱이 이런 주가 상승은 자본시장 발전을 위한 그동안의 지속적인 제도적·정책적 노력에 힘입어 간접투자가 활성화되고 이에 따라 주식시장의 장기적인 수요 기반이 확충된 결과라는 점에서 증시 부양책이 동원된 과거의 일시적인 상승 장과는 질적 성격이 다른 것으로 보인다. 그러나 주식시장 확대만으로 자본시장 발전 및 금융 허브 육성이라는 정책 목표의 성공을 선언하기는 어렵다. 간접투자자산 운용업법 개정을 통해 사모투자펀드의 설립을 지원하고 한국투자공사를 출범시켰으며, 고위 금융 관료가 펀드를 직접 설립까지 했음에도 론스타와 같은 해외 투기 자본과 겨룰 만한 국내 대형 펀드는 끝내 등장하지 않았다. 그리고 기업의 주요한 투자 자금이 주식시장을 통해 조달되고 기업의 성장에 따른 수익이 국민경제에 고르게 흘러간다는 새로운 자금순환 패러다임이 현실화되지 못한 채 산업과 금융의 연계가 크게 약화되었다는 점 또한 참여정부의 자본시장 지원 정책에 높은 점수를 주기 어려운 이유라고 할 수 있다.

더욱이 외환위기 이후 참여정부에 이르기까지 지난 10년은, 증시 활황과 부동산 가격 급등 속에서 부유층의 금융자산 및 부동산이 눈덩이처럼 불어남과 동시에 저소득층의 금융접근성은 크게 악화했다는 점에서, 금융 양극화가 본격화된 시기였다. 자본시장 발전을 겨냥한 정책이 다수의 금융 배제 계층을 양산하는 결과로 연결될 개연성에도 불구하고, 이 문제를 이렇게 해결할 것인가에 대한 정책적 고민은 사실상 부재했다. 요컨대 참여정부의 금융정책은, 자본시장의 발전이라는 목표에는 막대한 정책적 자원을 투입했지만 국민경제의 안정적 재생산과 사회적 안전망으로 기능할 지역 금융·서민금융 등 좀 더 보편적인 금융 인프라 구축의 과제는 정책적 의제에서 배제했다는 점에서, 문제의식의 비대칭성이 뚜렷이 확인된다. 참여정부가 중산층과 서민의 정부를 자임했음에도, 시간이 흐를수록 경제의 양극화가 더욱 확대되었고 이 와중에 저소득층의 금융 배제 문제가 더욱 심화된 역설적 현상은 금융정책의 이런 비대칭성과도 관련이 깊은 것이다.

이제는 자본시장 일변도의 협소한 시야에서 벗어나 금융이 산업과 사회의 든든한 후견인 역할을 다시 담당할 수 있도록 하는 발상의 전환이 필요한 시점이라고 할 수 있다. 이를 위해서는 전통적 금융기관과는 다른 목표와 조직 원리에 의해 작동되는 대안 금융의 활성화가 요구된다. 대안 금융은, 금융을 수익 창출의 기회를 제공하는 산업으로 보는 동시에 시민의 보편적 권리로 인식하고, 고객과의 긴밀한 관계를 중시하는 관계 지향형 금융을 추구하며, 금융 전문가에 더해 주민·조합원·자원봉사자·비영리 단체NPO 등 이해 당사자의 적극적 참여를 강조한다. 대안 금융은 대출·개인 저축 계좌·자산 형성 등 다양한 금융 서비스를 제공하고, 자활 지원·경영 컨설팅 등 금융 이외의 '사회 서비스'도 제공하며, 나아가 기업이나 금융기관에 대한 지분 투자를 통해 사회적 책임을 독려하기도 한다.

II. 금융 허브 육성과 자본시장 발전

1. 금융정책의 새로운 패러다임

재경부는 2002년 7월 주식시장 중심의 자금순환 체계 구축에 초점을 맞춘 금융정책 구상을 발표한다. 이때 제시된 '금융정책의 새로운 패러다임'은 이후 참여정부 금융정책의 핵심 의제로 이어진다. 외환위기 이후 위험에 대한 인식이 확대되면서 가계와 금융기관의 자산 선택은 안전 자산을 선호하는 방향으로 변화했고, 그 결과 예금·대출·채권과 같은 확정 금리형 부채성 상품과 수익증권·주식과 같은 실적 배당형 비부채성 상품 간에 불균형이 발생했다는 것이 당시 재경부의 상황 인식이었다. 가계의 경우 종래에도 은행예금 중심으로 자산을 운용했지만, 위기 이후에는 이런 자산 운용 패턴이 좀 더 심화되었다. 2001년 당시 개인 자산 중 예금

〈표 1〉 외환 위기 전후 금융기관의 자산 운용 패턴 변화

(단위: %)

금융기관	자산 유형	1995	1997	2002.3
은행	대출	79.0	74.5	68.2
	채권	16.5	22.0	30.0
	주식	4.5	3.5	1.8
보험사	대출	68.2	70.2	47.2
	채권	13.6	14.0	43.6
	주식	18.2	15.8	9.2

출처: 재정경제부(2002).

및 주식 운용 비중은 61.8%와 8.5%로, 2000년도 미국의 10.6% 대 45.8%
와 비교해 보면 예금 비중은 6배 높은 반면, 주식 비중은 1.5배 수준이었
다. 금융기관의 경우에도 위험에 대한 노출이 적은 대출과 채권 중심의
자산 운용이 늘어났으며, 특히 주식 투자 비중은 외환위기에 비해 크게
줄어들었다. 은행의 자산 운용 패턴을 보면, 채권 투자 비중이 16.5%
(1995년), 22.0%(1997년), 30.0%(2002년)로 계속 늘었던 반면, 주식 투자 비
중은 4.5%(1995년), 3.5%(1997년), 1.8%(2002년)로 계속 줄어들고 있었다.
보험사도 상황은 유사해서 1995년 18.2%에 달했던 주식 투자 비중이
2003년에는 9.2%로 크게 줄었다.

　재경부는 이처럼 자산 운용 측면에서는 주식에 대한 수요가 감소했지
만, 기업의 주식 발행 의향은 외환위기 이후 부채비율을 낮추려는 지속적
인 노력에 대응해 오히려 거졌다고 판단했다. 내규모 차입 경영이 위기의
상황에서 기업을 흑자도산으로 몰아넣을 수도 있다는 점이 확인되면서
부채debt보다는 자본equity을 선호하는 방향으로 기업의 자금 조달 방식에
변화가 일어났다는 것이다. 그러나 1998년 14.2조 원, 1999년 41.1조 원

까지 늘어났던 기업의 주식 발행 금액은 주식시장이 부진해진 2000년과 2001년에는 14.3조 원과 12.2조 원으로 축소되었다. 재경부는 이런 역설적 현상에 대해, 선진국보다 월등히 많은 자금이 은행과 보험에 유입됨과 동시에 이들 회사 또한 주식 투자를 줄이고 대출 및 채권 매입 등 보수적인 방향으로 자산을 운용한 결과 기업의 자본 수요가 제대로 충족되지 못한 결과라고 이해했다. 이처럼 자금 중개의 불일치 현상이 발생함에 따라, 가계는 자산 운용 수익률 저하로 이자소득이 감소하고, 기업은 자본조달 곤란으로 재무구조를 개선하는 데 한계에 봉착할 뿐 아니라 장기 안정 자금 조달도 곤란하게 되었으며, 금융기관은 자산 운용 애로로 수익성이 하락하고, 국민경제는 기업과 가계의 부채 증가로 건전성이 저해되는 상황이 빚어졌다는 것이다(재정경제부 2002).

이에 따라 재경부는, 주식시장을 통한 자금순환 체계 마련을 새로운 정책 과제로 설정한다. 이 정책 과제는 다시 ① 주식에 대한 장기 수요 기반 확충, ② 자산 운용 산업의 획기적 육성, ③ 증권시장 운영 체제의 효율화, ④ 주주 중심의 경영과 공정 거래 질서 확립이라는 네 가지의 소과제로 세분된다. 첫 번째, 주식의 장기적인 수요 기반을 확충하기 위한 구체적인 정책으로는 기업연금제도의 도입 및 연기금의 주식 투자 확대 유도가 설정되었다. 두 번째, 자산 운용 산업의 획기적 육성을 위해서는 자산 운용업의 법적·제도적 장치 보완 및 규제 완화 등을 통해 자산 운용업의 발전을 유도하고, 수익증권 등 간접 투자 상품의 판매 확대를 위한 여건 조성 및 주식과 채권의 신종 증권 발행 허용 등을 통해 금융기관의 주식 관련 업무를 확대하도록 하는 정책이 상정되었다. 세 번째, 증권시장 운영 체제 효율화와 관련해서는 시장 운영 비용 및 IT 투자 비용 절감으로 증권 거래 비용을 낮추는 것에 초점을 맞추고 이를 증권거래소·코스닥·

선물거래소 사이의 연계 강화를 통해 실현하기로 했다. 마지막으로 주주 중심의 경영과 공정거래 질서의 확립을 위한 정책으로 증권 집단소송제의 도입, 시가 배당률 공시 정착, 회계·공시제도의 지속적 개선, 주식시장에서의 불공정 거래 근절 등이 상정되었다(재정경제부 2002).

2. 동북아 금융 허브 구상

김대중 정부 마지막 해에 설정된 '금융정책의 새로운 패러다임'은 노무현 정부로 들어와서 동북아 금융 허브 추진 전략으로 구체화된다. 국민의 정부 때의 초점이 주식시장 중심의 자금순환 시스템 확립에 있었다면, 동북아 금융 허브 전략은 여기에 금융 산업을 대표적인 성장 동력 서비스산업으로 규정하고 이를 집중 육성한다는 내용을 포함시켰다. 기존의 제조업 중심 및 수출 위주 산업구조[1]로는 21세기 한국 경제의 새로운 도약에 한계가 있기 때문에, 대표적 고부가가치 산업이자 관련 서비스업 및 실물 경제 전반에 파급 효과가 큰 '금융 산업'을 중점 육성할 필요가 있다는 것이다. 이 경우 금융 부문의 선진화 달성이 실물 부문 성장에 기여함은 물론 실물 부문의 성장이 금융 부문의 추가적 발전에 다시 기여하는 경제 전반의 선순환 구조 또한 확립될 것이라는 비전도 함께 제시되었다. 한국은 금융시장 효율성, 규제·감독 시스템, 언어 등 금융 관련 하부 구조가 경쟁국보다 취약하다. 하지만 세계 12위의 GDP 등 상대적으로 큰 실물

---

[1] 2001년 현재 한국의 GDP 대비 서비스업의 비중은 53.7%였다. 이는 홍콩(86%), 싱가폴(68%), 일본(67%), 미국(73%), 영국(72%)에 비해 크게 낮은 수준이라고 할 수 있다(재경부 2003).

경제 기반을 갖추고 있고, 연기금, 외환 보유액 등 상당한 규모의 잠재적인 자산 운용 수요를 보유하고 있으며, 동북아 지역의 구조조정, SOC 개발 등 다른 지역과 차별화되는 금융 수요가 상대적으로 풍부한 점을 감안할 때, 뉴욕이나 런던과 같은 세계적 금융 센터는 어렵겠지만 홍콩·싱가포르·취리히와 같은 특화 금융 허브는 가능하다는 것이 정책 당국의 주장이었다(재경부 2003).

이에 따라 특화 금융 허브 육성을 위해 자산 운용업[2]을 선도 산업으로 지정해 여타 관련 금융 산업으로의 파급 효과를 극대화하는 전략을 추진하고, 금융 규제와 금융 감독을 선진화하는 등 국내 금융시장의 매력도를 높임으로써 국내외 금융기관의 국내시장 참여를 촉진하며, 한국투자공사 KIC 설립·국내 금융기관의 역량 강화·구조조정 등 상대적 우위 분야 육성 등을 통해 동북아 역내 리더십을 구축하기로 했다. 자산 운용업을 선도 금융 산업으로 선정한 근거로는 다음의 세 가지가 거론되었다. 첫째, 선도 산업으로서 갖춰야 할 파급 효과가 가장 크다. 자산 운용업은 금융자산을 매입하는 '기관투자가'로서의 기능을 담당하고 있어 금융 산업 전반에 대한 파급 효과가 크기 때문에, 대표적 기관투자가인 자산 운용업의 기반이 강화될 경우 우리 자본시장의 폭과 깊이를 확충할 수 있는 본격적인 계기가 조성될 뿐 아니라, 여타 금융 업종보다 시설 투자 부담이 적고 이동성mobility이 높아 외국 기관 유치도 상대적으로 쉽다는 것이다. 둘째, 국민경제의 성장 단계상 자산 운용업 성장에 유리한 환경이 조성되었다.

---

2 자산 운용업이란 투자자로부터 자금을 모집해 금융자산 등에 투자해 운용하고 그 수익금을 투자자에게 배분하는 금융업을 지칭한다.

저금리 체제 정착, 고령화 사회 진전 등으로 안정성은 물론 수익성을 중시하는 투자 패턴이 확산될 것으로 전망되며, 연기금 자산 규모의 급속한 증가 및 퇴직연금제도 도입 등에 따라 새로운 자산 운용 수요 창출이 기대된다는 것이다. 셋째, 아시아 지역에서의 기회 요인도 풍부하다. 아시아 지역은 경제성장 잠재력에 비해 자산 운용업의 발전 수준은 아직 미흡하기 때문[3]에 한국에 자산 운용업이 발달할 경우 아시아 전체를 시장으로 확보할 수 있다는 것이다.

3. 간접투자자산 운용업법 제정과 펀드 시장 활성화

간접투자자산 운용업법 제정

주식시장 중심의 자금순환 시스템 확립 및 금융 허브 구축을 목표로 정부가 선택한 첫 번째 시도는 간접투자자산 운용업법(이하 간투법)을 제정하는 것이었다. 이 법의 제정 목적은 증권투자신탁업법 및 증권투자회사법을 통합함으로써, 동일한 자산 운용 행위에 대해 동일한 규제를 적용하고, 투자자 보호 장치를 강화해 자산 운용 산업에 대한 투자자의 신뢰를 회복할 수 있도록 하는 한편, 자산 운용 대상의 확대 등 자산 운용업에 대한 규제를 개선해 자산 운용 산업이 활성화될 수 있도록 하려는 것이다. 이 법의 골자는 크게 네 가지로 요약된다. 첫째, 간접투자에 대한 일반적

---

[3] 자산 운용업 분야의 GDP 대비 운용 자산 규모를 보면, 미국(124%), 독일(113%), 홍콩(27%), 싱가포르(21%), 한국(28%)인 데 반해, 아시아 평균은 10%에 불과한 상황이었다(재경부 2003).

인 정의 규정[4]을 두어 투자자로부터 자금 등을 모아 경제적 가치가 있는 자산에 운용하는 모든 행위는 이 법의 적용을 받도록 하되, 간접투자는 투자신탁과 투자회사를 통해 하도록 한다. 둘째, 투자신탁은 투자자로부터 모은 신탁재산을 이 법에 의해 허가를 받은 자산 운용회사가 설정·운용하도록 하되, 자산 운용회사는 신탁재산의 보관 및 관리를 위해 수탁회사와 신탁계약을 체결하고, 수익증권의 판매는 판매회사에 위탁하도록 한다. 셋째, 상법상 주식회사의 형태로 설립된 투자회사가 투자자로부터 모은 투자회사 재산을 운용하고자 하는 때에는 금융감독위원회에 등록하도록 하고, 투자회사 재산의 운용은 자산 운용회사에, 투자회사 재산의 보관 및 관리는 자산 보관회사에, 투자회사 주식의 판매는 판매회사에 각각 위탁하도록 한다. 넷째, 자산 운용회사가 운용할 수 있는 투자 대상을 유가증권 이외에 파생 금융 상품 및 부동산 등으로 확대하되, 투자자 보호를 위해 투자신탁에 수익자 총회 제도를, 투자회사에 법인 이사 제도를 도입하고, 동일 종목에 대한 투자 한도 및 이해관계인과의 거래 제한 등을 설정해 간접투자 재산이 건전하게 운용될 수 있도록 한다.

간투법의 핵심은 지금까지 은행·투신·보험 등 금융 권역별로 시행되던 각종 투자 관련 규제를 자산 운용이라는 하나의 기능에 초점을 맞춰 통합했다는 점에 있었다. 따라서 증권투자신탁업법의 수익증권, 증권투자회사법의 회사형 펀드(뮤추얼 펀드), 신탁업법의 은행 불특정 금전신탁, 보험업법의 변액보험 등 성격이 엇비슷한데도 규제하는 법이 달라 투자

---

4 투자자로부터 자금을 모아 유가증권 등 자산에 투자하고 그 결과를 투자자에게 귀착시키는 모든 행위를 '간접투자'로 하는 포괄적 정의를 채택하고, 여기에 부합되는 행위에 대해서는 자산운용업법을 우선 적용한다.

<표 2> 투자신탁 수신 추이

(단위: 십억 원)

1997	1998	1999	2000	2001	2002	2003	2004	2005	2006	2007
93,724	203,509	200,305	146,258	155,036	174,174	145,037	186,991	204,335	234,606	237,107

주: 2007년은 4월 말 기준.
자료: 자산운용협회, "국내 자산 운용 산업 동향", 각 월호.

<표 3> 투신사 및 기관투자가 주식 보유 추이

(단위: 십억 원, %)

	1998	1999	2000	2001	2002	2003	2004	2005	2006
투신사	3,268	31,161	13,964	11,851	15,458	16,291	15,389	44,562	61,496
투신사	17.7	50.3	47.4	29.4	37.7	27.5	21.1	34.7	39.7
기관투자가	18,508	62,009	29,475	40,297	40,991	59,326	72,762	128,372	154,721

주: 거래소 시가총액 기준.
자료: 한국증권선물거래소, 『주식』, 각 월호.

자들의 혼선을 불러오고 형평성 시비가 끊임없이 제기되어 왔던 일련의 상품들이 모두 이 법의 적용을 받게 되었다. 그리고 간투법의 제정과 함께, 투신사들이 토지나 건물·아파트 등 부동산에 투자하는 상품(신탁형 리츠)을 판매할 수 있게 된 것은 물론, 금·원유·곡물 등 실물 자산을 이용한 펀드나 재투자 펀드fund of funds도 가능하게 됨으로써, 자산 운용 펀드 시장의 투자 지평이 크게 확대되었다.

간투법 제정 이후 투신사들의 수신액은 2003년 말 145조 원에서 투자신탁 수신액은 2007년 4월 현재 237조 원으로 크게 늘어났다. 이는 2000년대 초반 금융시장 불안정과 주가 및 금리의 변동성 확대에 따른 투자자의 원금 손실 우려 등으로 축소되었던 주식 및 수익증권에 대한 가계의 선호가 다시 회복되고 있음을 의미한다. 이와 더불어 투신사의 주식 보유 비중도 크게 늘어났다. 전체 기관투자가 가운데 1998년부터 2006년까지 주식 보유 비중이 가장 많이 늘어난 곳이 투신사였다는 점에도 주목할 필요가 있다. 같은 기간 중 기관투자가의 주식 보유 금액이 약 19조 원에서 155조 원으로 늘어난 상황에서 투신사의 주식 보유 비중은 약 3조 원에서 61조 원으로 훨씬 크게 늘어났다. 전체 기관투자가 주식 보유에서 투신사가 차지하는 비중은 외환위기 이후 주가 폭등 속에서 50.3%까지 치솟았다가 대우그룹 구조조정(1999년 7월), SK글로벌 회계 부정 사건(2003년 3월), 신용카드사 유동성 문제(2003년 12월) 등 금융시장 불안 등으로 2003년 이후 21.1%까지 하락했으나, 간투법 제정 이후 꾸준히 늘어 2006년 말에는 39.7%까지 상승했다.

그러나 아직까지도 주식보다 채권 투자의 비중이 높다. 2006년 말 현재 시가총액 대비 주식형 및 혼합형 펀드의 비중은 12%로, 미국(39%)과 영국(19%)에 비해 낮은 실정이다. GDP 대비 수탁고 또한 미국(84%), 영국(40%)에 비해 낮은 26%를 기록하고 있다(한국증권연구원 2007). 하지만 최근 주식형 적립식 펀드에 대한 관심이 증가하는 등 자산 운용업에 대한 인식이 긍정적으로 변화하고 있기 때문에 앞으로 주식시장에서 자산 운용사가 차지하는 비중은 더욱 늘어날 것으로 보인다. 이를 위해서는 자산 운용사에 대한 고객의 군건한 신뢰 형성이 요구된다. 실제로 한국의 자산 운용사들은 이제까지 종목 선정이 아닌 주식 매매 타이밍에 의존해 운용 성과를 내는 관행에서 벗어나지 못하고 있다는 평가를 받고 있다.[5]

---

[5] 우리나라 주식형 펀드의 경우 매매 회전율이 300~500%에 달하고 있어 매매 수수료 부담이 적지 않으며, 여기에 운용 보수, 판매 수수료 등을 더하면, 고객의 부담은 더욱 올라간다. 2007년 5월 말 현재, 국내 주식형 펀드의 평균 총보수는 2.15%로 해외 주식형 펀드의 2.19%에 비해 더 낮

4. 외국계 투기 자본의 폐해와 그 대응

외국계 투기 자본의 폐해

외환위기 이후 한국의 경제 관행과 금융 시스템에는 커다란 변화가 있었다. 이 중 가장 눈에 띄는 현상의 하나로, 외환위기 동안 발생한 대기업 및 금융기관의 연쇄 도산 속에서 국내 기업의 경영권이 외국계 투기 자본으로 넘어갔고, 이 과정에서 다양한 형태의 부정적 양상이 발견되었다는 점을 들 수 있다. 칼라일의 한미은행 편법 인수, 론스타에 대한 외환은행 편법 특혜 매각, 퀀텀펀드에 대한 서울증권의 고율 배당, 영국계 투자회사인 BIH^Bridge Investment Holdings의 브릿지증권 유상 감자, JP모건 컨소시엄에 의한 ㈜만도 유상 감자, 벨기에계 인터브루의 OB맥주 유상 감자, 론스타의 극동건설 알짜 자산 매각, 파산 결정권을 내세운 리먼브라더스와 모건스탠리 등의 고가 채권 매입 요구, 삼성물산에 대한 헤르메스의 지분 매각 및 우선주 소각 요구, 소버린의 ㈜SK 경영권 분쟁 등이 대표적인 사례라고 할 수 있다. 사모펀드로 대표되는 이들 투기성 외국자본은 외환위기 이후 국내 기업 및 금융기관의 신용 경색 해소와 신속한 구조조정에 기여한 것이 사실이다. 그러나 이들은 단기 투자 이익 극대화를 위한 무리한 구조조정과 고율 배당, 유상 감자 등으로 국내 기업의 장기 성장성을 약화시키고 적대적 M&A 위협을 통해 기업의 경영 안정성을 저해하는 한편, 위험 회피 성향으로 금융 부문의 산업자금 공급 기능을 위축시켰다

지만, 여기에 투자증권의 매매 수수료 등을 포함한 총비용은 국내 주식형 펀드가 2.45%로 해외 주식형 펀드의 2.33%에 비해 0.12% 포인트 더 높았다(『한국경제』 2007/06/18).

는 비판에서 자유롭지 못하다(전승철 외 2005).

이런 상황에서 투기성 외국자본의 폐해를 줄이기 위해 다음과 같은 다양한 제안이 제시되었다(이찬근 외 2004; 전승철 외 2005; 대통령경제보좌관실 2005). 첫째, 미국의 경우처럼 국가안보 차원에서 필요한 경우 사후적으로 외국인 투자를 조사해 투자 철회를 명령할 수 있는 권한을 대통령에게 부여하는 조항을 외국인투자촉진법에 신설하는 등 핵심 산업에 대한 정부의 보호 기능을 강화하고, 공기업 민영화나 중요 기업의 정부 보유 주식 매각을 추진하는 과정에서 영국·프랑스 등처럼 정부가 황금주를 보유함으로써 자산 처분·경영권 변동·합병 등 중요한 의사 결정에 필요한 경우 거부권을 행사할 수 있는 장치를 마련하자는 주장이 제기되었다. 둘째, 문제의 소지가 있는 투기성 외국자본을 선별하고 이런 자본의 금융업 진출을 억제하기 위해 금융업에 대한 외국 투자자본의 적격성 심사를 강화해야 하고, 이를 위해 은행법상 대주주에 대한 정의를 현재와 같이 형식적인 보유 지분율보다는 '실질적인 지배력을 가지고 있는 자' 등으로 개정할 필요가 있으며, 형식적인 수준에서 이뤄지고 있는 외국인의 은행 지분 한도 초과 보유에 대한 사후 적격성 심사도 엄격히 실시해야 한다는 의견이 있었다. 또한 이미 국내에 진출한 외국계 금융자본에 대해서는 정기 적격성 심사 시 은행업의 건전한 발전과 금융시장 안정을 위한 노력, 경영진의 공익성 중시 성향 등을 심사 결과에 적극 반영하자는 주장도 제기되었다. 셋째, 투기성 외국자본에 의한 적대적 M&A 시도에 대응해 국내 기업이 적절한 경영권 방어 장치를 도입할 수 있도록 공개 매수 기간 중 신주 발행을 허용하도록 증권거래법을 개정하고 황금 낙하산 제도·초다수 의결제·이사 시차 임기제 등 현행 법령하에서 개별 기업의 정관 변경으로 도입 가능한 경영권 방어 장치들을 합리적인 절차를 통해 도입하도록 유도하자는 주장도 제기되었다.

　그러나 재경부는 이런 제안들을 거의 받아들이지 않았다. 국내 금융 시스템을 선진화하고 금융 감독 시스템을 지속적으로 개선해 나가면 투기성 외국자본의 폐해로 지적된 사항 중 대부분의 문제점들이 시장의 자정 기능 속에서 자연스럽게 해결되리라는 것이 재경부의 기본 입장이었다. 그리고 국부 유출 및 재벌 기업의 경영권 위협 문제는 인위적인 법·제도 도입 대신 외국계 사모펀드를 능가할 국내의 대형 사모펀드 육성을 통해 해결할 수 있다고 보았다. 재경부는 그 구체적인 실행 방안의 일환으로, 간투법을 개정하고 한국투자공사를 출범시켰다.

사모펀드 육성을 위한 간접투자자산 운용업법 개정

　재경부는 금융정책의 새로운 패러다임 및 동북아 금융 허브 구상이 실현되려면 기계의 저축이 은행예금이나 주식의 직접투자보다는 간접투자 형태로 이뤄져야 하며 여기에 더해 사모펀드[6]의 활성화가 반드시 필요하다고 판단해, 이를 위해 2004년 간투법의 개정을 추진했다. 당시 재경부에서 제시한 사모펀드 활성화의 기대 효과들로는 다음을 들 수 있다. 첫째, 부동 자금 흡수와 투자 활성화를 기대할 수 있다. 둘째, 기존의 저부가가치 산업으로부터 새로운 고부가가치 신성장 산업으로의 이행을 과제로

---

[6] 사모펀드(Private Equity Fund: PEF)란 소수의 특정인으로부터 자금을 조달해 미래의 성장성이 기대되는 기업의 주식을 인수하고 구조조정 등 경영성과 개선을 통해 고수익을 추구하는 펀드를 지칭한다. 즉, 사모펀드는 불특정 다수가 아닌 소수의 투자자를 대상으로 사적인 방식으로 자금을 모집(私募)해, 비공개 기업의 주식을 매입하거나 공개 기업이더라도 공개시장, 곧 거래소를 통하지 않고 사적인 방식으로 매입(사적투자)하는 펀드다.

안고 있는 우리나라의 경우 기업 및 산업의 효과적인 구조조정 능력을 제고하는 것이 결정적으로 중요한데, 이 기능을 사모펀드가 담당할 수 있다. 셋째, 국내 자본이 외국자본과 동등하게 경쟁할 수 있도록 국내 제도를 국제적 기준Global Standard에 맞게 정비하는 계기가 될 수 있으며, 국내 대기업 및 금융기관의 경영권을 보호하는 효과도 기대할 수 있다. 넷째, 투자자들에게 중장기로 기업 주식 및 경영권에 투자할 수 있는 다양한 투자 기회를 제공함으로써 새로운 부의 증식 기회를 제공한다. 다섯째, 성장 잠재력이 있는 기업의 경영 참여나 신생 유망 기업의 자본 참여 등 새로운 사업 영역 개발을 통해 자산 운용 산업의 발전 계기를 마련하는 효과도 기대할 수 있다.

이처럼 자산 운용업 및 사모펀드의 육성 필요성이 큰데도, 한국의 펀드 관련 법령 체계는 불특정 다수의 투자자를 보호하는 공모公募 신탁의 원리에 충실하게 만들어진 결과 사모펀드의 본격적인 활동과 성장에 걸림돌로 작용하고 있다는 것이 재경부의 인식이었다. 간투법을 제정하면서 펀드 관련 규제를 많이 풀긴 했지만 자기 책임 아래 투자하는 사모펀드의 입장에서 볼 때는 적극적인 선택이나 유연한 대응을 방해하는 규제나 간섭이 여전히 많다는 것이다. 이런 문제의식 위에 다음과 같은 개정이 이뤄졌다. 첫째, 유한책임 투자자Limited Partnership 형태의 사모 투자 전문 회사[7]를 설립할 수 있는 근거 규정을 신설했다. 둘째, 주주·수익자 평등의 원칙을 적용해 투자자 간 동등한 손익 배분 원칙을 채택하고 있는 현행

---

7 무한책임 투자자(General Partner)에게는 자산운용에 대한 의사 결정권과 성과 보수 등 인센티브를 부여하고, 유한책임 투자자에 대해서는 무한책임 투자자에 대한 신뢰를 바탕으로 출자액에 대해서만 유한책임을 지도록 하는 형태다.

자산운용업법과 달리, 손익 분배에 관한 투자자 간의 자유로운 계약을 허용함으로써 투자자의 다양한 투자 욕구 및 위험 선호를 충족시켜, 풍부한 자금력을 갖고 있으나 고위험을 기피하는 연기금 등 기관투자자들의 참여를 쉽게 했다. 셋째, 매매 차익을 목적으로 이뤄지는 단기 투자, 곧 포트폴리오 투자를 제외한 모든 형태의 유가증권 취득을 허용함으로써 M&A·경영권 참여·SOC 투자 등이 가능하게 했다. 넷째, 사모펀드의 원활한 기능 수행을 위해 지주회사법·기금관리기본법 등 여타 법령과 관련된 규제도 완화했다. 사모 투자 전문 회사는 구조조정 등을 목적으로 한시적으로 기업의 경영권을 취득하는 것이므로 금융 및 일반 지주회사 관련 규정의 적용을 10년 동안 배제함으로써 사모 투자 전문 회사가 금융·비금융 양쪽에 투자할 수 있도록 했다. 그리고 재벌 계열사의 펀드 투자 비율이 4%를 초과하더라도 유한책임 사원Limited Partner으로 참여하고 그 투자 비율이 10% 이하인 경우에는 '비금융 주력사'(산업자본)으로 간주되지 않도록 해 사모펀드의 은행 인수에 재벌의 자금도 활용될 수 있도록 했다. 연기금의 경우에는 기금 운용 계획에 의거한 사모펀드 지분 취득은 관계 법률에 의한 인가·허가·승인을 얻은 것으로 간주해, 연기금의 사모펀드 참여를 유도하기로 했다.

간투법 개정안이 국회를 통과하는 과정에서 사모펀드를 통한 재벌의 은행 소유 문제 및 연기금의 사모펀드 참여 문제가 특히 뜨거운 논란의 대상이 되었다. 첫 번째 문제와 관련한 개정안의 공식적인 입장은 재벌의 은행 소유를 형식적으로는 허용하되, 실질적인 지배는 금지하겠다는 것으로 요약할 수 있다. 그러나 공청회 과정에서, 산업자본이 유한책임 사원으로 참여하는 경우에는 비금융 주력자(=산업자본) 인정 예외를 폭넓게 적용하고 있어 은행에 대한 의결권 주식의 보유 한도를 실질적으로는 4%

에서 10%로 늘려 주는 결과를 초래하며, 사모 투자 전문 회사의 경우에는 그 특성상 사원 간 계약에 따라 각 유한책임 사원에게 출자 규모에 관계 없이 얼마든지 의결권을 달리 부여할 수 있기 때문에 특정 산업자본이 사모 투자 전문 회사의 최대 의결권 보유자인지의 여부를 금감위가 판단함에 있어 단순히 출자 규모에 대한 정보만으로는 부족하다는 비판이 제기되었다. 결국 국회 통과 과정에서는 공청회에서 제기된 이런 비판을 부분적으로 수용해 사모펀드가 은행 주식의 4% 이상을 취득할 경우 금융감독위원회에 유·무한책임 사원의 신상 정보와 출자 내역을 보고하도록 관련 조항을 강화했다(국회 재정경제위원회 2004).

한편, 연기금의 사모펀드 참여와 관련해서는 국민연금 등 연기금이 사모펀드의 핵심 주체가 되어야 한다는 의견과 이를 위해서는 연기금의 지배 구조 개선이 선행 또는 병행되어야 한다는 의견이 팽팽하게 맞섰다. 사모펀드 활성화를 주장하는 측에서는 대표적인 장기자본인 연기금이 대표적인 장기 투자 수단인 사모펀드에 참여하는 것은 자연스러운 일이며 이를 통해 높은 수익률을 거둘 수 있을 것이라고 기대를 하면서, 연기금이 직접 무한책임 투자자로 출자하는 것은 문제가 될 수 있지만 유한책임 투자자로 출자하는 것에 대해서는 금지할 필요가 없다고 주장했다. 이에 맞서 외국의 경우에는 기업연금이나 공무원연금 등이 사적 연금인데 이를 근거로 공적 연금인 한국의 국민연금이 사모펀드에 참여하는 것을 정당화하는 것은 타당하지 않다는 반론이 제기되었고, 연기금의 사모펀드 참여 자체에 대해서는 반대하지 않으면서도 국민연금 기금 운용의 전문성·책임성·투명성이 보장되지 않는다면 주인 없는 국민연금 기금이 무리하게 투자할 가능성도 있다는 우려가 표명되기도 했다(국회 재정경제위원회 2004).

2006년 말 현재 17개의 사모 투자 전문 회사가 등록·운용 중인데, 총 출자 약정액은 3.3조 원이며 실제 이행액은 8,559억 원에 불과해, 재경부의 기대에도 미치지 못하고 시민단체나 학계가 우려했던 일도 일어나지 않고 있는 상황이다. 그러나 외국에서는 사모펀드의 영향력이 계속 커지고 있고 뜨거운 논란의 대상이 되고 있다는 점을 감안할 때 한국의 경우에도 사모펀드는 앞으로 언젠가는 커질 가능성이 높기 때문에, 그 역할 및 위상에 대한 개념 정립 및 사회적 합의가 필요하다. 이와 관련해 전직 재경부 금융정책국장이 주도해 결성한 보고 펀드의 사례를 살펴보자. 2005년 간투법 개정안 통과를 통해 사모펀드 설립 요건이 완화되고 나서 동아시아 금융 허브 정책을 주도한 재경부 금융정책 국장이 직접 '경기자'로 나서 '보고 펀드'를 차렸다. 10여 곳 이상의 은행·보험·증권사 및 기업 등이 투자한 이 펀드는, 비상장기업은 물론 외환은행·우리은행·LG카드 인수 및 교보생명 상장 등에도 참여할 계획을 갖고 있었다. 금융사들의 입장에서는 자산 운용의 대안으로 사모펀드 투자가 매력적이기는 했지만 운용 실적이 전혀 없는 상황에서 거액의 돈을 투자하는 것은 쉬운 일이 아니다. 그렇기 때문에 금융정책을 총괄했던 전직 재경부 간부가 만든 사모펀드에 적지 않은 금융사들이 참여하는 과정에서 새로운 형태의 정경유착이나 관치 금융에 대한 우려가 제기되었다. 동시에 재경부의 금융 허브 구상이 국민경제의 미래를 감안한 결정이 아니라 그 자신이 잠재적 금융시장 참여자이기도 한 경제 관료들의 향후 이익을 고려한 결정이라는 비판도 제기되었다.

　이후 금융 관료와 시장 참여자, 국제 금융 자본 사이의 새로운 유착 문제는, 2003년 재경부와 금감위 등 경제 관료들이 부실을 과장한 뒤 '은행법'의 예외 규정을 활용해 외환은행을 대주주 자격이 없는 사모펀드에 넘겨줬다는 의혹이 제기되면서 다시 주목을 받게 되었다. 당사자들은 외환 은행의 잠재 부실이 심각한 상황에서 조속한 경영 정상화를 위해서는 자본 확충이 필요했지만, 관심을 보이는 곳이 없어 론스타로의 매각이 불가피했다고 반박했다. 굴지의 은행이 파산하고 금융시장이 무너질지도 모르는 엄청난 불확실성에 맞서 내려진 결정을, 사태가 호전된 현재의 관점에서 평가하는 것은 부당하다는 주장도 가능하다. 그러나 전직 부총리들이 론스타의 자문 법률 회사 및 회계 법인의 고문을 맡고 있었다는 점, 매각 과정에서 정치권 및 관료들과 교분이 두터운 금융 브로커가 개입했다는 점, 매각 과정을 주도한 고위 관료가 퇴직 후 사모펀드를 직접 차렸다는 점들을 볼 때, 이들의 결정을 국민경제와 금융 시스템의 안정성을 감안한 결정으로만 보기는 어렵다.

적극적 해외시장 투자와 한국투자공사

2005년도 들어 재경부가 동북아 금융 허브 육성 및 자산 운용업 활성화와 관련해 핵심 과제로 상정한 것은 한국투자공사의 설립이었다. 이는 그동안의 제도 도입 및 시장 환경 변화로 자산 운용업 활성화를 위한 기반은 조성되었지만, 전문성 높은 대형 국내 자산 운용사가 없는 것으로 인해 자생적으로 자산 운용업이 활성화되기를 기대하기는 어렵기 때문에, 이 한계를 한국투자금융공사를 통해 극복할 수 있다는 판단을 반영한 결정이었다. 대우 사태나 한투·대투 등의 부실화로 자산 운용업에 대한 시장의 신뢰가 극도로 저하되어 있고, 자율적 시장 발전을 주도할 선도 자산 운용사나 유사한 기능을 수행할 선진국형 투자은행[18]도 사실상 부재한 상태이며, 외환 보유액은 미국 단기국채 중심으로 운용되고 국민연금도 대부분(90%) 국채에 투자되어 안전 자산 위주로 운용되는 등 공공 부문 여유 자산 또한 국내 자산 운용업 발전에 적극적인 기여를 못한 결과, 외환위기 이후 국내에 진출한 해외의 자산 운용사들이 대규모 투자를 사실상 독식할 수 있었고 앞으로도 대형 금융거래는 해외 자산 운용사 중심으로 진행될 수밖에 없으리라는 것이 재경부의 상황 인식이었다.

재경부는 외환 보유액 등 풍부한 여유 자산을 활용해 대형 자산 운용사인 한국투자공사를 설립함으로써 단기간에 자산 운용업의 활성화를 주도할 강력한 돌파구로 만들 수 있을 것이라고 판단했다. 한국투자공사가 설립되어 우수한 운용 성과를 나타낼 경우 자산 운용업에 대한 국민들의 신뢰가 높아지고 민간 부문에서 자산 운용업의 설립 및 자산 위탁을 촉진하는 선순환 체계를 확립할 수 있게 되며, 한국투자공사를 통해 양성된 자산 운용 전문가들이 국내 자산 운용 업계로 전파되어 자산 운용사들의 경쟁력 제고를 주도할 수 있게 되리라는 예상이었다. 또한 한국투자공사가 국제금융시장에서 대형 행위자로 활동하게 되면 국제금융시장에서 우리 자산 운용 업계의 신뢰도와 영향력이 크게 증가할 것이며, 나아가 우리 자산 운용 업계를 한 단계 높은 수준으로 발전시키는 기폭제가 될 것이라는 기대도 있었다. 결국 2005년 7월, 외국환평형기금으로부터 1,000억 원의 출자를 받아 한국투자공사가 설립되었다. 출범 초기에는 200억 달러의 외화 자산을 운용하는데, 재경부장관·한은총재·1조 원 이상 위탁 기관장·한국투자공사 사장 등으로 구성되는 운영위원회에서 기본적인 경영 방향을 결정하고, 국내외의 투자 전문가에 의해 해외 자산에 대한 투자를 행하기로 했다. 초기 투자는 안정성과 리스크 관리 측면을 고려해 채권에 보수적으로 투자하되, 단계적으로 주식으로 확대하고 적극적인 투자를 시행하기로 했다. 출범 초기에는 외부 자산 운용사를 통해 자금을 운용하는 간접 투자 방식으로 투자할 계획이며, 자체 투자 및 리스크 관리 시스템을 충실하게 구축하고 단계적으로 직접투자 비중을 확대해 나가기로 했다.

추진 과정에서 자산 운용의 독립성과 투명성에 대한 우려가 제기되었고, 한국투자공사가 외환 보유액을 운용할 경우 한국은행보다 수익률이 높을 것이라는 보장이 없다는 의문도 제기되었다. 그리고 한국투자공사를 통해 외환 보유액이 위험 자산에 투자되었을 경우 외환위기 도래 시 대응 능력이 크게 저하된다거나, 정부가 공적 조직을 설립해 성공한 사례가 드물다거나, 일시적인 외환 보유액의 잉여를 전제로 영구 조직인 한국투자공사를 설립한다는 것은 적절치 않다는 비판도 제기되었다. 재경부는 한국투자공사를 출범시키는 과정에서 이런 우려를 부분적으로 수용, 위탁된 외화 자산이 다른 정책적 목적에 활용되지 않도록 원화 자산으로의 전환 금지를 법률에 명시하고, 위탁된 원화 자산의 해외 운용을 위해 외화 자산을 전환할 때에도 외환시장 안정 목적 활용을 금지하는 규정을 명시했으며, 특정 보유 상품 정보 등을 제외하고 재무제표, 감사 보고서, 중장기 투자 정책, 전체 운용 규모 및 수익률 등을 대외적으로 공개하도록 했다.

한국투자공사가 출범한 지 시간이 얼마 지나지 않았으며 본격적인 자산 운용 활동 또한 이뤄지지 않고 있기 때문에 이 기구에 대한 평가는 아직 시기상조라고 할 수 있다. 하지만 2006년도의 국감 등을 통해 여러 문제점이 지적된 바 있다. 자산 운용 규정·내부 통제 규정·회계 처리 규정 등 자산 운용사가 갖춰야 할 핵심 규정이 준비되어 있지 않고, 해외투자 경험 및 능력도 부족하며, 해외 운용사와의 자산 운용 위탁 계약 과정 또한 운영위 승인을 받지 않는 등 편법으로 이뤄지고 있다는 것이다. 또한 기존 자산 운용사들은 대부분 자산 보유 현황을 공개하고 특정 기업에 일정액 이상을 투자할 경우 공시를 통해 이를 밝히도록 하고 있는 데 반해, 한국투자공사는 투자에 관한 내용을 견제할 제도적 장치가 없다는 점도 큰 문제점으로 지적되었다(심상정 의원실 2006). 이런 행태가 앞으로도 계속될 경우, 한국투자공사는 외환 보유고를 이용해 세계를 대상으로 자산 운용을 함으로써 국제적인 자산 운용 기법을 획득한다는 본연의 목표를 잃고, 금융정책을 담당하는 관료와 국내 금융기관 임원, 외국 금융자본 사이의 유착을 강화하고 국부를 유출시키는 수단으로 전락할 가능성도 배제할 수 없다. 또한 한국투자공사가 거액의 손실을 낼 경우 그 책임을 누가 어떻게 질 것이며, 그 충격을 어떻게 감당할 것인가에 대한 대책이 없다는 점도 큰 문제라고 할 수 있다.[8]

5. 국민연금의 주식 투자 허용과 퇴직연금제도 도입

국민연금의 주식 투자 허용

외환위기 이후 한국의 주식시장은 폭등과 폭락을 거듭하는 등 높은 변

---

[8] 한국투자공사는 2008년 1월 15일 미국의 투자은행인 메릴린치에 20억 달러를 투자했다. 한국투자공사가 인수한 20억 달러 규모의 의무전환 우선주는 9% 배당을 받는 조건이고 인수 후 2년 9개월이 되는 시점에 보통주로 전환된다. 이로써 한국투자공사는 메릴린치의 5대 주주로 올라서게 되었다(『미디어오늘』 2008/01/16). 일각에서는 이 투자가 투자 수익 원천을 다양화하고 세계적인 자산 운용사로 도약하는 계기가 될 뿐 아니라 동북아 금융 허브의 추진에도 기여할 것이라는 긍정적인 평가가 제시되었다. 그러나 이 선택은 미국의 금융시장 불안이 확산되고 메릴린치의 주가가 크게 떨어진다면 국민의 세금을 낭비한 사건으로 기록될 가능성도 배제할 수 없으며 나아가 한국투자공사의 존립 근거 자체가 의심받는 계기가 될 수도 있다.

동성을 보였는데, 대부분의 경제 전문가들은 그 원인을 한국 주식시장의 근본적인 취약성에서 찾았다. 전통적으로 자금이 은행예금과 채권에 집중되는 등 '주식 문화'가 취약한 상황에서 기관투자자들이 건실하게 발달해 있지 못한 결과, 외국인 투자자들과 단타 개인 투자자들의 영향을 크게 받을 수밖에 없게 되었으며, 외부적 요인에 극도로 민감한 체질을 갖게 되었다는 것이다. 정부는 경쟁력 있는 기관투자가 육성을 통해 이 문제를 해결해야 한다는 문제의식 위에 연기금을 대표적인 기관투자가로 자리매김하려 했다. 2001년과 2003년 기금관리기본법 개정을 통해 연기금의 주식 투자를 허용하려 했으나, 위험 부담이 높은 주식에 연기금의 투자를 확대할 경우 연기금의 부실을 초래할 수 있다는 비판 여론 때문에 무산된 바 있다. 당시 기금관리기본법에서는 국민연금 등 공공 기금의 주식 매입을 원칙적으로 금지한 가운데, 공공 기금의 설치 목적과 공익에 위배되지 않는 범위에서 국회의 심의를 거치는 기금 운용 계획에 반영된 때에 한해서는 주식 투자를 허용했다(기금관리기본법 3조 3항). 이런 제약 속에서 당시 국민연금은 119조 원의 자산 중 주식에 8조 원(7.5%)을 투자했는데, 단일 기관으로는 가장 큰 투자 규모지만 전체 보유 자산 중 투자 비중은 7.5%에 불과했으며, 미국(28.8%)·영국(58.8%)·일본(27.7%) 등 선진국의 연기금 주식 투자 비중에 비해서는 크게 낮은 수준이었다.

국민연금 등 연기금의 주식 투자를 법적으로 허용해야 한다는 주장은 크게 자본시장 측면과 국민연금 측면에서 제기되었다. 우선 침체된 주식시장 부양은 물론 자본시장의 선진화를 위해서도 국내 최대의 기관투자가인 국민연금이 주식 투자 비중을 확대해야 한다는 주장이 나왔다. 기금의 속성상 장기 투자를 할 수밖에 없으며 이해 상충의 가능성도 상대적으로 작은 국민연금이 장기 안정 투자자의 역할을 선도적으로 담당함으로

<표 4> 국민연금 자산 운용 추이

(단위: 십억 원)

	1996	1997	1998	1999	2000	2001	2002	2003	2004	2005	2006
채권	4,870	6,502	6,807	10,013	19,893	38,591	56,413	88,791	114,755	141,752	162,640
주식	1,269	1,462	1,172	2,407	3,408	3,930	5,042	7,095	10,131	12,436	16,139
합계	6,139	7,964	7,979	12,420	23,302	42,521	61,454	95,886	124,886	154,188	178,779

자료: 국민연금관리공단, 『국민연금 기금 운용 현황』, 각 연도.

써 성장 산업으로 자금을 제공할 수 있음은 물론 기업 지배 구조를 개선하는 데도 크게 기여할 수 있다는 것이다. 또한 주식 투자 비중을 지속적으로 높이고 있는 외국인에 맞서 국내 증시를 지킬 수 있는 것은 국민연금밖에 없다는 논리도 있었다. 여기에 더해 국민연금의 입장에서도 적립 방식의 기금 조성 성격상 앞으로도 막대한 적립금이 쌓일 텐데 연금 재정의 고갈을 막기 위해서는 적립금의 효과적인 운용이 필수적이며, 대표적인 운용처인 주식시장을 외면한 채 국채 시장에만 집착하는 것은 바람직하지 않다는 주장도 함께 제기되었다. 강제 가입형인 국민연금이 고위험 자산인 주식에 투자하는 것은 공적 연금의 성격에 맞지 않기 때문에 주식 투자 비중을 더 이상 확대해서는 안 된다는 반론이 있었지만, 결국 연기금의 주식 투자 금지 조항을 삭제하는 내용의 기금관리기본법 개정안이 2004년 말 국회를 통과했다.

이에 따라 국민연금의 주식 투자 금액도 계속 늘어나고 있다. 국민연금의 2006년 주식 투자 총액은 국내 주식이 16조 9,634억 원으로 2005년보다 29.78% 증가했으며, 위탁 투자가 9조 766억 원으로 전년 대비 41.04% 늘어났다. 특히 해외투자는 1조 1,754억 원으로 86.56%, 대체 투자는 2조 1,524억 원으로 188%나 늘어났다. 반면 채권 투자는 162조

6,405억 원으로 전년 대비 14.7% 늘어나는 데 그쳐 주식과 대체 투자 부문보다 다소 완만한 증가세를 보였다. 2007년 4월 말 현재 국민연금 적립액은 200조 원이 넘었으며, 이 가운데 주식 투자액은 25조 원으로, 전체 자산의 12.5%에 달하고 있다. 국민연금의 주식 투자는 애초에 우려했던 것에 비해 투자 성과가 나쁘지 않다. 특히 2006년도에는 국내 주식 투자 수익률이 4.93%로, 같은 기간 국내 주식형 펀드 평균 수익률 1.6%를 세 배 이상 초과했으며, 국민연금운용본부에서 직접 운용한 주식 투자 수익률은 5.66%로, 자산 운용사나 투자 자문사 등에 위탁한 주식 투자 수익률 4.19%를 1.46%포인트나 웃돌았다.

국민연금은 금융 수익성만을 추구하는 일반 투자가와는 달리 장기 투자가로서 주식시장의 안전판이 될 수 있으며, 투기성 외국자본에 맞서 국내 우량 기업의 우호적 후견인 역할을 담당할 수 있을 뿐 아니라 사회 책임 투자 등 대안 금융에도 그 영향력을 행사할 잠재력을 가지고 있다. 그러나 현행 국민연금의 지배 구조와 기금 운용 체계는 재경부 등 관료 집단과 가입자 및 시민사회의 발언권이 비대칭적이라는 점에서 이런 가능성이 제대로 발휘되기 어렵다는 한계를 가지고 있다(전창환 2007).

퇴직연금제의 도입

정부는 주식시장의 장기 수요 기반 확대 및 퇴직자들의 안정적인 노후 소득원 확보를 위해 퇴직금제도를 기업연금제도로 대체하려 했으며, 결국 2005년 12월부터 퇴직연금제도가 도입되었다. 퇴직연금제도란 기업이 노동자의 노후 소득 보장과 생활 안정을 위해 재직 기간 중 퇴직금 지급 재원을 외부 금융기관에 적립해 기업 또는 가입자인 노동자의 지시에 따라 운용하고, 퇴직 시 연급여 또는 일시금으로 지급하는 기업 복지 제도의 하나다. 이 제도는 퇴직 시 지급되는 급여가 근무 기간과 평균임금에 의해 사전에 확정되는 확정 급여형DB형, 사용자가 급여의 1/12을 종업원 개인 계좌에 납부하고 적립금의 운용 방법은 종업원이 결정하는 확정 기여형DC형, 퇴직 또는 직장을 옮길 때 받는 퇴직금을 자기 명의의 퇴직 계좌에 적립해 연금 등 노후 자금으로 활용하도록 하는 개인 퇴직 계좌IRA로 구성되어 있다(송원근 2007).

2006년 11월 말 현재 퇴직연금제도를 시행하기로 한 사업장은 모두 1만 4,822개로 전체 적용 대상 사업장의 3.1%에 해당한다. 적립금 운용 방식을 보면 원리금 보장형이 79.8%로 대부분을 차지하고 있다. 전체 적립금의 9.7%를 차지하고 있는 간접투자 방식의 퇴직연금펀드의 경우에도 안정형(66%)과 채권형(20.4%)이 압도적으로 많으며, 주식형의 비중은 아직 미미한 실정이다.[9] 그러나 앞으로 한국의 주식시장에는 기업연금이 새로운 큰손으로 등장하는 가운데 1980~90년대의 미국과 유사한 패턴들을 보여 줄 가능성이 적지 않다.

6. 자본시장 육성 정책의 빛과 그림자

참여정부의 자본시장 육성 정책은 절반의 성공을 거둔 것으로 평가할

---

[9] 이와 관련해 해외의 금융자본은 퇴직연금제의 경우 강제성이 없고 세제상 혜택이 없기 때문에 한국의 기업들이 이를 도입할 유인이 크지 않다며, 연금펀드의 주식 투자를 활성화하려면, 주식 투자 비중을 최대 40%로 제한한 현행 DC형 연금제 규정을 개정해야 한다고 주장하기도 한다(*Financial Times* 2006).

수 있다. 우선, 참여정부 이후 주식시장의 양적 지표는 크게 개선되었다. 참여정부 출범 당시 592포인트였던 주가는 2003년 말 801.20, 2004년 말과 2005년 말에는 각각 873.10과 1,338.80을 기록한 후, 2007년 5월 말에는 1,700.91포인트에 도달했다. 이 과정에서 242조 7,551억 원에 불과했던 유가증권시장 시가총액도 2007년 5월 말에는 835조 1,194억 원으로 크게 늘어났다.

이런 주가 상승이 자본시장 육성 정책의 힘만으로 올라간 것은 물론 아니다. 그동안의 주가 상승은, 외환위기 이후 살아남은 대기업들이 구조조정 및 해외로의 공장 이전 등을 통해 높은 수준의 실적 개선을 이루었고, 세계적인 과잉유동성으로 인해 국내외의 자금이 증시로 꾸준히 유입되었다는 점에 의해 많은 부분이 설명되어야 할 것이다. 실제로 지난 몇 년 동안에는 한국을 포함한 전 세계의 주식시장이 활황이었다. 그러나 기금관리기본법 개정을 통한 국민연금의 주식 투자 확대 허용, 간접투자자산 운용업법 제·개정을 통한 자산 운용업 관련 제도 정비와 활성화 조치 등이 간접투자 중심의 주식 투자 문화를 정착시킴으로써 주가 상승의 제도적 기초로 작용했다는 점을 부인할 수는 없을 것이다.

하지만 주가 상승이 곧바로 참여정부의 금융정책이 성공했다는 것을 의미하는 것은 아니라는 점에 주목할 필요가 있다. 무엇보다도 자본시장 육성의 핵심 목표였던 주식시장 중심의 자금순환 체계가 형성되었다는 증거를 찾아보기 어렵기 때문이다. 우선, 정책 당국의 의도와 달리 주식시장을 통한 기업의 자금 조달은 늘어나지 않았다. 상장법인의 주식 발행을 통한 자금 조달 현황을 보면, 1999년 약 40조 원의 자금을 주식시장에서 조달한 이후 10조 원을 넘지 않는다는 점을 확인할 수 있다. 자본시장 육성 정책이 본격적으로 표방된 2003년 이후에도 상황은 개선되고 있지

<표 5> 상장 법인의 증시 자금 조달

(단위: 십억 원)

	유가증권시장		코스닥시장		상장 법인 계
	기업공개	유상증자	기업공개	유상증자	
1995	580.1	5,583.9			6,164.0
1997	479.3	2,676.3	179.4	1.5	3,336.5
1999	1,720.1	33,426.9	2,122.1	2,420.0	39,689.1
2001	217.8	5,097.8	1,313.3	1,259.1	7,888.0
2002	594.6	6,210.9	1,121.0	520.1	8,446.6
2003	524.7	7,166.4	577.6	1,115.3	9,384.0
2004	555.6	4,526.4	436.2	823.0	6,341.2
2005	451.7	1,876.8	849.8	1,637.3	4,815.6
2006	11,167	2,389.5	589.1	2,069.2	6,164.5

자료 : 금융감독원, 「금융통계월보」, 각 월호.

<표 6> 우리나라 가계의 자산 구성

(단위: %)

자산 종류	1999	2000	2001	2002	2003	2004	2005
금융자산	14.9	15.3	15.3	17.4	13.4	12.6	12.7
비금융자산	85.1	84.7	84.7	82.6	86.6	87.4	87.3

자료: 한국노동연구원, 한국노동패널조사(KLIPS), 각 연도, 권지현(2007)에서 재인용.

않았다. 더욱이 이 기간에 주가가 크게 올랐다는 점을 감안한다면, 주식시장의 자금 중개 기능이 외환위기 이전에 비해서도 오히려 약화되고 있다는 평가가 가능하다.

　가계의 자산 구성 또한 주식시장과 긴밀히 결합되었다고 판단하기에는 시기상조라고 할 수 있다. 금융자산의 비중이 낮고 대신 부동산의 비중은 높은 우리나라 가계의 자산 구성 특징은 아직까지도 계속 유지되고

〈그림 1〉 종합주가지수(KOSPI 지수) 추이 (1993~2007년)

자료 : 한국증권선물거래소 홈페이지(http://www.krx.co.kr) 공시 통계를 참고해 재구성.

있기 때문이다. 1999년 14.9%를 차지했던 금융자산 비중은 2002년 17.4%까지 상승한 후 하락 추세로 반전, 2005년에는 12.7% 수준을 기록했다(한국노동패널조사 자료). 2006년도 전국 7대 도시 700가구를 대상으로 실시한 대한상공회의소의 조사에서도 이런 추세가 확인된다. 가계 자산 중 가장 큰 부분을 차지하는 부동산은 총자산의 88.6%로, 이는 다시 거주 주택 83.4%, 기타 부동산 5.2%로 세분될 수 있으며, 금융자산의 비중은 10.2%에 불과했다(대한상공회의소 2006).[10]

10 우리나라 가계의 소득 구성 추이도 자산 구성 추이와 유사한 흐름을 보이고 있다. 1998년부터

〈표 7〉 외환위기 전후 설비투자 추이

(단위: 십억 원, %)

1997	1999	2001	2003	2005	2006	1980~89	1990~97	1998~2006
70,308	55,513	67,488	71,689	78,672	84,627	11.4	7.8	2.1

자료: 한국은행, 경제통계시스템(ECOS), 김성환(2007)에서 재인용.

〈표 8〉 제조업의 설비투자 자금 조달 비중 추이

(단위: %)

	1980~89	1990~97	1998~2000	2001~06
외부 자금	64.9	72.0	43.0	18.7
주식/회사채	14.1	22.4	21.7	6.9
금융기관 차입	35.7	31.0	15.0	9.9
기타	15.1	18.6	6.3	1.9
내부 자금	35.1	28.2	57.0	81.3

자료: 한국산업은행, 『설비투자계획조사』, 각호, 김성환(2007)에서 재인용.

　여기서 주식시장의 양적 확대가 기업의 자금 조달에는 의미 있는 영향을 미치지 못했지만, 기업과 금융기관의 영업 행태에 부정적인 영향을 미치고 있다는 점에 주목할 필요가 있다. 우선, 기업의 경영이 단기 주가 극대화에 초점을 맞추는 방향으로 바뀌고 있다. 이는 외환위기 이후를 기점으로 기업의 투자가 주가 변동성에 영향을 본격적으로 영향을 받기 시작했다는 실증 연구(이항용 2005), 기업의 투자 증가율이 추세적으로 줄어들

2004년까지를 대상으로 한 한국노동연구원의 한국노동패널조사에 따르면, 가구 소득원 중 가장 큰 비중을 차지하는 것은 근로소득 비중이었으며(2004년 현재 85.6%), 부동산소득이 5.1%, 이전소득이 3.2%였고, 금융소득은 비중이 가장 낮은 1.1%에 불과했다(남재량 외 2006).

고 있다는 연구(한국산업은행 2005), 투자보다는 배당금이나 자사주 매입을 늘리는 쪽으로 보유 현금을 운용하고 있다는 연구(강태수·서유정 2006) 등을 통해 확인할 수 있다.

먼저 외환위기 이후 설비투자 추이를 살펴보자. 외환위기 이전의 연평균 설비투자 증가율이 1972~79년 23.3%, 1980~89년 11.4%, 1990~97년 7.8%였던 반면, 1997~2006년에는 2.1%로 급감했다. 2000년과 2002년 벤처 붐과 내수 부양 정책으로 인해 설비투자가 일시적인 호조를 보였고, 2006년에는 전년 대비 7.6%로 증가해 다소 회복 기미를 보였지만, 그 이전 시기들과 비교한다면 정체 상태에 있다고 평가할 수 있다. 이처럼 투자가 부진한 데에는 여러 원인이 있겠지만, 그중 주식시장의 양적 성장 속에서 매출보다는 수익을 중시하는 변화한 경영 환경도 적지 않은 영향을 미친 것으로 보인다. 설비투자 자금 조달 비중에도 큰 변화가 있었다. 1980~89년에는 설비투자 자금의 64.9%를 외부 자금을 통해 충당했고, 내부 자금에 의한 조달 비중은 35.1%에 불과했다. 그러나 외환위기를 거치면서 이런 자금 조달 구조가 급격히 변화했다. 1998~2000년에는 외부 자금을 통한 자금 조달이 43.0%로 감소했다. 이 시기에는 많은 기업이 구조조정 과정에 있었기 때문에 일부 우량 기업을 제외하고는 금융기관을 통한 차입이 어려웠던 반면, 1999~2000년에 걸쳐 나타난 주식시장의 상승과 벤처 붐으로 주식을 통한 자금 조달이 증가하는 양상을 보였다. 그러나 2001~06년에는 구조조정이 대부분 마무리되었고 수출 호조에 힘입어 기업들의 수익성이 개선되었음에도 외부 자금 조달 비중 및 설비투자는 더욱 줄어들었다(김성환 2007).

이처럼 투자 활동이 저조하고 설비투자의 내부 자금 의존도가 높아지는 가운데 상장기업의 현금 흐름 대비 투자 비율은 외환위기 이후 하락

<표 9> 상장기업의 현금 흐름 대비 투자 비율

(단위: 조 원, %)

	1995	1996	1997	1998	1999	2000	2001	2002	2003	2004
투자 규모(A)	34.9	42.8	45.3	36.1	38.0	46.7	36.4	34.1	39.6	47.9
현금 흐름(B)	21.8	19.0	20.6	38.4	47.6	49.4	46.8	60.4	58.6	75.5
투자/현금 흐름(A/B)	160.4	224.9	219.6	93.9	79.8	94.5	77.9	56.5	67.6	63.4

출처: 강태수·서유정(2006).

추세를 지속하고 있다. 1995~97년에는 200% 이상이었던 현금 흐름 대비 투자 비율은 1999~2001년에는 80%대로 하락했고, 2002~2004년에는 50~60%대로 더욱 줄어들었다. 이처럼 현금 흐름 대비 투자 비율이 하락하는 것은 선진국에서 관찰되는 현상이다.[11] 기업은 빠른 시간 내에 영업이익 증가로 연결되지 않는 투자를 가능한 한 억제하는 가운데 현금성 자산 보유 비중을 높이고[12] 이를 채무 상환, 자사주 매입,[13] 배당금 지급[14] 등

[11] 2004년 현금 흐름 대비 투자 비율은 미국, 영국 및 프랑스가 50% 내외, 독일 및 캐나다는 75% 수준이다. 국내 기업에서 이 값은 63%로 주요 선진국 기업의 평균 수준이다(강태수·서유정 2006).

[12] 상장기업의 현금성 자산(=현금 및 현금 등가물+단기 금융 상품+유가증권)은 2001년 말 39.4조 원에서 2004년 말 64.9조 원으로 25.5조 원 증가했으며 총자산 대비 비중도 2001년 말 7.2%에서 2004년 말에는 10.1%로 상승했다(강태수·서유정 2006).

[13] 1999년 당기순이익 중 자사주 취득을 위한 지출 비율은 6.7%에 불과했으나, 최근 이 비율이 20%대로 크게 증가했다. 또한 주가 관리를 위한 이익 소각도 외환위기 이후 크게 증가했다. 상장법인의 이익 소각액이 2000년에는 3개사 1,600억 원에 불과했지만, 2003년에는 25개사 3조 8,325억 원으로 늘어났으며, 이런 추세는 최근까지 지속되고 있다(소복현 2007).

[14] 외환위기 이후 배당금의 지불액이 크게 증가했다. 상장회사의 배당금액을 보면, 외환위기 이전 1991~1996년간의 연평균 금액은 8,918억 원인 데 반해, 외환위기 이후 2000~2006년 연평균 금액은 5조 9,341억 원으로 이전에 비해 6.6배나 증가했다. 배당금액의 증가율로 보더라도 외환위기 이전의 같은 기간에는 연평균 8.7%의 증가를 보인 데 반해, 외환위기 이후의 같은 기간에는 거의 3배 가까이 증가한 23.4%의 증가율을 보이고 있다(조복현 2007).

에 사용함으로써 주가 상승에 주력하는 경영전략을 구사하고 있다.

주식시장이 발달한 미국에서는 지난 20여 년 동안 '경제의 금융화'가 빠른 속도로 진행되었다. 경제의 금융화란, 국민경제 내에 존재하는 금융 자산의 비중이 늘어나고 이에 따라 국민경제에 대한 금융자산 보유자 및 금융시장 참여자의 영향력이 커지며, 금융이 자신의 이익에 따라 사회적 재생산의 규칙을 바꾸고 역사의 경로를 좌우하는 상황을 지칭한다 (Duménil and Lévy 2000). 특히 주주 가치나 자본이득과 같은 금융적 가치가 언론 및 잘 조직된 이익집단에 의한 지속적인 선전을 통해 제도적이고 조직적인 설계 기준이 됨으로써, 수익성과 유동성을 중시하는 금융의 논리가 기업·국민경제·사회 전반을 지배하는 상황이 금융화의 핵심 특징으로 지적된다(Langley 2004). 경제의 금융화에 주목하는 논자들에 따르면, 이 흐름이 심화할수록 이해 당사자들의 발언권은 현저하게 약화되고 비용 절감과 수익성을 중시하는 경영이 확산되는 가운데, 기업·경영자·금융자본은 부유해지고 가계·노동자·시민은 빈곤해지는 양극화 현상이 구조화되며, 기업 스스로도 생산적 투자의 주체에서 '지대 생활자'로 전환한다(Toporowski 2000). 기업이 실물 활동보다는 금융 영역에 초점을 맞추는 가운데 단기적 자본이득에 치중함으로써, 비생산적인 인수 합병과 기업 구조조정이 활발해지고 대신 산업 생산과 고용 활동은 정체된다. 이런 상황에서 개인들은 노후를 펀드·연금·보험을 통해 '자기 책임' 아래 대비하도록 내몰리고 있는바, 이 과정에서 사람들의 삶은 주식시장에 결정적으로 의존하게 된다. 주주로서의 노동자가 노후 소득 보장을 위해 임금 인하나 해고 등을 환영하는 역설적 상황이 발생하며, 사회 전반이 급격히 보수화된다. 이와 유사한 현상이 외환위기 이후 한국 경제에서도 서서히 출현하고 있으며, 자본시장 및 금융 허브 육성 정책에 의해 좀 더 가속화되었다.

III. 산업자본의 금융 지배 규제

정부는 그동안 산업자본과 금융자본의 분리 원칙에 근거해, 재벌이 금융자본을 이용해 산업자본을 지배하거나 산업자본을 이용해 금융자본을 지배하는 것을 규제해 왔다. 산업자본이 금융자본을 지배할 경우 우려되는 가장 큰 문제점으로는 고객 자금을 계열회사 확장에 이용하거나 부실한 계열기업을 지원함으로써 국민경제 전체 차원에서는 경제력이 불공정한 방식으로 소수의 대기업 집단에 집중된다는 점을 들 수 있다. 이 경우 해당 금융사 자체의 수익성 기준 대신 전체 계열사의 수익성이나 그룹 총수의 계열 지배력 극대화라는 기준에 의해 자원이 배분됨으로써 국민경제 전반의 효율적인 자원 배분이 달성되지 못하는 문제점도 발생한다. 여기에 더해 금융회사의 자금이 대주주 계열기업의 무리한 확장이나 위험한 투자 등에 과도하게 동원됨으로써 금융회사의 건전성, 나아가 금융 시스템의 안정성을 저해하는 부작용도 발생할 수 있다. 특히 산업자본의 지배를 받는 금융회사는 거래 기업의 채권자 및 주주로서 담당해야 하는 역할들을 제대로 수행하지 못하는 가운데 대주주 계열기업이 부실화되어도 그 회생을 위해 계속 자금을 지원할 가능성이 높다. 이 경우 부실기업이 시장에 계속 잔류함으로써 투자자의 신뢰가 낮아지는 것은 물론, 금융회사를 소유하고 있는 산업자본과 금융회사의 동반 부실화 속에서 실물 부문의 불황이 금융 시스템 전반의 위기로까지 연결될 수도 있다는 데 문제의 심각성이 있다. 산업자본과 금융회사의 결합이 규모 및 범위의 경제·공동 판매·상품 및 지역의 다각화 등 각종 시너지 효과를 낼 수 있음에도 불구하고 경제에 미치는 폐해가 너무 크기 때문에 시장 실패의 교정이라는 차원에서 일정한 규제가 이뤄지는 것은 이 때문이다.

이런 '산금 분리' 원칙에 대해 금융자본과 산업자본에 꼬리표를 달아 구분한다는 자체가 기업의 건전한 성장을 저해할 수 있고, 산·금이 적절히 배합되면 기업의 재무 건전성과 경쟁력을 높일 수 있다는 주장도 있다. 세계적 기업인 GE의 경우 수익의 40%가 금융자본에서 이뤄지고 있는 것처럼 산업자본과 금융자본이 조화를 이룰 때, 기업 경쟁력과 기업 가치가 올라간다는 것이다. 그러나 과거 1920년대 말 미국의 대공황이나 1990년대 말 한국의 외환위기는 여러 요인의 총합적인 결과이기는 하나, 기본적으로 산업과 금융이 분리되지 않은 탓도 크다는 것이 대체적인 견해라고 할 수 있다. 금융이 산업의 일방적인 논리에 오염되지 않은 채 국민경제의 건전성을 유지하기 위해서는 산업과 금융 간 방화벽이 결정적으로 중요한 전제 조건이 되어야 한다는 것이다. 그리고 이런 인식에 더해 개별 기업 차원의 효율과 사회 전체 차원의 효율을 구분해야 한다는 주장도 제기되고 있다.[15] 개별 기업 차원에서는 금융과 산업을 융합하는 것이 더 큰 수익을 창출하는 방편이 될 수도 있지만, 국민경제 전체의 차원에서의 금융과 산업을 분리시키는 것이 훨씬 바람직하다는 것으로, 경제정책은 개별 기업이 아닌 사회 전체의 효율을 고민해야 하며, 이때 개별 기업의 논

---

15 이 입장의 대표적인 주장으로는 Stiglitz(2002)가 있다.

리에 과도하게 매몰될 경우 치명적인 정책적 실패가 발생할 가능성이 높다는 점을 경계하고 있는 것이다.

2003년 참여정부 출범과 함께 재경부는 산업자본의 금융 지배에 따른 부작용을 방지한다는 목표를 달성하고 ① 대주주 및 계열사와의 거래 내역 공시 및 이사회 의결 의무화 확대, ② 대주주 및 계열사에 대한 금융 감독 및 검사 강화, ③ 상장 금융회사에 대한 금융 감독 강화, ④ 금융회사의 대주주 및 주요 출자자 자격 요건 제도 강화, ⑤ 대주주 및 계열사에 대한 대출 한도를 단계적으로 축소, ⑥ 금융회사 보유 자기 계열사 주식의 의결권 행사 제한 추진, ⑦ 금융회사 계열분리청구제 도입 추진 등 7개 과제를 선정했다. 이후 참여정부 기간 동안 금산 분리 관련 의제 중에는 금융회사 계열분리청구제, 금융회사 보유 계열사 주식의 의결권 행사 제한, 금융회사에 의한 비금융계열사의 주식 소유 제한 등이 대표적인 논란의 대상이 되었다.

1. 금융계열분리청구제

2003년 1월 초 대통령직 인수위원회에서는 재벌의 금융 지배가 초래하는 부작용을 막기 위한 일환으로 금융계열분리청구제의 도입을 검토하겠다는 입장을 밝혔다. 금융계열분리청구제란 대주주가 계열 금융사를 통해 계열사에 부당 지원을 하는 등 대주주 자신 또는 기업집단의 이익을 위해 불법적으로 지배권을 행사함으로써 공익을 해친다고 판단되었을 때, 정부가 법원에 계열 금융사의 지분 매각을 청구하는 제도를 지칭한다. 금융계열분리청구제가 재벌의 부당한 경제력 집중 해소를 위해 추진되고 있는 것은 사실이지만, 그렇다고 해서 이 제도를 '재벌 개혁'이라는 측면에서만 접근하는 것은 일면적인 인식이라고 할 수 있다. 이 제도는 재벌 개혁과 더불어 '금융 개혁의 기반 조성' 및 '산업과 금융의 분리'라는 또 다른 정책 목표들과도 긴밀하게 연결되어 있기 때문이다.

한국 경제의 향후 비전으로 동북아 금융 허브를 설정할 때, 여기에 가장 큰 장애가 되는 것이 바로 재벌의 금융 지배 및 이에 따른 전근대적인 금융시장 환경이라고 할 수 있다. 보험·증권·투신 등 금융사들이 재벌 총수나 계열사의 자의적인 명령과 이해관계에 좌우됨으로써 주주 및 예금자의 이익이 침해되고 있는 전근대적인 금융 시스템을 개혁하는 것이 필요한데, 금융계열분리청구제가 그 첫 걸음으로 자리 매김 될 수 있다. 한편 금융계열분리청구제는 '산업과 금융의 분리'라는 원칙을 실천하는 수단이기도 하다. 금융의 존재 이유는 산업에 대한 자금 제공 및 기업 경영의 규율인데, 산업이 금융을 지배할 경우 금융의 이런 순기능이 제대로 발휘되기 어려운 것이 사실이다.

재벌의 금융 지배 남용을 막아야 한다는 점에 대해서는 어느 정도의 사회적 합의가 존재한다. 은행법을 통해 재벌이 은행 주식의 10% 이상을 소유할 수 없도록 규제하고 있는 것도 이런 사회적 합의에 기반을 둔 것이라고 봐야 한다. 금융계열분리청구제는 은행에 대한 재벌의 영향력 제한이라는 사회적 합의를 제2금융권으로 확대하려는 정책이라고 할 수 있다. 이 제도는 재벌 산하의 제2금융권 금융사가 부당 지원 등 위법행위를 할 경우 공정거래위원회와 법무부가 법원에 계열 분리를 청구한다는 점에서, '금융 계열 분리 명령제'나 '보험업법 등 개별 업종 법안에 소유 한도를 정해 놓는 방안'과는 구분된다.

금융계열분리청구제를 도입하려는 인수위의 움직임에 대해 재계는 사유재산권을 침해한다며 거세게 반대했으며, 주무 부서인 금융감독위원회나 공정거래위원회도 소극적인 움직임을 보였다. 금융계열분리청구제 도입은 국민경제 전반에 큰 파장을 미칠 뿐 아니라 재계의 생존 방식은 물론 판도 자체를 바꿀 수도 있는 문제라는 점에서 새 정부의 강력한 추진 의지가 확인된 이후에도 계속해서 재계와 경제 신문을 중심으로 비판이 제기되었고, 결국 여러 여건을 감안해 장기 과제로 하되 임기 안에 입법을 추진하고, 당장의 대안으로써 은행에만 적용되고 있던 '대주주 자격 유지 제도'를 증권·투신·보험 등 제2금융권에도 도입하는 방안을 적극 검토하기로 했다.[16] 그러나 이후 금융계열분리청구제에 대한 더 이상의 논의는 실종되었으며, 대안으로 제시된 대주주 자격 유지 제도도 현실화되지 못했고, 다만 대주주 기업의 부실 징후가 보일 때 출자 금융회사와 거래 중단을 하는 조항만 추가가 되었다.

2. 금융회사 보유 자기 계열사 주식의 의결권 행사 제한

1998년 9월 정부는 IMF와 국제부흥개발은행IBRD의 권고를 받아들여 기관투자가가 대주주 위주의 기업 지배 구조를 개선하고 기업 경영의 투명성을 높일 수 있도록 하기 위해, 신탁재산으로 보유하고 있는 주식에 관한 의결권 행사의 제한을 폐지하고, 의결권 행사의 실효성을 높이기 위

---

16 이는 '금융과 산업의 분리' 과제의 구체적 실천 방안이 '소유 제한'에서 '감독 강화'로 교체되는 것을 의미한다. '대주주 자격 유지제'란 대주주의 자격을 갖추고 있는지를 최초 인수 시점뿐 아니라 정기적으로 수시 점검해 자격 미달 시 지분 매각 명령 등의 제재를 내리는 제도를 의미한다.

해 기관투자가에게 신인 의무를 부과하며, 중요 사항에 대해서는 공시 의무를 제한적으로 부과했다. 그러나 이해 상충의 우려 때문에 계열회사 주식에 대해서는 중립 의결권 행사를 유지토록 했다. 이후 2002년 초 관련 법 개정을 통해 계열회사 주식에 대해서도, 정관 변경·임원 임면·합병 및 영업 양수도 등 경영권 변동 관련 사안으로 신탁재산에 손실을 초래할 것이 명백히 예상되는 경우에는 의결권을 행사할 수 있도록 허용했다. 한편 신탁 관계가 아니라 소유의 직접적 권리주체가 되는 증권투자회사·생보사·손보사 등 금융 보험 회사에 대해서는 보유 주식에 대한 의결권 행사를 관련법을 통해서는 제한하지 않되, 대규모 기업집단이 고객의 예탁 자금으로 계열 확장이나 계열 강화를 하는 것을 방지하기 위해 공정거래법 11조를 통해 상호출자제한 기업집단(현재 자산 규모 2조 원 이상)에 속하는 금융보험사(은행·투신사·보험회사) 등은 취득·소유하고 있는 계열회사의 주식에 대해 의결권을 행사할 수 없도록 했다. 즉, 주식 투자는 금융보험사의 주요한 자산 운용 수단이기 때문에 취득·소유 자체는 허용하지만, 이 과정에서 금융계열사가 고객에 대한 충실 의무와 총수의 경영권 방어가 충돌하는 이해 상충 문제에 직면할 것을 우려해 계열사 보유 주식에 대한 의결권 행사를 제한했던 것이다. 이후 적대적 인수 합병에 대한 우려의 목소리가 높아지면서 2001년 말 공정거래법 개정을 통해 정관 변경·임원 임면·합병 및 영업 양수도 등의 사안에 대해서는 상호 출자 제한 기업 집단에 속한 금융보험사가 취득·소유한 계열회사 주식의 의결권을 특수 관계인의 주식과 합해 발행 주식의 30%까지 행사하는 것이 허용되었다.

그러나 금융계열사의 의결권 제한 완화가 산업자본의 금융 지배 유인을 강화시킨다[17]는 문제가 제기되면서 2004년 말 금융보험사의 의결권을 단계적으로 축소해 2006년 4월부터는 내부 지분율의 25%, 2007년 4월부터는 20%, 2008년 4월부터는 15%로 제한하는 공정거래법 개정안이 국회를 통과했다. 금융계열사 의결권 행사 한도 축소 결정과 관련해 찬반양론이 전개되었고, 아직도 계속 논쟁 중이다. 공정위의 방침에 반대하는 쪽에서는, 금융계열사의 의결 권한도가 축소될 경우 적대적 인수 합병을 노리는 외국계 펀드들로부터 경영권을 방어할 수 있는 중요한 수단이 사라질 것이기 때문에 국내 주요 그룹들은 경영권 방어를 위해 막대한 비용을 부담할 수밖에 없다는 점을 우려한다.[18] 공정위의 결정을 지지하는 쪽에서는, 상법상 상호 주식 취득(상호 출자)의 경우 의결권 행사를 전면적으로 금지하고 있고 공정거래법도 상호 출자를 엄격히 금지하고 있는 상황인데도 경제적인 효과 면에서 상호 출자와 사실상 차이가 없는 순환 출자를 규제하지 않는 것은 문제가 있으며, 계열 금융기관을 통한 순환 출자를 간접적으로나마 제한하기 위해서도 의결권 한도 축소 방침은 지켜져야 한다고 주장한다. 그리고 금융계열사를 동원해 해당 회사의 자산으로 계열사의 지분을 확보, 의결권을 행사함으로써 경영권을 유지하는 것은 고객의 이익에 대한 심각한 침해가 될뿐더러, 경영권 방어를 위해 회사 경영에 최선을 다할 유인까지 줄임으로써 계열사의 발전에도 부정적인 영향을 미치게 된다는 점도 지적되었다(이병윤 2004). 재계의 줄기찬 반론

---

17 2001년부터 2003년 사이 3년 동안 상호출자제한 기업집단 소속 금융 보험사가 지분을 보유하고 있는 계열회사는 114개사(2001.4) → 118개사(2002.4) → 144개(2003.4)로 늘어나는 등 증가 추세를 보였으며, 계열회사 지분도 4.62%(2001.4) → 7.40%(2002.4) → 8.06%(2003.3)로 늘어났다.
18 그리고 미국을 비롯한 대부분 국가에서는 독점 방지나 금융회사에 대한 일반적인 감독 차원에서 의결권을 제한하는 것을 제외하고는 소유주가 누구냐에 따라 의결권을 제한하는 경우는 없으며, 상법상의 주주 평등권에도 저촉된다는 논리도 제시되었다(양세영 2004).

및 재개정 요구에도 불구하고, 결국 이 조항은 참여정부 동안 수정 없이 유지되었다.

3. 금융회사의 비금융계열사 주식 소유 제한

정부는 금융기관을 이용한 기업 결합을 제한하기 위해 금융산업의 구조개선에 관한 법률(이하 금산법)은 제24조에서 금융기관이 비금융계열사의 주식을 소유할 수 있는 한도를 설정하고 있다. 금융기관 및 그 금융기관과 같은 기업집단에 속하는 금융기관(동일 계열 금융기관)은 다른 회사의 의결권 있는 발행 주식 총수의 20% 이상을 소유하게 되는 경우, 동일 계열 금융기관 또는 동일 계열 금융기관이 속하는 기업집단이 사실상 지배하는 회사의 의결권 있는 발행 주식 총수의 5% 이상을 소유하게 되는 경우, 금융감독위원회의 승인을 얻도록 하고 있다. 그리고 시행령 제6조를 통해서는, 금융감독위원회가 법 제24조의 규정에 의해 승인할 수 있는 기준으로 "당해 주식 소유가 금융기관이 아닌 다른 회사를 사실상 지배하기 위한 것이 아니어야" 함을 명시적으로 규정함으로써, 당해 주식 소유가 금융기관의 업무와 직접적인 관련이 있거나(예를 들면, 다른 금융기관, 추심회사 등), 또는 효율적 업무 수행을 위해 필요한 사업을 영위하는 회사(예를 들면, 정보·전산 처리 업무를 위탁 운영하는 회사 등)의 경우에는 허용을 하고 있다. 그런데 금산법은 제24조의 규정을 위반한 경우에 대한 시정 조치가 명확하게 규정되어 있지 않다는 문제점을 안고 있었다. 금감위의 승인을 받지 않고 다른 회사 주식을 취득한 금융기관 및 임원에 대해서는 "1년 이하의 징역 또는 1천만 원 이하의 벌금에 처한다"고만 규정하고 있어 벌칙 및 과태료 부과만 가능할 뿐, 법 위반 사태를 적극적으로 해소할 수 있는 시정 조치 수단이 미비해 규제의 실효성 확보에 한계가 있었다.[19]

금산법의 형평성 및 실효성 문제가 불거짐에 따라 금융기관의 법 위반 상태를 해소할 수 있도록 하는 개정안이 2006년 12월 국회를 통과했다. 이 개정안은 금융사가 기업집단 내 비금융계열사 주식을 5% 넘게 보유할 경우 1997년 3월 금산법 제정 이전 취득분에 대해서는 2년 유예 후 의결권을 제한하고, 금산법 제정 이후 취득분에 대해서는 즉각적으로 의결권을 제한하는 동시에 5년 내 매각을 통해 없애도록 했다. 이에 따라 금산법 5%룰을 초과해 보유하고 있던 삼성카드의 에버랜드 지분 20.64%는 즉시 의결권이 제한되었고, 삼성생명의 삼성전자 지분 3.48%는 2년 유예 후 의결권이 제한되었다. 이 조치는 초과 지분의 의결권을 제한하고 일정 기간 안에 초과 지분을 처분토록 했다는 점에서 산금 분리 원칙의 실효성을 일부 높인 것은 사실이지만, 초과 지분의 즉각 매각이라는 애초 안에서는 후퇴한 것이다.

4. 공식적인 분리 원칙과 실질적인 적용 사이의 괴리

참여정부 출범 이후 재계는, 다른 분야와 마찬가지로 산금 분리 원칙에 대해서도 과도한 규제라며 대폭 완화할 것을 주장해 왔다. 그럼에도

---

[19] 금융감독위원회는 2004년 7월 초 삼성카드가 그룹 계열사인 삼성에버랜드 지분을 취득하는 과정에서 금산법 제24조를 위반했다는 결론과 함께 7월 말까지 초과분 해소 방안을 제시하도록 통보했지만, 삼성카드는 초과 지분을 처분하지도, 초과 지분 해소 방안을 제출하지도 않았다.

이 원칙의 큰 틀이 훼손되지 않고 유지되었다는 것은 산금 분리 원칙에 관한 한 일정한 소신을 지켜온 것이라 평가할 수 있다. 금융이 산업의 논리에 의해 종속되는 상황에서는 금융의 정상적 발전을 기대하기는 어렵다는 점에서, 참여정부가 목표로 내걸었던 투자자 보호를 통한 자본시장 발전을 위해서도 산금 분리 원칙은 앞으로도 지켜져야 할 것이다. 하지만 그동안 금산법이 사실상 무력화된 상태로 오랜 기간 방치 상태에 놓여 있었고, 이를 바로잡으려는 입법부의 노력 또한 재경부의 미온적 반응 속에서 충실히 구현되지 못했으며, 금융계열분리청구제의 경우에도 출범 전후에만 반짝했을 뿐 이후 제대로 된 논의조차 전개되지 못했기 때문에 산금 분리 원칙이 실효성을 가지면서 적용되었다고 보기는 어렵다. 더욱이 현재 진행 중인 자본시장통합법 입법화 작업이 완료될 경우 재벌이 대형 증권사를 보유하고 있는 한국의 특수성으로 인해 이 원칙이 다시 중대한 도전에 직면하게 될 가능성이 높다.

재경부는 규제 개혁과 투자자 보호를 통해 금융 혁신과 경쟁을 촉진함으로써 자본시장 빅뱅을 유도할 것을 목적으로 자본시장통합법을 추진 중에 있다. 현행 열거주의 규제를 포괄주의(원칙 자유·예외 금지)로 전환함으로써 다양하고 창의적인 금융 투자 상품의 개발 및 판매를 유도하고, 시너지 창출과 자본시장 효율성 제고를 위해 자본시장 관련 금융업(증권업, 선물업, 자산 운용업)의 겸영을 허용하고, 종래 기관주의 규제를 기능주의(동일 기능·동일 규제)로 전환하며, 금융회사의 고의·과실에 의한 잘못된 영업·상품으로부터 투자자 보호를 강화함으로써 자본시장의 신뢰성을 높이는 것이 주된 내용이다. 여기에는 현재 은행에만 허용되고 있는 지급 결제 기능을 증권사도 담당할 수 있도록 하는 것도 포함되어 있는데, 이 경우 선물 및 자산 운용업까지 겸한 금융 투자회사가 다양한 금융 상품을 제시할 수 있기 때문에 증권사를 중심으로 한 금융 투자회사의 시장 지배력이 크게 확대될 것으로 전망된다. 이에 따라 장기적으로는 시중은행보다 큰 규모의 금융 투자회사가 등장하게 된다면, 증권사를 보유하고 있는 재벌들은 은행을 소유하는 것 이상의 효과를 얻게 된다. 따라서 산금 분리의 원칙이 실효성을 유지하려면, 자본시장통합법의 시행과 함께 금융 투자회사에 대해서도 지분 소유에 대한 제한 등 일정한 규제가 필요할 것이다.

IV. 서민금융정책

1. 서민금융기관의 상대적 퇴조와 금융권의 영업 전략 변화

1997년의 외환위기를 기점으로 국내 서민금융기관의 숫자가 크게 줄어들었다. 금융 구조조정 과정에서 전체 금융회사의 35%가 퇴출되었는데, 특히 지방은행·상호저축은행·신용협동조합 등 서민금융에 주력하던 지역 밀착형 금융기관의 퇴조가 두드러졌다. 반면 서민금융과의 관련성이 낮은 증권·보험·투신 등은 금융의 증권화·통합화·세계화의 추세 속에서 증가 추세를 보였다.

서민금융기관에 의한 대출액도 일반은행보다는 그 비중이 줄어들었다. 1997년의 57조 238억 원이던 대출액은 2001년에는 43조 231억 원으로 25%나 감소했으나 2006년 말에는 84조 원으로 늘어났다. 그러나 이런 증가는 예금은행에 비교해 볼 때 매우 저조한 실적이다. 같은 기간 중 일반은행의 대출액이 200조 원에서 699조 원으로 249% 증가한 것에 비하면 서민금융기관의 대출액 증가세는 미미하다고 할 수 있다. 더욱이 서민금융기관의 대출액 증가도 서민 대출 증가로 연결되지 않았을 가능성이 높다. 상호저축은행의 경우에는 외환위기 이후 주된 대출 전략을 부유층을 대상으로 한 담보대출이나 프로젝트 파이낸싱으로 전환했기 때문이다.[20] 서민형 금융기관의 퇴조는 전체 금융기관의 가계 대출에서 상호저축은행과 신용협동기구(상호금융, 신용협동조합 및 새마을금고를 포함)의 가계 대출이 차지하는 비율은 99년 이후 크게 하락했다는 점을 통해서도 확인할 수 있다. 이들 금융기관의 가계 대출이 주로 서민에 대한 대출임을 감안할 때 신용 등급이 낮은 서민들의 제도권 금융기관에의 접근이 쉽지 않았음을 반증하는 것이다.

서민금융 위축의 근본적인 원인은 금융권 전반의 영업 전략 변화에서 찾아야 한다. 외환위기 이후 부실 대출을 막기 위해 여신 건전성 관리 강화 및 수익성 중심의 신용 평가에 기초한 대출 관행이 정착되면서 제도권 금융시장에 대한 저소득층의 접근은 더욱 어려워지고 있다. 외환위기 이후 은행권 영업 전략의 두드러진 변화는 기업 대출 비중이 추세적으로 줄어들고 대신 가계 대출이 크게 늘어났다는 점이다. 전체 대출금 중 대기업에 대한 대출 비중은 자금 수요 부진 및 대기업의 직접금융 의존도 증

---

[20] 상호저축은행의 경우에는 전체 대출액은 증가했지만 소액 대출액은 크게 감소하고 있다. 2000년까지만 해도 저축은행 총 수신 가운데 2,000만 원 이하의 소액 예금 비중이 47%를 차지했지만, 현재는 10%대 수준으로 크게 떨어진 상태다. 금융감독원에 따르면 2005년 6월 말에는 소액 신용 대출 잔액 1조 6,487억 원으로 2004년 6월 말에 비해 17%가 감소했으며, 2006년 6월 말에는 1조 3,196원으로 전년 대비 21%나 줄어드는 등 꾸준히 감소 추세를 보이고 있다.

(단위: 개)

	1997년 말 기관수	2006년 말 기관수
은행	33	18
상호저축은행	231	110
신용협동조합	1,666	1,030
증권	36	40
보험	50	51
투신	30	49

자료: 금융감독원, "금융통계정보시스템".

〈표 11〉 서민금융기관의 대출금 변화 추이

(단위 : 십억 원)

	1997	1999	2001	2003	2006	증감(2006~1997)
상호저축은행	28,136	18,648	15,963	24,336	42,712	14,676
신용협동조합	12,678	10,127	10,599	11,064	15,253	2,575
새마을금고	16,424	14,907	16,669	23,978	26,059	9,635
계	57,238	43,682	43,231	59,378	84,024	26,886

자료 : 한국은행, 『조사통계월보』, 각 월호.

대 등으로 크게 감소했으며, 중소기업 대출 비중은 은행의 소극적인 태도
에도 불구하고 정부의 지원 정책으로 외환위기 전과 비슷한 수준인 40%
내외를 유지하고 있다. 대신 상대적으로 안전한 주택 담보 가계 대출을
선호하는 현상이 심화한 결과, 1997년 33.8%에 불과했던 가계 대출 비중
은 2006년 3월 말 현재 56.6%로 크게 늘어났다.

　이처럼 가계 대출 비중이 늘어난 것은 이자 마진 측면에서 가계 대출
이 기업 대출에 비해 유리했으며, 특히 소액 대출의 경우에는 예금·대출

마진이 기업금융보다 월등히 높았기 때문이었는데, 특히 외국계 은행들은 국내 금융기관들을 인수하면서 기업금융보다 소매금융 분야에 영업역량을 집중했으며, 이 중에서도 고소득 계층에 대한 대출 및 주택 담보 대출의 확대가 두드러진 가운데 저소득층을 대상으로 대출은 오히려 감소했다는 점에 주목할 필요가 있다. 은행과 더불어 가계 대출에 주력하는 여타 업종인 보험·할부 금융·대금 업체의 가계 대출 비중도 확대되었으며, 이와 더불어 고소득 가계의 금융 수요에 부응해 은행의 개인 종합 자산 관리 서비스Private Banking와 맞춤형 신탁, 증권사의 랩어카운트,[21] 보험사의 변액보험 등이 활성화되고 있다.

제도권 금융기관에 의한 자금 제공이 축소됨에 따라 저소득층이나 영세 사업자들은 필요한 자금을 카드 대출 및 사금융 대부 업체에서 찾게 되었다. 2001년의 경우를 보면, 사금융이 전체 서민금융 대출의 50%를 차지하고 있으며 카드 대출도 23.2% 수준이었던 반면 상호저축은행 등 제도권 서민금융기관의 대출 비중은 27%에 지나지 않는 등 카드 대출 및 사금융이 제도권 서민금융기관의 대출액을 압도하고 있다는 점을 확인할 수 있다. 이들 카드 대출이나 대부업자에 의한 사채는 서민들에게 비교적 쉽게 제공되지만 높은 금리가 적용되기 때문에 중장기적으로는 서민들의 금융적·경제적 상황을 더욱 악화시키는 경우가 적지 않았다. 카드 대출 금리의 경우 연평균 20~30% 내외로 일반은행의 10% 이하 수준에 비하면 크게 높았으며, 사채 금리의 경우에는 연평균 171%로 제도권 금융기

---

21 증권사가 다양한 자산 운용 관련 서비스를 하나로 묶어(wrap) 운용하는 자산 종합 관리 서비스로, 그중 증권사에 자산 운용 서비스를 전적으로 위임할 수 있는 일임형 랩어카운트는 2003년 10월 도입되었다.

관의 금리와는 비교도 되지 않을 정도로 높은 실정이었다.[22]

　이처럼 저소득층은 과도한 금리 부담으로 인해 가뜩이나 낮은 소득을 추가적인 금융비용으로 지출할 수밖에 없으며, 부를 축적하기는커녕 오히려 부가 감소되는 상황에서 카드빚을 갚기 위해 사채를 내는 식의 '빚의 덫의 악순환'에 빠지고 결국 사회적 일탈자로 전락하는 경우도 적지 않았다. 2003~04년 사회적으로 큰 문제가 되었던 400만 명에 가까운 신용불량자 사태나 최근 다시 문제로 대두된 고리대 사금융 문제는 서민금융의 구조적 축소, 곧 금융 배제 확대와 긴밀하게 맞물려 있다.[23] 사금융 이용자를 대상으로 한 금융감독원의 2004년 설문조사에 따르면, 1인당 사채 이용액은 응답자의 79%가 1,000만 원 이하의 소액을 사용한 것으로 나타났으며, 설문 결과를 토대로 추정한 1인당 이용액은 790만 원이었다. 그리고 까다로운 대출 심사나 시간 과다 소요 등으로 제도권 대출을 포기했거나 대납한 사람도 60%에 달했다. 이는 제도권 서민금융기관에서 1,000만 원 이내의 소액 금융을 적시에 제공할 수만 있다면 저소득층의 금융 수요가 충분히 충족될 수 있다는 것을 시사한다.

2. 서민금융 활성화를 위한 정부 대책

　서민금융의 위축에 따른 사회적 비용이 이처럼 크다는 점에 대한 인식

---

[22] 설문조사에 따르면, 2002년에는 연평균 금리가 171%나 되었다(금융감독원 2004).
[23] 최근에는 상황이 더욱 악화해, 사금융 이용자 숫자는 450만 명, 대출 잔액은 40조 원 수준으로 추정되고 있으며, 서민금융기관 이용 고객 중 30%는 대부 업체로부터 대출받은 경험이 있는 것으로 알려졌다(재경부 2006).

이 광범위하게 공유되면서 정부는 지난 몇 년간 서민금융 활성화를 위한 몇 가지 대책을 실시했거나 추진 중에 있다. 그동안 금융 당국은 제도권 서민금융기관의 영업력 확충, 소액 신용 대출의 활성화를 위한 인센티브 부여, 서민금융기관에 대한 안내 및 홍보 활동의 강화와 같은 대응책을 마련해 추진한 바 있다. 먼저 서민금융기관의 영업력 확충을 위해 상호저축은행에 대해서는 점포 신설의 규제 완화, 중소기업 구조 개선 자금 등 정책 자금의 취급 허용, 계약 직원을 활용한 예금·대출 고객 확보를 지원하는 한편, 서민금융기관의 금융결제원 가입을 통한 지로·타행환 업무를 가능하게 했다. 그리고 서민금융기관의 소액 신용 대출 활성화를 촉진하기 위해 가산 금리의 폭을 확대할 수 있도록 허용해 신용 대출 취급을 늘리도록 유도하고, 대출 절차를 간소화하기 위해 제출 서류를 줄이도록 했으며, 소액 신용 대출의 위험 가중치를 현행 100%에서 건별로 하향 조정했다. 그리고 다수의 서민들이 서민금융기관을 이용하는 데 문제가 없음에도 불구하고 서민금융기관의 존재와 대출 상품에 대한 이해 부족으로 사금융을 이용하고 있다는 판단 아래, 서민금융기관에 대한 안내와 홍보 활동도 강화했다.

그러나 이런 조치들에도 불구하고 신용협동조합이나 새마을금고의 서민금융기관으로서의 역할은 개선되지 못했다. 특히 신용협동조합은 경영 상태가 더 나빠져 서민금융기관으로서의 역할을 담당하기 어려운 상황으로 몰리고 있다. 정부 대책은 기본적으로 일반은행의 서민금융 역할 제고의 필요성, 즉 은행의 공공성에 대한 인식이 부재했으며, 서민금융기관의 본연의 기능 수행을 위한 정책 또한 미흡하다고 볼 수밖에 없다. 일반은행이 어떻게 지역사회의 발전에 기여해야 할지, 그리고 서민의 '자금 수요 충족'과 '저축을 통한 부의 형성'에 기여해야 할지에 대한 제도적 개선책의 모색이 필요했으나 이에 대해서는 전혀 고려하고 있지 않은 것이다. 정부는 또한 서민금융기관의 기능 확대를 위해 상호저축은행의 점포수 신설과 신용 대출 확대, 결제 시스템의 확충을 허용 또는 장려했으나, 이것만으로는 서민금융의 활성화를 기대하기는 어렵다. 특히 상호저축은행의 통폐합을 통한 대형화와 지점 수의 증가 정책은 상호저축은행의 수익성 제고에는 기여하겠지만, 서민은행으로서의 역할은 오히려 위축시킬 가능성이 높다.

그동안의 정책이 효과를 거두지 못한 가운데 사금융의 폐해 등 저소득층의 금융 배제 현상이 심화함에 따라 정부는 2006년 말 서민에 대한 신용 지원 강화, 서민금융기관에 대한 영업력 확충, 서민금융기관 감독 제도 개선, 대안 금융 등의 활성화 도모, 서민금융 실태 조사 강화 등을 핵심으로 하는 서민금융 활성화 대책을 추가로 제출했다. 이 대책은 서민금융기관의 자기앞수표와 직불카드 발행 허용 및 수익증권 판매 허용, 신협중앙회의 대출 범위 확대, 상호금융기관의 자산유동화증권ABS 발행 허용, 각종 정책성 자금 집행 시 서민금융기관 이용 등 예전에 비해 구체적인 정책이 제시되었으며, 저소득층을 대상으로 무담보 소액 신용 대출을 해 성공적인 성과를 거두고 있는 마이크로 크레딧의 확대 등을 새로운 대안으로 제시하고 있다는 점에서 과거보다는 진일보한 측면이 있다. 하지만 이들 대책은 예전부터 꾸준히 논의되었던 처방전을 사태가 심각해지고 나서야 뒤늦게 수용했다는 점에서 재경부의 경우 자본시장 육성에만 관심이 있었을 뿐 서민금융 활성화에 대해서는 정책 이지가 높지 않다는 비판으로부터 자유롭기 어렵다. 또한 외환위기 이후의 서민금융 퇴조가 금융 시스템 전반의 안전성·건전성·수익성 중시의 경영 관행과 긴밀히 맞물려 있다는 구조적 요인을 고려하지 않고 있다는 한계도 여전히 남아 있다.

서민금융의 퇴조는 금융 시스템의 변화를 반영한 객관적 요인의 발현이라는 점을 부인할 수 없지만 주식시장 중심의 금융정책 기조 자체가 금융기관의 단기주의 및 수익성 중시 경영 관행을 가져온 주요한 요인이라는 점에서, 정책 당국의 책임 또한 적지 않다고 보아야 한다. 그리고 금융 배제 문제는 금융기관 자율 아래 시장 논리로 풀어야 한다는 금융 당국의 기본 인식 또한 금융 양극화 현상을 더욱 심화시켰다고 할 수 있다. 이제 이 점을 신용불량자 사태 및 고리대 사금융의 폐해에 대한 정책 당국의 대응 방식을 통해 확인하기로 하자.

3. 신용불량자 사태 및 고리대 사금융 관련 대책

신용불량자 관련 대책

1997년 12월부터 2004년 7월까지 지난 7년간 우리나라의 신용불량자 규모가 크게 증가했다. 1997년 말 149만 명이던 신용불량자 숫자가 2003년 7월 말 현재 370만 명으로 늘어난 가운데, 개인 생활은 물론 국민경제 전반에도 심각한 부작용을 미쳤다. 신용불량자 숫자가 늘어나게 되면 사회 불안 및 금융기관 부실화는 물론 소비를 크게 위축시킴으로써 국민경제에도 부정적인 영향을 미치게 된다. 이런 상황에서 재경부는 신용불량자 연착륙을 주요 과제로 설정한 가운데 각종 대책을 시행했다. 당시 신용불량자 관련 대책은 민간 차원의 사적 채무 재조정 방식과 법률 차원의 공적 개인신용회복지원제도로 나뉘는데, 금융 당국의 정책적 초점은 전자에 맞추어졌으며 후자의 비중은 아주 낮은 실정이었다. 정부는 2003년

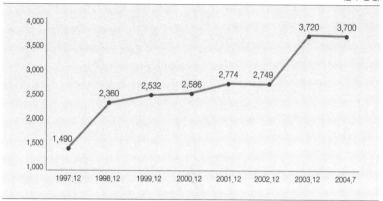

자료 : 은행연합회, 『신용불량자 정보(관리) 등록 현황』, 각 월호.

8·25대책을 통해 신용불량자 대책의 기조를 기존 채무의 연장 및 이자 감면에 기초한 대환 대출로 설정하고, 일종의 '단계별 대책'을 마련해 추진했다. ① 1개 금융기관, 1,000만 원 미만의 소액 연체자에 대해서는 개별 금융기관이 채무 연장·이자 감액 등을 통한 대환 대출로 채무 재조정을 유도하고, ② 2개 금융기관 이상, 5,000만 원 미만의 연체자들에 대해서는 흑자도산을 막기 위해 개인 워크아웃·공동 채권 추심 프로그램·배드 뱅크 등을 통한 대환 대출로 채무 재조정을 유도하며, ③ 5,000만 원 이상의 다중 채무자에 대해서는 법원의 개인 파산 제도나 개인 회생 제도를 이용하도록 유도하겠다는 것이 당시 대책의 골자였다. 이 대책은 소액 연체자들에 대해서는 당사자들 간의 사적 합의를 이뤄 내는 방식으로 채무 조정을 하되 도덕적 해이를 우려해 원금 감면은 허용하지 않는 반면, 5,000만 원 이상의 과다 채무자들의 경우에는 법원의 재판을 통해 원금

감면(면책 제도)을 포함한 채무 조정을 하도록 한다는 점에서 일종의 '단계별 대책'이었는데, 전체 비중으로 보면, 대부분의 신용불량자 대책은 채권 금융기관과 과중 채무자 사이의 자발적인 협상에 의해 진행되는 사적 개인신용회복지원제도였다.

재경부나 금감원 등 금융 당국의 정책 기조는 신용불량자 문제가 현재보다 악화되지 않도록 연착륙을 유도하는 데 주력하되, 이 과정에서 사용되는 대책이 채무자들의 집단적인 채무불이행 사태와 같은 금융 질서 교란으로까지는 이어지지 않도록 하는 것이라고 할 수 있다. 그런데 신용회복자의 채무이행 능력을 결정하는 것은 소득 및 채무 상환액의 크기로, 경기가 나쁘고 취업이 힘들며 정규직과 비정규직의 임금격차가 큰 상황에서 채무이행에 충분한 소득을 기대하기는 어려운 반면, 정부 대책에서는 원금 탕감을 원칙적으로 허용하지 않았기 때문에 매달 상환해야 할 채무액은 대단히 컸다. 따라서 신용 회복을 통해 고통스런 채권추심 압박으로부터는 해방되었을지라도 여전히 '과중한 빚의 덫'으로부터 빠져나오지 못하는 상황 속에서 '근로 의욕 및 소비 여력'을 회복하지 못하는 사람들이 적지 않았다. 신용불량자라는 용어는 사라졌지만[24] 대신 사금융 이용자 숫자가 400만 명에 이르게 된 최근의 상황은 2004년 당시의 신용불량자 사태가 말끔하게 해소되지 못한 것과 관련이 있는 것으로 보인다.[25]

---

24 신용불량자에 대한 엄격한 규정과 획일적인 기준의 적용으로 형평성 및 공정성 그리고 신용평가의 효율성 측면에서 문제점이 지적됨에 따라, 지난 2004년 12월 신용불량자 등록 제도의 폐지를 골자로 하는 신용정보의 이용 및 보호에 관한 법률 개정안이 국회를 통과했다. 이후부터는 신용불량자 대신 채무불이행자라는 용어가 사용되었다.

25 금융감독원의 설문 조사에 의하면 사금융 이용자의 가장 주된 자금 용도는 기존 대출금 상환이었다. 서민들이 200%를 넘나드는 고금리로 돈을 빌리는 주된 이유가 기존 대출금 상환에 있다는

당시 재경부는 신용불량자의 실질적 회생을 지원한다는 명분 아래 원금 채무를 탕감해 줄 경우, 채무이행 능력이 있는 채무자들마저 원금 상환을 회피함에 따라 신용 질서가 와해되는 사태가 빚어질 것을 우려해, 빌린 돈은 반드시 갚도록 함으로써 채권자의 권리를 보호하는 것이 시장경제의 금융 질서를 수호하는 양보할 수 없는 원칙이라는 인식을 금융계와 공유했다. 그러나 신용불량자 대책은 신용불량자의 경제적 회생 지원(='경기변동의 희생자' 또는 '과다 신용의 피해자' 보호)과 이들에 의한 도덕적 해이 유인의 최소화(=채권자의 재산권 보호 또는 신용 질서 유지)라는 두 가지 목표 사이의 적절한 균형을 추구하면서 이뤄졌어야 했음에도 재경부의 정책은 후자에만 초점이 맞추어졌다. 신용회복지원제도의 존재 이유 자체가 과중 채무자들의 경제적 회생 지원에 있다는 점에서 원금 채무 감면 자체를 反자본주의적인 것이라고 주장하는 것은 논리적으로나 현실적으로나 타당하지 않다. 계약의 자유가 가장 존중되는 미국에서 채무자에게 가장 관대한 개인파산제가 발달한 이유를 음미해 볼 필요가 있다. 신용불량자 문제를 '죄와 벌'의 논리로 접근하고, 공적 신용회복지원제도보다는 사적 합의에 의한 기존 채무의 장기 분할 상환 형태로 신용불량자 대책이 추진되었던 한국의 양상은, 오늘날의 '국제 표준'에 위배될 뿐 아니라 발달한 소비자 금융 시스템에도 부합되지 않는다. 선진국의 경우 신용불량자 문제는 기본적으로 개인파산제를 통해 해결하는 것이 일반적이다. 개인파산제와 같은 제도적 인프라가 충분히 발달하지 못했던 당시 시점에

것은, 채무자들이 최초 대출금 상환이 어려워진 상황에서 조기에 개인파산이나 개인회생을 선택할 수 있도록 공적 인프라가 갖추어져 있거나 아니면 정부 정책에 의해 원금 탕감이 허용되었다면, 사금융에 대한 수요가 크게 줄어들었으리라는 것을 의미한다.

서는 재경부가 이런 공적 인프라를 대신할 수 있는 제도 집행 및 소비자 금융 관련 인프라[26]의 신속한 확립을 통해 과중 채무자의 경제활동 복귀를 유도했어야 했음에도, 도덕적 해이 방지에 따른 시장질서 확립이라는 추상적 가치에 매몰된 결과 이런 조치를 충분히 이행하지 않았던 것이다.

이자제한법 문제

1997년 IMF 외환위기 이전까지는 부당한 폭리 행위를 방지하고 경제적 약자를 보호할 목적으로, 금전의 대차에 있어 이자의 최고 한도가 이자제한법에 의해 법정화되어 있었다. 이자제한법이 1962년 처음 제정된 후 법정 최고 이율을 연 40%로 제한해 오다가 1983년부터는 최고 한도를 연 25%로 낮춘 뒤 1997년 말에 다시 40%로 상향 조정했으나, 외환위기 이후 고금리 시대를 맞아 금리 상한이 자금 흐름을 왜곡한다는 IMF의 권고로 1998년 폐지되었다. 그러나 이후 고금리에 의한 서민 피해가 급증하고 이에 따른 국회 차원의 이자제한법 공동 발의 및 시민사회단체들의 입법 청원 등을 배경으로, 정책 당국은 2002년 3,000만 원 이내의 대부 금액에 대해서는 연 66%의 이자율을 초과할 수 없도록 하며 불법적인 채권 추심 행위를 금지하는 대부업의 등록 및 금융이용자 보호에 관한 법률(이하 대부업법)을 제정했다.

그러나 1998년 이자제한법이 폐지될 당시 3,000여 업체로 추정되던 대금업자가 4만여 업체(2006년 6월 말 현재 등록 업체 수는 1만 6,400개)로 폭

---

26 여기에는 처분 예외 자산의 확대, 공정채권추심제도 도입, 개인채무회생제도 내 채무 상환 기간 단축, 압류 가능 급여 상한 축소 등의 조치가 포함된다.

증했고, 사채시장을 이용하는 서민들의 금리 부담은 연평균 223%로 이자제한법 폐지 전 연 24~36%에 비해 크게 늘었으며, 상호저축은행·캐피탈·신용카드사 등 제도권 금융기관도 높은 금리로 자금을 제공했다. 이런 고금리 폐혜는 대부업 양성화론에 입각한 대부업법이 연 66%의 고금리를 보장하고 실질적으로는 200%가 넘는 금리까지도 방치한 결과라고 할 수 있다. 사금융 고리대의 문제가 불거짐에 따라, 2006년부터 법무부가 이 법의 부활을 추진했고, 국회에서도 이자율 상한선을 40% 또는 25%로 제한하자는 입법안이 제출되기도 했다. 그러나 재경부는 이자율은 원칙적으로 경제 여건이나 자금 수급 상황 등에 따라 시장에서 자율적으로 결정되도록 하는 것이 바람직하며, 적지 않은 대부 업체가 높은 자금 조달 비용과 대출 부실화로 적자를 기록하고 있는 상황에서 이자제한법이 다시 시행되면 대부업자의 음성화가 초래됨으로써 자금 공급이 줄기 때문에 오히려 서민 부담만 증가하는 악순환만 발생한다는 논리로 반대했다.[27]

재경부의 반대에도 사금융 폐해의 심각성이 드러남에 따라 이자제한법 재도입에 대한 요구 여론이 커졌고 결국 2007년 3월 개인 간 거래 및 등록 대부 업체와 저축은행·캐피탈 등 제도권 금융기관을 제외한 미등록 대부 업체의 경우 이자 상한을 40%로 제한하는 이자제한법이 국회를 통과했다. 재경부는 이에 보조를 맞추어 대부업법상 최고 이자율을 70%에서 60%로 인하하고, 무등록 업자에 대해서는 이자제한법상 한도인 40%

---

[27] 재경부 측은 대부 업체의 평균 조달 금리가 20% 이상이고 영업 비용도 대출 잔액 대비 16.7%에 달하는 데다 연체율도 20%에 이르러 대부 업체에 적용되는 66% 상한이 높다고 하기 어려우며, 이런 현실에서 금리 상한을 낮출 경우 등록 대부 업체의 음성화가 진행될 가능성이 높다고 주장했다.

를 적용하며, 이를 어길 경우 형사 처벌을 받도록 하는 개정안을 입법예고했으며, 법무부는 이자제한법에 따른 이자율 상한을 30%로 하는 대통령령을 입법예고했다.

신용불량자 대책과 마찬가지로 이자제한법 문제에서도 재경부가 그동안 보여 온 행태는, 시장 논리라는 명분으로 금융 배제층의 실질적인 이익 제고는 등한히 하면서 정책적 초점을 기존 금융기관의 이익 유지에 맞추었다는 비판으로부터 자유롭기 어렵다. 그동안 이자제한법 도입에 대해 미온적인 자세를 취해 왔던 것은 물론 대부 업체에 대한 금리 상한을 이중으로 설정하는 등 예외 규정을 둔 것 또한 등록 업체들의 폭리를 법적으로 인정하는 결과를 가져올 것이기 때문이다. 물론 예외 규정을 둔 것은 미등록 대부 업체의 등록을 유도하기 위해서인데, 설령 그렇다고 하더라도 법의 사각지대에서 활동하는 대부 업체의 등록을 유도하기 위해서는 5~10%의 금리 차이만으로 충분하다는 주장도 있다. 어쨌든 이처럼 높은 금리 차이를 허용하는 것은 재경부가 서민보다는 대부 업체나 이들에게 자금을 제공하는 금융기관의 이해관계를 더 고려하고 있다는 방증으로 볼 수 있을 것이다.

V. 대안 금융의 필요성과 그 구상[28]

1. 대안 금융의 필요성

참여정부의 출범과 함께 재경부는 복지에 대해서는 전향적인 자세를 취한 바 있다. 즉, 복지를 단순한 소비나 사회를 유지하기 위해 어쩔 수 없이 부담하는 비용으로 폄하하는 것이 아니라, 경제성장에 적극적으로 기여할 수 있는 일종의 투자로 보겠다는 입장이 그것이다. 복지를 '사회 투자'로 바라보는 이런 전향적인 자세를 금융에도 적용하는 발상의 전환이 필요하다. 이를 위해서는 금융의 역할 및 위상에 대한 재정립이 선결되어야 한다. 이제까지 금융의 역할에 대한 전통적 인식은 저축과 투자에 집중되어 있었다. 금융은 저축의 집중 및 유동화, 리스크의 집중 및 분산을 통해 기업의 투자 자금을 늘릴 수 있다는 점에서 자본의 좀 더 많은 투입을 가능하게 한다. 금융은 동시에 개입과 발언 또는 시장 압력을 행사함으로써 자본의 좀 더 효율적인 사용을 가능하게 하는 기업 경영의 규율 기구로 자리매김되기도 한다.

그러나 최근에는 한국은 물론 전 세계적으로도 금융의 부정적 영향이 관찰되고 있다. 첫째, '경제의 금융화'를 가속화하면서 기업 및 실물 부문에 단기 수익성 극대화 원리를 강요하고 있다. 기업의 투자 둔화 및 혁신 역량 약화 그리고 부가가치의 생산 및 분배에 있어 주주가 아닌 여타 이

---

28 『아세아연구』 제50권 1호(2007.3)에 게재된 필자의 논문을 수정·보완.

해 당사자의 발언권이 약화되는 현상이 확산되고 있다. 둘째, 생산적 활동보다 투기적 지대 추구 활동이 득세하는 것도 금융의 영향력 확대와 관련이 깊다. 적대적 M&A의 증가, 카드 대란, 주택 담보 대출 폭등과 부동산 거품 확대 등을 배경으로 자산 소득이 증가하고 노동소득은 줄어드는 최근의 현상은 모두 이런 금융의 '폭주'와 직간접으로 연결되는 것이다. 여기에 더해 금융 양극화와 저소득층의 금융 배제 현상도 심화되고 있다. 금융기관의 안전성 및 수익성 중시 경영으로 공식 금융기관의 이용이 사실상 어려워진 300~400만 명에 달하는 금융 배제자들이 사금융을 이용하고 있으며, 이 가운데는 연체금과 연체이자를 갚기 위해 고리대를 이용하는 '빚의 악순환'에 빠진 사람들도 많다. 금융 양극화는 경제 양극화의 결과이자 원인이라고 할 수 있으며, 저소득층의 금융 배제는 사회 통합을 저해할 뿐 아니라 성장 잠재력에도 심각한 위협으로 작용한다. 이제 금융 당국은 자본시장 육성에만 초점을 맞춘 금융 경쟁력 강화 일변도의 접근법에서 벗어나, 금융소득종합과세 기준 강화·주식 양도 차익 및 펀드 배당금에 대한 과세 등을 통해 금융 양극화를 제어하는 것은 물론, 금융이 갖는 공공적 성격을 적극적으로 받아들여 주류 금융과 대안 금융이 서로 보완관계를 이룰 수 있는 균형 잡힌 금융을 지향해야 한다.

금융은 자본주의 시장경제에서 수익성의 원리에 의해 공급되는 사적 재화임에도 불구하고, 교육·통신·네트워크 등과 함께 "양(+)의 외부 효과"를 갖는 동시에 인간다운 생활을 위해서는 최소한의 소비가 보장되어야 하는 가치재merit goods이기도 하다는 점에서 공공성도 함께 가지는 재화다. 금융 서비스의 이용은 당사자뿐 아니라 사회 전체의 효율성과 경쟁력을 높인다. 그리고 금융 서비스의 혜택에서 배제되어 있는 경제주체들의 금융접근성을 높이는 작업은 이들로 하여금 생산적 활동에 참여할 새로운 기회와 강한 유인을 제공함으로써 빈곤 감축과 경제성장에 기여한다(Hardy, Holden and Propolenko 2002). 금융접근성 확대를 통한 금융 양극화 해소가 소득분배의 개선은 물론 경제성장에도 기여한다는 것은 실증적으로도 확인되고 있으며(Beck, Demirguc-Kunt and Levine 2004), 금융에 대한 접근성을 높이는 것이야말로 더욱 많은 사람들에게 성공의 기회를 확대하는 결정적인 통로라거나(Rajan and Zingales 2003), 금융접근성은 깨끗한 물·맑은 공기·양질의 의료 서비스·내실 있는 교육과 마찬가지로 시민의 보편적 권리라는 주장도 있다(Peachey and Roe 2004). 2006년 UN 보고서에서는, 모든 사람들에게 금융 서비스의 이용 기회가 고르게 제공되는 포괄적 금융 시스템inclusive financial system을 시장경제와 민주주의를 병행 발전시킬 수 있는 핵심적인 선결 요건으로 제시한다(United Nations 2006). 금융의 접근성을 확대하고 공공성이 구현되도록 하려면 전통적 금융기관과는 상이한 목표와 조직 원리에 의해 작동되는 대안 금융이 활성화가 요구된다.

2. 대안 금융이란?

대안 금융은 수익성과 함께 공공성의 가치도 추구한다는 점에서 손익계산서 맨 마지막 줄의 '재무적' 수익Bottom Line에만 관심을 기울이는 기존의 금융기관과 달리 공익적 가치 창출이라는 '사회적' 수익도 같이 고려해 평가를 받는다는, '두 개의 밑줄'Double Bottom Line을 강조한다. 금융을 수익 창출의 기회를 제공하는 산업으로 보는 동시에 시민의 보편적 권리로 인식하면서, 고객과의 긴밀한 관계를 중시하는 관계 지향형 금융을 추구하고, 금융 전문가에 더해 주민·조합원·자원봉사자·NPO 등 이해 당사자의 적극적 참여를 강조한다. 대안 금융은 대출·개인 저축 계좌·자산 형성 등 다양한 금융 서비스를 제공하고, 자활 지원·경영 컨설팅 등 금융 이외의 '사회 서비스'도 제공하며, 기업이나 금융기관에 대한 지분 투자를 통해 사회적 책임을 독려하면서, 전통적 금융기관·시장·정부와 보완적 관계를 형성한다. 현재 전 세계적으로 존재하는 대안 금융은 크게 세 가지 범주로 유형화할 수 있다.

소액 금융

소액 금융이란 사회적 취약 계층의 빈곤 탈출을 위해 전통적 금융기관과는 다른 방식으로 소액 대출 등 다양한 지원을 하는 특수한 형태의 대안 금융을 의미한다(Schreiner and Morduch 2002). 소액 금융의 일차적 형태는 소액 대출 또는 소액 신용microcredit이다. 그러나 시간이 흐르면서 소액 대출 이외에도 저축·계좌 이체·보험 등 제공 서비스가 확대되었다. 이처럼 소액 대출 기관이 종합적인 금융 서비스를 제공하게 됨에 따라 최근에는 '소액 신용'이라는 용어 대신 '소액 금융'microfinance라는 용어가 사용되기도 한다. 한편 이 용어 속에는 물적·인적 담보를 근거로 대출 결정이 이뤄지는 공식 부문의 일반적인 금융기관과 달리 상이한 목표 및 대출 결정 방식에 의해 빈곤층의 자활을 지원한다는, '복지 금융'의 문맥도 담겨 있다. 실제로 전 세계에는 금융 서비스들에 더해 창업 지원·교육 훈련·경영 컨설팅·복지 및 의료 서비스 등 각종 비금융 서비스를 함께 제공하는 대안적 단체들이 적지 않다.

최근 우리 사회에서도 양극화 심화, 빈곤의 구조화, 사회적 취약 계층의 금융 소외 문제의 해결과 관련해 소액 금융에 대한 관심이 커지고 있다. 우리나라 최초의 대안적 소액 창업 금융 단체인 '신나는 조합'은 보건복지부의 사단법인 설립 허가를 받아 2000년 활동을 시작했다. 이 단체는 자금 대출을 받을 수 없는 경제적 극빈층을 조합원으로 가입시켜 무담보·무보증 방식으로 생업 자금을 융자해 주고 이들 조합원이 서로 협력해 지역 내 자활 공동체를 만들어 나가도록 지원하고 있다. 한편, 우리나라의 대표적인 대안적 소액 금융 단체로 활동하고 있는 '사회연대은행'은 자활하고자 하는 의지와 능력이 있는 저소득층을 대상으로 창업에 필요한 자금·경영·기술 지원과 사회·심리적 자활을 위한 교육 훈련 등을 통합적으로 제공하는 창업 지원 사업을 행하고 있다.

한국의 대안적 소액 금융 단체들은 짧은 역사에도 불구하고 많은 성과를 거둔 것으로 평가된다. 우선 국민기초생활보장제도의 수급자 및 차상위 계층 등 빈곤층을 대상으로 담보 없이 신용 대출을 제공하고 있음에도, 상대적으로 경제적 여유가 있는 계층을 대상으로 담보나 연대보증을 요구하는 제도권 금융기관들에 결코 뒤지지 않는 상환 실적을 기록했다는 점에 주목할 필요가 있다. 이들 단체는 유사한 사업을 진행한 공공 부문의 창업 지원 제도에 비해 빈곤층의 자활 지원이라는 측면에서 훨씬 우월한 성과를 기록했다. 현재 공공 부문의 창업자금지원제도는 대부분 일반 금융기관을 경유해 대출이 이뤄져 최종 융자 대상자로 선정되더라도 금융기관이 보증 또는 담보를 요구하기 때문에 실제 융자가 시행되는 비율은 저조하다. 또한 운영 체계의 비효율성, 대상자 선별 장치 미흡, 사전 지원 서비스 부재, 사후 관리 미흡 등으로 창업 성공률도 대단히 저조한 실정이다. 반면, 국내 소액 금융 단체의 지원을 받은 사람들의 경우에는 훨씬 높은 생존율과 사업 성과를 달성했다. 사회연대은행의 경우 2003년 초부터 2005년 10월까지 모두 150건의 창업을 지원했는데 이 중 120개 점포가 영업을 계속하고 있다. 이들 단체가 제도권 금융기관에 비해 높은 상환 실적을 기록하고 동시에 정부 주도하의 창업 지원 제도에 비해 우월한 성과를 달성할 수 있었던 가장 큰 이유는 무엇보다도 프로그램 운영자들의 높은 전문성과 헌신성에서 찾아야 할 것으로 생각된다. 사회연대은행의 경우, 1대 1 밀착형 지원을 통해 프로그램 참여자들의 정서적 연대감과 자활 의지를 크게 고취시킬 수 있었으며, 자활후견인Relationship Manager의 전문성 또는 전문적 자원과의 연계 능력으로 인해 질적으로 높은 수준의 서비스를 제공할 수 있었다. 신나는 조합의 경우에도 자금 이용자들을 소모임으로 묶어 연대 대출을 제공하는 과정에서 신앙에 기반을 둔 두레일꾼의 헌신적인 지원이 자활 금융의 효율성을 높일 수 있었다.

지역 밀착형 금융기관

미국 사회에서는 오래전부터 지역개발을 위한 민간 차원의 자생적 노력이 활발히 전개되었다. 1880년대에는 통상적인 은행 서비스를 이용할 수 없었던 흑인 거주 지역을 중심으로 흑인계 은행들이 출현했으며, 1930년대와 40년대에는 남부 농촌이나 흑인들을 대상으로 신용협동조합credit unions이 출현했다. 1960년 말에는 지역개발법인CDC: Community Development Corporations이 낙후 지역의 기업에 자금을 제공하고 주택 관련 사업을 벌이기 시작했다. 오늘날에는 낙후 지역의 금융적 회생을 위한 노력이 다양한 형태로 존재하는 지역 밀착형 금융기관, 곧 지역개발금융기관CDFIs에 의해 주도되고 있는데, 크게 지역사회 개발은행·지역사회 개발신협·지역사회 개발융자기금·지역사회 발전 벤처캐피탈기금·영세기업융자기금 등으로 나눌 수 있다. CDFI는 일반적인 금융기관이 투융자를 할 수 없다고 판단한 프로젝트에 대해 투융자하는 방법을 개발해 저소득자용 주택·지역의 재활성화에 참여하는 상업 시설·지역사회 시설·고용 개발에 관한 금융 지원·능력개발·직업교육·훈련·프로그램 개발 등을 행한다. CDFI의 대부분은 NPO로서, 자금이 빈곤층이나 지역의 문화·교육 등 활동에 제공되는 경우, 해당 단체는 내국세법의 501(c)(3)에 기초해 '자선단체'로 인가를 받고 NPO로서의 우대 조치를 받는다. 그리고 NPO인 CDFI에 대한 투자·융자는 지역재투자법 적격 활동으로 평가되기 때문에 지역재투자법 적용 금융기관으로부터의 자금 조달이 원활하게 이뤄진다는 이점도 있다.

사회 책임 투자

사회 책임 투자SRI: socially responsible Investment란 기업 경영을 경제적 수익성뿐 아니라 사회적 책임 또는 사회적 공헌이라는 측면에서도 평가하고 그 판단을 투자 의사 결정에 반영하는 새로운 금융 투자 행태를 지칭한다. 100년의 역사를 가지고 있는 사회 책임 투자는 윤리와 환경에 대한 관심으로부터 출발했지만, 최근에는 기업 안에서 이뤄지는 부가가치의 생산 및 분배 과정 전반으로 관심 영역을 넓히고 있다. 여기에는 고용조건 개선, 혁신 역량 강화를 겨냥한 교육·훈련 프로그램 확대, 생산성 상승에 조응하는 임금 확보, 일자리 유지, 해외로의 생산 기지 이전 억제 등이 포함된다. 사회 책임 투자의 방법은 크게 스크리닝social screening, 주주 행동shareholder activism 등으로 분류된다. 스크리닝에는 투자가의 가치관에 반하는 산업 및 기업에 대해 투자를 하지 않는다는 배제 선택negative screening과 사회성을 배려하는 기업 경영에 적극적으로 투자를 하겠다는 평가 선택positive screening이 있다. 사회 책임 투자 펀드는 독자 조사 및 비영리 단체 등에 위탁한 기업 조사에 기초해 투자 대상을 선택한다. 또한 사회 책임 투자의 벤치마크를 개발해 투자 대상을 선택하는 기준, 투자가 이뤄지고 있는 기업의 일람·운용 실적 관련 정보 등을 공표한다. 한편, 주주 행동은 주주 또는 소비자단체, 노동자 단체, 인권 단체, 지역 주민, 시민단체, NPO, 연기금, 종교 단체 기금, 재단 등 이해 당사자의 입장에서 좀 더 적극적으로 경영 방침 및 기업 통치에 관여하는 방법이다. 특히 주주는 주주총회를 통해 투표의 안건을 제안하고 제안에 대해 의결권을 행사하며 이사로 추천된 사람에 대한 찬반 투표 등을 통해 기업이 간과하는 사회적 문제를 지적하고 그 개선을 경영자에게 요구한다.

사회 책임 투자는 아직 태동 단계에 있다고 할 수 있지만, 자본시장 시대의 새로운 산업 정책이자, 금융이 기업과 사회의 장기적 번영을 후원하는 든든한 후견인이 될 수 있도록 하는 적극적 노력으로, 금융의 영향력이 커지는 새로운 시대적 조건 속에서 계속 발전할 가능성이 높다. 물론 투자자들은 전통적인 수익률 극대화 원칙에 입각하지 않은 투자에 매력을 느끼지 못하며, 사회적 가치와 수익성은 상충 관계에 있을 수밖에 없고, 사회적 가치를 강조할 경우 기업을 결국 정치 논리에 휘말리게 할 것이라는 반론도 가능하다. 그러나 사회 투자 펀드 등 기관투자가의 적극적인 경영 감시는 기업의 실질적인 경영성과 개선으로 연결된다는 경험적 증거들도 적지 않다. 세계 최대의 연기금인 캘퍼스CalPERS(캘리포니아주 공무원 퇴직연금)는 사회 책임 투자에 적지 않은 관심을 기울이면서도 높은 수익률을 거두고 있고, '도미니 400 사회 지수'가 보여 주듯이 SRI 펀드들은 해당 업종 주가수익률을 능가하고 있으며, 미국증권거래소와 영국증권거래소에 SRI 지수가 신설되고 있다(Domini 2001).

아직 국내 투자시장 내 SRI의 규모는 미미하다. SRI를 표방하는 펀드는 일반 투자자가 1,500억여 원, 국민연금 기금이 1,500억 원을 투자해 아직 3,000억 원 규모다. SRI 전략 중 하나인 '지배 구조 개선' 전략을 쓰는 펀드까지 합해도 5,000억여 원 안팎으로 추정된다. 주식형 펀드 수탁고가 50조 원에 육박하니, 국내 SRI 펀드는 전체의 1% 규모인 셈이다. 2007년 3월 기은SG, 농협CA, SH자산운용 등 9개의 SRI 펀드가 판매 중이며, 이 중 7개 펀드는 환경과 사회적 측면에서 책임감이 높고 경제와 지배 구조 측면에서 지속가능성이 높은 기업을 선별해 투자하고 있다(『머니투데이』 2007/03/27). 한국은 종교적 신념 등에 기반을 둔 사회 책임 투자의 전통이 취약하기 때문에 SRI가 뿌리를 내리려면 일반인들을 선도할 '큰손'의 역할이 필요한데, 일차적인 후보는 국민연금이다. 실제로 국민연금은 2006~07년 동안 3,000억 원을 사회 책임 투자 펀드로 배정하고 6개 운용사에 운용을 맡긴 바 있다. 최근에는 산업은행에서도 1조 원 규모의 '사회책임금융펀드'를 조성해 신·재생에너지 생산 기업 등 환경 친화 기업, 노인 전문 병원 및 실버타운을 운영하는 고령 친화 기업, 장애인 고용 우수 기업 등 사회 공헌 기업에 대해 일반 자금보다 0.5~1% 정도 금리가 낮은 우대 조건의 자금을 대출하고 동시에 투자도 하는 맞춤형 복합 금융을 추진 중이다.[29]

---

[29] 1조 원은 시설자금 대출 및 투자와 운영자금 대출로 절반씩 나뉘어 운영되며, 시설자금은 일반 자금보다 0.46~0.71%, 운영자금은 0.35~1.14%까지 더 낮은 금리를 적용한다. 운영자금 대출 한도는 대기업은 100억 원, 중소기업에는 50억 원이다. 시설자금 대출에는 한도가 없다. 펀드 재원은 기존 영업자금과 산업금융채권 발행 등을 통해 조성할 계획이다(『한겨레』 2007/05/15).

3. 대안 금융 활성화의 제도적 모색

지역 커뮤니티 및 새로운 생산 단위와의 연관성 강화

소액 금융, 지역 커뮤니티 금융, 사회 책임 투자 등 대안 금융은 단순히 저소득층, 중소기업, 지역에 좀 더 많은 자금이 흘러들어 가도록 하자는 차원을 뛰어넘어 새로운 사회 경제 질서를 만들어 내는 초석으로 역할 해야 한다. 대안 금융이 지향하는 궁극적인 목표는 공적 당국, 민간 자본, 비영리 단체의 유기적 협조 속에서 진행되는 새로운 커뮤니티의 건설이라고 할 수 있다. 특히 지역 커뮤니티는 전통적 기업, 사회적 기업, 커뮤니티 비즈니스, 비영리 기구, 시민단체, 지방자치단체, 중앙정부 등 다양한 구성원들에 의해 적극적 참여와 협력 속에서 세계화와 시장화의 압력에도 불구하고 시민들이 개인의 개성과 능력을 능동적으로 발휘할 수 있게 될 것이다.

한편, 세계화와 시장화의 압력 속에서 지역 커뮤니티의 안정적인 재생산이 가능하려면 더욱 집단적이고 조직적인 역량 강화의 움직임이 요구되는바, 지역사회의 회생과 활성화를 장기적 비전 위에서 주도할 새로운 생산 주체가 필요하다. 미국의 지역 커뮤니티에서는 지역 개발 법인, 사회적 기업, 비영리 단체 등이 이런 역할을 담당했다. 우리의 경우에도 사회적 기업가 정신과 공동체 지향성을 동시에 추구하는 새로운 생산 단위, 생산적 조직을 어떻게 형성하는 데 많은 관심과 노력 그리고 자원을 투자할 필요가 있다. 이를 위해서는 지역 차원에서 진행 중인 지역 밀착형 시민운동 및 풀뿌리 네트워크와의 적극적 결합이 중요하다. 지역 주민의 적극적 참여는 대안 금융 단체들이 본연의 목적에 매진할 수 있도록 감시하고 규율하는 것은 물론 밀착형 경영 지원의 전문성을 높일 수 있는 조건 이기도 하다. 이 과정에서 대안 금융은 지역 커뮤니티의 활성화와 관련해 서도 중요한 역할을 담당할 수 있다. 사회 책임 투자 펀드가 전국 차원에 서 민간 기업들로 하여금 사회적 책임을 자각하고 공적인 역할을 담당할 수 있도록 영향력을 행사한다면, 지역 커뮤티니 금융기관들은 지역의 중 소기업, 육아·교육·의료·환경·간병·개호 등 사회 서비스를 제공하는 비 영리 단체 및 사회적 기업들에 다양한 금융 지원과 경영 지원을 제공할 수 있다. 한편 소액 금융 단체는 맞춤형·밀착형 창업 지원 서비스 제공을 통해 저소득층의 시장 참여와 경제적 자립을 독려함으로써 건강한 지역 커뮤니티의 유지에 기여할 수 있다. 이제 대안 금융은 복지·고용·산업· 지역의 결절점인 동시에 민간 비영리 조직 및 사회적 기업 등 새로운 생 산 단위와 건강하고 튼튼한 지역 커뮤니티의 책임 있는 후견인으로 자리 매김될 수 있다.

대안 금융 네트워크의 형성

다음으로 지역 밀착형 금융기관 사이의 역할 분담을 분명히 하고 유기 적 연계를 강화할 필요가 있다. 현재 우리나라에 존재하는 지역 밀착형 금융기관에는 대안적 소액 금융 단체, 신협·새마을금고, 저축은행, 지역 은행 등이 있다. 이들은 인적 규모, 자금 규모, 금융 이용자와의 밀착도, 축적된 정보의 양, 정보 활용 능력, 경영 컨설팅 능력 등에서 일정한 차이 를 가지고 있고, 이런 차이에 따라 비교 우위에 있는 분야들도 서로 다르 기 때문에, 비교 우위를 충분히 살릴 수 있는 방향으로 금융 제공 대상 및 내용을 분담하는 것이 바람직할 것이다. 큰 틀에서 보자면, 대안적 소액 금융 단체는 빈곤층의 소규모 창업에, 신협·새마을금고는 조합원의 가계

자금·사업 자금 대출 및 사회적 기업·비영리 단체의 사업 자금 대출에, 저축은행과 지역 은행은 지역 중소기업이나 벤처기업에 대한 투·융자 등에 특화하는 역할 분담을 생각해 볼 수 있다.

그리고 지역 밀착형 금융기관들 사이의 업무 교환도 생각해 볼 수 있다. 중·대형 지역 밀착형 금융기관들이 대안적 소액 금융 단체에 투·융자 등 자금을 제공하고, 소액 금융 단체는 대출 대상 선별 및 경영 컨설팅 등 경쟁력 있는 창업 지원 업무에 특화를 하는 것도 한 가지 방향이다. 중·대형 금융기관들의 직원을 대안적 소액 금융 단체에 파견해 경영 컨설팅의 노하우를 전수받거나, 대안적 소액 금융 단체의 직원을 여타 지역 커뮤니티 금융기관에 파견해 금융 기법을 전수받도록 할 수도 있다. 신용 정보의 공유 또는 공동 관리와 같은 업무 제휴도 발전시킬 필요가 있다. 나아가 지역 밀착형 금융기관과 은행·보험·증권·연기금 등 대형 금융기관 간 연계도 강화해야 한다. 서민금융기관이 고객과의 장기적 관계 금융 관계를 통해 대형 금융기관에 비해 해당 지역 주민이나 기업 관련 정보나 기술상의 우위를 가지고 있다면, 대형 은행은 지역 커뮤니티 금융기관에 여신 판단을 외주로 위탁함으로써 여신 심사를 간소화해 심사 비용을 줄이는 것은 물론 신용 리스크도 낮출 수 있게 된다. 지역 커뮤니티의 중견 기업, 사회적 기업, 지역 개발 법인, NPO 등에 의해 수행되는 사업들 중·장기 대형 사업들은 지역의 개별 금융기관들만으로는 자금을 제공하기 어려운 경우도 적지 않다. 이런 사업들에 대해서는 대형 은행이나 보험·연기금 등이 지역 밀착형 금융기관과 공동으로 자금을 조달해 투·융자를 행하는 것도 가능하다. 그리고 전국형 대형 은행의 경우 서민금융기관에 저축 서비스, 변액 대출 상품, 보험 상품 등을 제공해 이들 기관의 금융 서비스 포트폴리오 확대를 돕고, 서민금융기관은 상업은행의 고객 기반 확충을 돕는 제휴 관계도 생각해 볼 수 있다.

자금 조달원의 다각화 및 운영비 지원을 통한 지속가능성 제고

대안 금융 단체들은 예금, 조합원 투자금, 주주 투자금, 개인 기부금, 기업 기부금, 금융기관 기부금, 민간 재단 기부금, 정부 교부금 등 다양한 자금원에 기초해 대출 및 창업 지원 활동을 벌이고 있다. 이들 단체의 성격이 제도권 금융기관에 가까우면 예금과 투자금에 대한 의존도가, NPO의 성격이 강하면 외부 지원에 대한 의존도가 높아진다. 재정 자립은 외부의 지원 없이 해당 단체 스스로의 힘으로 장기간 생존할 수 있게 해준다는 점에서 중요한 덕목임이 분명하다. 그러나 재정 자립에 지나치게 집착할 경우에는 비용 절감과 수익 추구에 매몰됨으로써 빈곤층의 자활 지원 및 지역 커뮤니티의 재생이라는 본연의 목표가 훼손될 수도 있기 때문에, 대안 금융 단체의 재정 목표를 '대안 금융 프로그램의 지속가능성'을 높이는 방향으로 정립·설계하는 것이 바람직하다.

이때 대안 금융 프로그램의 지속가능성을 높이기 위해서는 운영비의 중요성에 대한 인식이 광범위하게 공유될 필요가 있다. 기부자·투자자 등 자금 제공자와 정책 담당자들의 경우, 대출금에 대한 자금지원의 필요성에 대해서는 대부분 공감을 하면서도 운영비 지원에 대해서는 인색한 것이 일반적이다. 그러나 운영비 지원의 필요성을 이해하지 못하고 신용업무에만 초점을 맞추는 것은 선진국형 모델과 개도국형 모델에 대한 혼동에서 비롯되는 것이라고 보아야 한다. 대안 금융은 전문성을 갖춘 담당자들의 헌신적 운영을 토대로 높은 성과를 거둘 수 있었다는 점에서, 이 사업 자체가 고비용·고효율의 대표적인 사회 서비스업이며 그 담당자들은 금융NPO라고 할 수 있다. 이들 금융NPO에게 그 전문성과 헌신성에 어느 정도 부응하는 급여를 제공하는 것은 대안 금융의 장기적 지속가능성을 위해서는 반드시 필요한 선결 과제로, 운영비 명목으로도 기부금이나 보조금이 제공될 수 있도록 해야 할 것이다. 물론, 정부와 사회로부터 지속적인 기부와 보조금을 제공받기 위해서는 대안 금융 단체도 다양한 성과 지표 개발을 통해 양질의 프로그램을 제공하고 있다는 점을 끊임없이 증명하는 노력을 기울여야 한다. 소액 금융 프로그램의 신뢰를 구축하고 자금 제공자·정책 결정자·전문가들의 관심과 참여를 획득하기 위해서는 프로그램의 성과를 객관적으로 측정할 수 있는 지표들을 개발하는 것이 무엇보다도 중요하다. 대안 금융 프로그램의 수익성 및 전반적인 성과에 대한 정보는 해당 단체의 투명성 및 책임성을 크게 높여 전통적인 제도권 금융기관이나 사회 책임 투자가들의 지원을 확대하는 데도 크게 기여할 것이다.

새로운 민관 협력의 구축과 금융정책의 도입 필요성

현재 정부는 각 부처별로 빈곤층의 자활 및 창업을 지원하는 다양한 사업을 벌이고 있다. 그러나 융자가 실행되는 비율이나 창업 성공률은 저조한 실정이다. 따라서 이들 사업의 운영을 대안적 소액 금융 단체 등 지역 밀착형 금융기관에 위탁시킴으로써 사업의 실효성을 높이는 것은 물론 민간의 창의와 활력이 공공 부문으로 유입되는 계기로 활용할 수도 있다. 대안 금융 단체들은 공공 창업 지원 사업의 위탁·운영을 통해, 공익적 목적에 부합되는 안정적 재원을 지속적으로 확보한 가운데 창업 지원 사업에 전념할 수 있는 토대를 갖출 수 있게 된다. 이를 위해서는 부처별, 대상별로 분산되어 있는 공공 창업 지원 사업을 통합하거나 일원화하고 일정한 자격 요건을 갖춘 대안적 소액 창업 금융 단체들이 이를 위탁 운영

할 수 있는 근거 조항을 관련 법규에 명문화할 필요가 있다. 물론 이런 역할 분담이 '주인 없는 돈의 나눠 먹기'로 변질되지 않도록 위탁 운영 기관의 활동에 대한 투명한 공개 및 엄격한 평가 작업이 반드시 병행되어야 할 것이다.

나아가 미국에서 시행 중인 'CDFI 펀드' 및 지역재투자법의 도입을 통해 지역 밀착형 금융기관과 소액 금융 단체를 좀 더 체계적으로 지원할 필요도 있다. 현재 우리나라에는 은행·보험·증권·상호저축은행 등 각종 금융기관에 약 1조 1,500억 원 가량의 휴면예·보험금이 누적되어 있는 것으로 알려져 있다. 이 자금을 토대로 한국판 CDFI 펀드인 사회 공헌 기금 또는 복지 금융 기금을 출연해 지역 커뮤니티 금융 활성화의 종자돈으로 활용하는 방안을 적극 검토해 볼 필요가 있다. 이 과정에서는, 기금의 형태를 무엇으로 할 것인지(정부 산하 법인·재단법인), 관리 주체는 누구로 할 것인지(재경부·국무총리 산하 별도 운영위원회·은행연합회·예금보험공사·재단법인 기금배분위원회), 사업 내용 및 지원 대상은 어느 수준으로 제한할 것인지(마이크로 크레디트 및 금융 소외 계층 지원, 지역 커뮤니티 금융 관련 세제 혜택 및 보조금 제공, 신용불량자 신용회복지원) 등이 주요한 쟁점이 될 것이다.

한편, 외환위기 이후 금융 시스템의 재편 속에서 심화되고 있는 금융 양극화 및 금융 배제 현상을 효과적으로 제어하려면 금융기관에 예탁된 예금이 해당 지역 내에서 환류할 수 있도록 금융기관의 인센티브를 바꾸는 제도적 장치가 필요하다. 대표적인 방안이 바로 금융 감독 차원에서 지역재투자법 또는 금융평가법을 도입하는 것이다. 구체적인 제도 설계를 하려면 여러 측면들을 총체적으로 고려하면서 많은 사람들의 지혜를 모아야겠지만, 미국의 CRA가 여러모로 참조가 될 것으로 생각된다. 우리도 대출·투자·서비스 등 세 측면에서 낙후 지역 및 저소득층 관련 영업 현황을 의무적으로 보고토록 하고, 이를 합병 및 점포 개설 인허가, 세제 및 보조금 혜택, CDFI 기금의 수혜 등에 적극 활용할 필요가 있다. 이 제도는 지역 밀착형 금융기관과 대형 금융기관의 자발적 투·융자 및 업무 제휴를 유도하는 데 크게 기여할 것으로 기대된다. 나아가 한국판 지역재투자법은 국내 금융기관에 대한 검사·감독의 틀을 새롭게 재편한다는 의미와 함께 금융기관의 '공공성'을 법적으로 명시화하는 것이라는 점에서도 큰 의의를 갖는다. 이들 법률이 제정된다면, 한국의 금융기관들은 자기 자본 비율을 통해 경영의 건전성을 평가받고, 동시에 지역 투·융자 실적을 통해 금융의 공공성을 평가받음으로써, 건전성과 공공성의 두 축을 중심으로 운영될 것이다.

참고문헌

감사원. 2004. "금융기관 감독 실태 감사 결과."

강태수·서유정. 2006. "최근의 기업투자와 현금 흐름 간 관계 분석." 『금융경제연구』 제245호. 한국은행 금융경제연구원.

국민연금관리공단. 각 연도. 『국민연금 기금 운용 현황』.

국회 재정경제위원회. 2004. "간접투자자산 운용업법 중개정 법률안에 대한 공청회 자료집"(08/25).

권지현. 2006. "소득위험이 가계 포트폴리오 구성에 미치는 영향: 한국노동패널조사자료를 중심으로." 한국노동연구원.

금융감독원. 『금융통계월보』. 각 월호.

금융감독원 비은행감독국. 2004. "대부 업체 이용 실태 분석을 위한 설문조사 결과 및 시사점."

김성환. 2007. "외환위기 이후 설비투자의 동향 및 시사점." 『산은조사월보』 617호. 한국산업은행.

김창근. 2004. "1997년 경제 위기 이후의 한국 자본주의의 축적 구조의 변화." 『진보평론』 제27호.

남재량·성재민·이상호·최효미·신선옥·석상훈. 2006. "제7차(2004)년도 가구와 개인의 경제활동: 한국노동패널 기초 분석 보고서." 한국노동연구원.

대통령 경제보좌관실. 2005. "투기성 외국자본 유입의 영향과 대응 방향"(2월).

대한상공회의소. 2006. "우리나라 가계의 자산보유 현황과 시사점 조사."

박종현. 2007. "사회투자로서의 대안 금융", 『아세아연구』 제50권 1호.

서원석·하종림. 2007. "우리나라 실물자본의 수익률 추정과 시사점." 『조사통계월보』 2월호. 한국은행.

서정의·강정미. 2006. "신흥시장국의 자본시장 발전과 기관투자가의 자산 구성 변화." 한국은행 조사국 금융산업팀.

송원근. 2007. "퇴직연금제 도입현황과 문제점." 『경제와 사회』 통권 73호.

신용상. 2006. "소득양극화가 통화정책 방향에 주는 시사점." 『주간금융 브리핑』 15권 43호. 한국금융연구원.

심상정 의원실. 2006. "국회 재경위 업무보고 질의"(06/28).

양세영. 2004. "금융회사 계열사 의결권 제한의 문제점과 개선 과제." 『전경련』 2월호.

은행연합회. 『신용불량 정보(관리) 등록 현황』. 각 월호.

이병윤. 2004. "금융계열사 의결권제한과 산업자본의 금융 지배 방지." 『주간금융동향』 제13권 20호. 한국금융연구원.

이찬근·조원희·유철규·정승일·김용기·정순섭. 2004. "실물경제를 제약하는 투기성 자본의 문제와 안정화 대책." 정책기획위원회.

이항용. 2005. "불확실성이 투자에 미치는 영향에 관한 실증분석."『한국개발연구』제26권 2호. 한국개발연구원.

자산운용협회. "국내 자산 운용 산업 동향." 각 월호.

재정경제부. 2002. "금융정책의 새로운 패러다임: 주식시장 중심의 자금순환체계 구축."

_____. 2003. "동북아 금융 허브 추진 전략."

_____. 2006. "서민금융 활성화 및 사금융 피해 방지 대책."

전승철·윤성훈·이병창·이대기·이현영. 2005. "투기성 외국자본의 문제점과 정책 과제." 한국은행 금융연구원.

전창환. 2007. "국민연금의 지배 구조와 기금운용체계: 문제와 개혁 방향."『경제와 사회』통권 73호.

조복현. 2007. "한국의 금융 시스템 변화: 금융화의 발전." 한국사회경제학회 학술대회 발표문.

최창현. 2007. "국내외 자산 운용 시장의 동향과 시사점." 산은경제연구소.

한국은행.『조사통계월보』. 각 월호.

한국증권선물거래소.『주식』. 각 월호.

한국증권연구원. 2007. "Fund Review." 제7권 제4호.

.

Beck, T., Asli Demirguc-Kunt, and Ross Levine. 2004. "Finance, Inequality and Poverty: Cross-Country Evidence." Working Paper. http://www.aeaweb.org/annual_mtg_papers/2005/0108_0800_0302.pdf.

Domini, A. 2001. "Socially Responsible Investing: Making a Difference and Making Money." (이주명 옮김. 2004.『사회책임투자』. 필맥).

Duménil, G. and D. Lévy. 2000. "Crise et sortie de crise: Ordre et désordres néolibéraux, Presses Universitaires de France."(이강국·장시복 옮김. 2006.『자본의 반격: 신자유주의 혁명의 기원』. 필맥).

FINANCIAL TIMES. 2006. "Fidelity focuses on 'growth market'."

Hardy, Daniel C., Paul Holden, and Vassili Prokopenko. 2002. "Microfinance Institutions and Public Policy." IMF Working Paper No. 159.

Langley, P. 2004. "In the Eye of the 'Perfect Storm': The Final Salary Pension Crisis and Financialisation of Anglo-American Capitalism." *New Political Economy* 9, No. 4. December.

Peachey, S. and Alan Roe. 2004. ACCESS TO FINANCE: A study for the World Savings Banks Institute, Oxford Policy Management.

Rajan, R.G and Luigi Zingales. 2003. "Saving Capitalism from the Capitalists." New York: Random House.

Schreiner, Mark and Jonathan Morduch. 2001. "Replicating microfinance in the

United States: Opportunities and Challenges." Jim Carr and Zhong Yi Tong eds. *Replicating microfinance in the United States*. Washington. D.C.: Fannie Mae Foundation.

Stiglitz, J.E. 2002. "Globalization and Its Discontents". W. W. Norton and Co Inc. (송철복 옮김. 2002. 『세계화와 그 불만』. 세종연구원』).

Toporowski, J. 2000. *The End of Finance: Capital Market Inflation, Financial Derivatives and Pension Fund Capitalism*. Routledge.

United Nations. 2006. "Building Inclusive Financial Sectors for Development." United Nations, New York.

3부

유연성 우위의 노무현 정부 노동정책 :
양극화에 맞선 점진적 개혁 추진의 한계

김성희

I. 들어가는 말: 민주화 이후 지속된 '뜨거운 불만의 겨울'

1996년 말 김영삼 정부의 노동법 개악에 맞서 시작된 노동자들의 겨울 투쟁은 김대중 정부에서도 매년 멈출 줄 모르더니 노무현 정부에서 또다시 재현되었다. 이 겨울 투쟁은 노동자들의 거센 거리 투쟁으로 나타난 '뜨거운 겨울'hot winter이자, 정부 정책에 대한 저항의 뜻을 담은 '불만의 겨울'winter of discontent[1]이다. 민주화 이후 등장한 민주 정부들이 펼친 노동 정책하에서도 매년 추운 겨울을 달구는 노동자들의 거리 투쟁이 지속된 것은 무슨 이유인가? 군사독재 시절의 노동정책은 노동자에 대한 '배제와 탄

---

* 이 글은 민주노동당의 이론지인 『이론과 실천』 2003년 11월호에 실린 필자의 글인 "노무현 정부의 노동정책에 대한 평가: 뜨거운 불만의 겨울과 제도적 개혁 사이의 공간"에 기초하고 있다. 2003년은 정부 출범 1년이 안 된 시점인데, 2007년 말 노무현 정부의 막바지에도 이 평가는 여전히 유효할 뿐 아니라 더 확연해졌다는 것이 필자의 판단이다. 그러나 위의 글이 개괄적인 정책 방향 평가에 머물렀다면, 이 글은 세부적인 정책 내용의 분석을 주로 다룬다는 점에서 차별성이 있다. 또한 김대중 정부 노동정책을 평가한 필자의 글인 "왜곡된 제도화와 진전된 유연화: 김대중 정부 노동정책 평가"(전창환·김진방 편. 『위기 이후 한국 자본주의』. 2004. 한울)의 연장선에 있다.

[1] 1969년 이탈리아 노동자들의 작업장 민주주의를 위한 투쟁을 일컫는 '뜨거운 가을'(Hot Autumn), 그리고 1978~79년 영국의 노동자들이 IMF 구제금융에 의한 공공 지출 삭감과 실업정책에 대해 벌인 투쟁과 1984년 광산 노동자들의 반(反)대처 정부 투쟁을 가리키는 '불만의 겨울'(Winter of Discontent)을 합성한 표현으로, 한국 노동자들이 노동법 개악과 신자유주의 구조조정 정책에 맞서 벌인 겨울 투쟁을 표현하기에 가장 적합한 개념이다(김성희 1998). '불만의 겨울'이란 말은 셰익스피어의 〈리처드 3세〉에 처음 쓰였으며, 존 스타인벡이 내공황기의 노동 상황을 담은 소설 제목으로도 쓰였다. 그러나 한국 노동자들의 겨울 투쟁이 반복되고 있는 것은 정기국회 회기 말에 맞춰 이루어지는 법제도 개선 요구가 주요한 슬로건이기 때문이다. 이는 주체의 능동적·적극적 주장이 아니라는 한계를 갖는다. 또 다른 측면에서 노동기본권의 제약 상황 때문에 법제도 개선 요구가 국회 앞에서 벌어지는 풍경이 민주화된 정부 출범 이후 10년이 넘도록 반복되고 있는 점은 한국 사회 민주화의 한계를 상징하고 있다.

압'을 의미했다. 민주화의 훈풍에도 불구하고 이런 노동정책의 역사는 전혀 변하지 않았다는 것인가?

참여정부에서도 한국의 노동자들은 여전히 총파업과 거리 투쟁을 통해 가득 쌓인 불만을 표출했다. 노무현 대통령이 직접 나서 '배부른 노동자들의 집단 이기주의 투쟁'이라는 비난을 제기했지만, 이제 그 주역들은 대부분 '배부른 투정'과는 거리가 먼 비정규 노동자들이다. 비정규 노동자들의 잇단 자살 투쟁과 시위 과정에서 벌어진 경찰에 의한 타살 의혹이라는 불행한 사건도 줄을 이었다. 참여정부 등장 이후 한국의 노동자들 특히, 비정규직 노동자들이 개인의 생명을 걸고 처절한 분노를 담은 저항을 표출하는 상황이 잇따르고 있다.

참여정부가 무대에서 퇴장한 뒤에도 임기 중에 발생한 비정규 투쟁은 지속되고 있다. 이랜드-뉴코아 노동자, 코스콤 비정규직 노동자, 기륭전자 비정규직 노동자, KTX와 새마을호의 비정규직 승무원, GM대우 비정규직 노동자, 광주시청 청소 용역 노동자들은 해를 넘긴 투쟁을 계속했다. 이른바 비정규'보호'법을 통과시켜서 비정규 노동자들이 보호받게 되었다던 참여정부의 홍보에도 불구하고 비정규 노동자들의 천막 농성은 곳곳에서 계속되고 있다. 대통령 취임 초기 "비정규직의 눈물을 닦아 주겠다"고 자신하던 참여정부의 노동정책은 "비정규직의 피눈물을 자아내고 있다"는 비판을 받는다(전국비정규노조연대회의 2007). 특수 고용 노동자의 신분 때문에 노동자로 인정받지 못하고 노동기본권도 부정되고 있는 건설 운송 노동자들은 '차라리 죽여라'는 처절한 구호를 내걸었다.

이를 어떻게 평가할 것인가? 민주 정부의 계승자이자 개혁 정부라고 자부하는 참여정부의 민주성과 개혁성은 적어도 노동정책의 영역에서는 잘 작동되지 않는 것인가? 아니면 노동자들의 요구가 높아서 참여정부가 담고 있는 민주성, 개혁성을 뛰어넘기 때문인가?[2] 이를 상징하는 사안이 정부 스스로도 양극화 문제의 근원으로 지적한 비정규직 관련 정책이다. 비정규–정규 노동자의 요구를 분리해 비정규 노동자에게는 보호의 필요성을 인정하되 동시에 비정규직을 확대하는 유연성 추구의 필연성을 결부시켜, 한편으로 보호하며 한편으로는 유지·확대하는 양자를 아우르는 해법이라는 주장이다. 이런 주장대로라면 양극화 해소를 위한 비정규직 보호와 경쟁력 유지를 위한 비정규직 활용의 조화로운 해법을 추구한 개혁 정부의 모범 답안이다.[3]

과연 그런가? 참여정부의 노동정책은 현 시대적 요구와 한계를 아우르며 '다 만족할 수는 없지만, 그래도 진전된 안'인가? 보호도 하면서 유연성도 추구하는 진전된 답이 있다면 따르는 것이 순리라고 강도 높게 목소리를 높이던 참여정부의 노동정책을 구체적으로 평가해 보자. 유연화 만능의 신자유주의 시대에 날로 심해지는 양극화에 맞서 제도적 개혁을 실질적으로 추진했는지의 여부는, 민주개혁 정부의 존재 의의를 평가하는 준거점이 될 것이다.

---

[2] 이런 판단을 비켜나가면서 옹호하는 논리가 정부의 주장이나. 이에 대해서는 노동부(2007), 국정홍보처(2008)를 참조한다.

[3] 이런 정부 쪽 논리에 대해 노동단체와 시민단체 중 일부는 초기에 반대와 달리, 노–정 간에 첨예한 갈등 사안인 비정규직 문제를 의제의 하나로 축소하며 우회하는 사회적 대타협 노선을 추구하기도 했다(양극화해소국민연대 2005). 이후 비정규법안이 통과되기 직전인 2006년 말에는 참여연대 등 5개 시민단체와 한국노총이 조건부 찬성 입장으로 돌아서기도 했다.

II. 민주 정부들의 유연화 중심 정책 기조의 확인 또 재확인

1. 노동정책의 동시적 요구: 제도화와 유연화

뒤늦은 민주화의 시기가 세계화로 나아가는 시기와 겹쳤다는 시대적 배경은 민주개혁 정부에서 노동자들이 저항과 불만을 드러낸 현실을 설명하는 데 도움이 된다. 민주화는 정치 영역에서 민주주의 회복이라는 과제의 실현을 요구했으며, 세계화는 경제 영역에서 시장 중심 해법(또는 신자유주의)의 수용을 요구했다. 서구 사회에서 시차를 두고 발생했던 이 두 현상이 한국에서는 동시적 압력으로 작동했다.[4]

노동정책을 비롯한 사회정책 분야는 이 두 가지 방향의 과제가 한 영역 안에서 동시에 등장하는 복합적·모순적 성격을 가장 뚜렷하게 보여준다. "선진 자본주의 국가들에서 신자유주의 정책이 실시되기 시작한 것은 포드주의 시기를 거치면서 민주주의 심화가 완료된 다음"(조돈문 2008,

---

[4] 전근대, 근대, 탈근대라는 비동시적 시간의 동시적 공존을 뜻하는 '비동시성의 동시성'은 한국 사회에서 전근대에서 근대로 나가는 요구와 근대를 탈피하는 요구의 동시적 공존이라는 개념으로 주로 사용된다. 예를 들어 한국은행 독립이나 관치 금융 철폐와 같은 노동계의 주장은, 전근대적 관권 개입을 반대하지만 동시에 근대를 넘어서는 시장만능주의 기제의 수용을 의미한다는 점에서 궁극적으로 모순적이다. 노동자의 입장에선 이중의 질곡이다. 2단계를 동시에 뛰어넘지 못하면 또 다른 (더 큰) 덫에 갇힌다. IMF 프로그램에 의한 은행 퇴출과 합병을 경험하면서 금융 부문 노동자들은 관치 금융 철폐와 함께 시장 기제에 의한 구조조정에 대한 대응이라는 이중의 과제를 절감했다. 실제로 지배 집단은 동시적 공존의 상황, 양자에서 이득을 취한다. 오랜 개혁 과제였으나 결코 도입되지 않던 전근대적 재벌 구조의 재무 투명성이 근대적 시장의 강경 외부 세력인 IMF의 구제 금융 프로그램으로 도입되지만, 결코 재벌 구조의 전근대적 구조는 건드리지 않는 범위에서 이루어지면서 대규모 구조조정이 이뤄졌다(이에 대해서는 김성희(1998) 참조).

464)인 반면, "한국을 포함한 제3세계 국가들은 군사 독재 시기를 끝내면서 정치적 민주화를 시작했으나 사회적·경제적 민주주의로 심화시키는 포드주의를 경험하지 못한 채 곧바로 신자유주의 경제정책으로 전환"(조돈문 2008, 464)했기 때문이다. 한국 사회가 겪는 '비동시성의 동시성'의 결과는 앞선 시대적 과제를 뒤선 시대적 과제가 제약, 포섭하는 결과로 나타났다. "정치적 민주화를 완성하는 한편 노동기본권 복원 등 사회 민주화를 추진해야 할 주체인 민주 정권이 도리어 노동기본권 제약을 골자로 하는 노동의 유연화에 앞장서게 된 것"(조돈문 2008, 465)이다.

이런 평가에 따르면 민주 정부들의 노동정책은 전前시대의 과제를 후後 시대의 과제로 제약하는 특징을 전형적으로 드러냈다. 폭압적인 노동 통제 정책의 성격이 완화되면서 동시에 시장 중심주의 해법의 강성 기제가 전면적으로 부상했다. 노사관계의 제도화 기제가 등장했으나 동시에 노동시장 유연화 기제가 더 강력하게 작동하기 시작했다. 다만 민주화 과제의 실현이 형식적·절차적 수준에 그치고 경제사회 영역에 파급되지 않던 것과 동일한 맥락으로 제도화는 지체되고 제한되었고, 노동정책 영역에서도 시장 기제의 작동이 우선적인 정책 목표를 차지하게 된다. 유연화 과제가 압도하는 가운데 제도화 요구가 제한적으로 포섭되는 양상이었다.

2. 김영삼 정부의 유연화 일변도 날치기 입법

김영삼 정부가 노동 분야에서 설정한 민주주의 과제는 집단적 노사관계 분야(협의의 노사관계 영역)에서 국제 수준에 맞게 제도적 개혁을 이루는 것이었다. 동시에 세계화에 따른 대응 과제로, 개별적 노사관계(노동시장 영역)의 유연화 정책도 적극 추진하고자 했다.

우리나라 최초의 실질적 노사 상층 협의 기구[5]인 노사관계개혁위원회(이하 노개위)를 발족한 시기는 1996년 말로 예정된 OECD 가입을 바로 앞두고 있던 때였다. OECD 가입 건은 세계화의 과제를 실현하면서 동시에 지체된 노동 관련 제도의 민주화의 과제도 동시에 실현하는 노동 정책 방향 설계의 상징적 계기이자, 실질적 계기이기도 했다.

노·사·공익 협의 기구인 노개위를 통해, 집단적 노사관계 영역에서 선진국 수준의 제도화와 개별적 노사관계 영역의 유연화 간에 '정치적 교환'political exchange이 이뤄졌다. 참여정부 노동정책의 핵심 평가 항목인 '보호(제도화)와 활용(유연화)의 조화'의 원형prototype인 셈이다.

당시 노사의 첨예한 의견 대립으로 난항을 거듭하던 중 1996년 말 김영삼 정부는 식물 정부로 이어지는 큰 악수를 두고 만다. 여당인 신한국당 의원들만의 날치기로, 노사관계개혁위원회에서 합의되었던 수준보다 떨어지는 정부안에다 재벌들의 요구를 더 받아들여 유연화 일변도의 법안을 통과시킨 것이다. 당시 단계적 총파업 양상으로 이어지던 민주노총의 파업 열기가 극적으로 고조되고, 한국노총도 대규모 집회로 저항하고 학생과 시민들의 분노가 거리 시위로 이어지며 지지율은 곤두박질쳐 김영삼 정부는 빈사지경에 이르고 만다.

제도화 관련된 핵심 사항은 당시 집단적 노사관계법의 3금禁(ILO의 노동 3권과 관련한 핵심 조항이라 할 수 있는 제3자 개입금지, 노조 정치 활동, 복수 노

〈표 1〉 김영삼 정부의 유연화와 제도화 교환의 경과

		공익안 (1996년 11월)	날치기 통과안 (1996년 12월 26일)	재개정안 (1997년 3월 10일)
제도화	복수 노조	제한적 허용으로 유보	이마저 3년 뒤로 유보	공익안 회귀
	3자 개입	개입 가능 일부 열거	좌동	좌동
	전임자 임금 지급	선언적 명문화	부당노동행위 규정 금지	5년 유예
	공무원·교원 3권	교원단체로 특별법 규정	교원단체로 유사 1.5권	유보
유연화	변형근로제	격주 단위 48시간제	좌동	좌동
	파견근로제	97년 입법화	좌동	좌동
	정리해고제	도입	요건 완화	공익안 회귀

조에 대한 금지 조항) 폐지였다. 노개위 안에서도 3금제도는 외형적으로는 삭제되었으나, 실질적으로는 현행 유지된 것과 다르지 않았다. 복수 노조 금지 조항은 삭제하되, 일정 기간 동안 상급 단체에만 허용하는 경과규정을 두었다. 대표적 구시대적 악법 조항인 제3자 개입 금지 조항은 지원 가능 대상을 일부 열거하는 데 그쳤다. 공무원·교원의 노동기본권 보장은 교원의 경우에만 노동조합이 아닌 유사 단체로 노동 3권 중 형식상 2권, 실질적으로 1권 수준을 허용했다.[6] 반면에 변형근로제 도입과 파견근로제의 1997년 입법화는 명시적으로 다뤄졌다. 제한된 제도화와 명확한 유연화의 방향을 이미 담고 있었다.

그런데 이 안보다 경영계의 요구를 더 수용한 정부안을 제출해 여당

---

[6] 교원의 단결권은 인정하나 유사 단체로 인정하며, 교섭권은 교섭 대상을 명시해 제한하고, 단체행동권은 부정한다(김준 2008, 115).

단독 날치기로 통과시킨 것이었다. 정부안은 노개위 안에 정리해고제를 추가했고, 노조 전임자 임금 지급 금지(지급 시 부당노동행위로 처벌) 규정과 직권 중재 대상을 확대하는 등 한층 진전된 유연화와 한층 약화된 제도화를 시도했다. 국제 수준의 노사관계 제도화의 실현 과제는 왜곡되면서 유연화 중심의 노동시장정책은 적극적으로 추진된 것이다. 양 방향의 시대적 요구에 대한 편향된 접근은 결국 1996~97년 노동계 대규모 총파업을 불러왔다. 시민들까지 동참한 거센 저항에 떠밀려 여야 합의로 재개정을 합의했지만, 유연화 기조의 틀은 완전히 걷어 내지 못했다. 정리해고제의 요건만 노개위 공익안 수준으로 회귀하고 전임자 임금 지급 금지는 5년간, 은행과 시내버스업의 직권중재 대상은 3년간 유예하는 등, 민주노총과 사상 최초의 공동 총파업을 벌인 한국노총의 요구 사항 일부만을 수용하면서 원안의 유연화 우위의 틀을 유지하는 수준에서 봉합되었다.[7]

김영삼 정부의 노동정책은 공안적 시각의 노동 탄압 정책의 외양만을 일부 걷어 낸 채 국가 경쟁력 강화라는 경제 논리로 노동자를 전근대적 통제의 대상에서 근대적 개혁의 대상으로 바꾸어 놓은 것에 불과했다. 노동 관련 입법의 선진화라는 노동부의 구호에 제도화와 유연화의 필요성이 동시에 등장하지만, 전자는 후자를 위한 빌미에 불과했다.

---

[7] 따라서 결과만으로 볼 때 1996~97년 총파업에 대한 과대된 평가는 적절치 않다.

3. 김대중 정부의 태생적 한계로서 시장 우위 정책

김대중 정부는 출발부터 IMF 경제 위기라는 부담과 소수 정권이라는 한계를 안고 출발했지만 실질적인 노동 개혁의 잠재력을 가진 정부라는 기대도 상당히 받았다. 그러나 시대적 요구를 반영하는 '민주주의와 시장 경제의 조화'로 제시된 국정 목표는 실제 정책 집행 과정에서 경제 위기 극복과 국가 경쟁력 강화를 우선시하는 '시장 우위 정책'으로 귀결되었다.

사회적 합의 기구로 출범한 노사정위원회는 경제정책에 의해 결정된 구조조정 방침이 대량 감원과 실업자 양산으로 이어지는 흐름을 뒤바꾸지 못했다. 결국 문제 제기의 마당에 불과한 성토장이나, 결과를 뒤집지 못하고 면죄부를 부여하는 거수기의 역할밖에 하지 못했다. 정권 초 정리해고제와 파견법이 입법화된 이후 노사정위원회의 역할은 미미했다. 결과적으로 형식적인 노농자 포섭 기구의 성격을 벗어나지 못했다.

노무현 정부가 계승했다는 김대중 정부의 노동정책은, '제도적 타협 기제의 구축을 통한 노사관계 안정화 정책'의 경우 노사정위원회의 운영 실적과 노동쟁의 발생, 김영삼 정부 시절보다 많은 쟁의 관련 구속자 수의 결과로 볼 때 절반 이상의 실패로, '노동시장 유연화'의 경우 절반 이상의 성공으로 평가할 수 있다. 구조조정의 시기에 대응해 노동시장을 안정시키는 제도 마련이 필요했지만, 실제 집행된 정책은 시장 요구의 급격한 수용에 따른 혼란을 사후 방지하는 수준에 머물렀다. 한마디로 김대중 정부 노동정책의 결과는 '미약한 제도화와 강화된 유연화'로 특징지을 수 있다(김성희 2004).

〈표 2〉 김대중 정부 노동정책 평가표

영역	하위 영역	제도화의 내용	정책 방향과 결과	실행 결과
노사 관계의 제도화	단결권	·교원노조, 공무원노조 인정 ·복수 노조 인정 ·비정규노조 조직 여건 마련	·교원노조의 경우 단체행동권 제외 2권 인정 ·공무원노조 불인정 ·복수 노조 유예 ·비정규노조 조직화 여건 마련 없음	최소 수준의 제도화
	교섭권	·산별노조 조직화 수용/지원과 산별교섭 토대 구축을 위한 정책적 지원 여부	·별도의 제도적 조치 전무	분권화 지속
	쟁의권	·쟁의권의 사회권으로 인정 여부	·형사법을 통한 통제와 손해배상 등 민사를 통한 압박 가중	제도화의 전무와 유연화의 확대
	사회적 합의	·사회적 대화 기구로서 노사정위원회 설치	·참여와 사회적 타협의 기제 구축, 그러나 형식적 수준의 제한된 역할	형식적 제도화
	노동 정치	·노동 정치 여건 제공	·노동조합법 개정했으나, 정치자금법으로 여전한 제한 지속	제도화 미비
노동 시장	실업 복지 정책	·실업보장제도와 재고용정책의 정비	·고용보험과 여타 사회보험의 급속한 확대, 체제 정비. 단, 급속한 실업 확대와 불안정 고용 확산에 대한 미흡한 사후대비책에 불과	불충분한 제도화
	임금정책	·분권화된 임금 교섭과 성과주의 확산	·성과주의 임금의 확산 장려, 촉진	유연화 유도
	노동시간 정책	·노동 시간 단축 추진 과정에서 탄력화와의 절충 시도	·노동 시간 단축과 유연화의 결합	제도화의 과제에 대한 유연한 접근
	고용정책	·비정규직 증가에 대한 대비	·비정규직화와 불안정	유연화된 상황에 가해지는 유연화의 압력과 보호의 지연
	인력정책	·정규직 감축과 비정규직 활용 증대 현상에 대한 대비	·정부가 공공 부문 구조조정을 선도함으로써 민간 부문 인력 구조조정 촉진하는 역할을 함	인력 관리의 유연화 촉진, 지원

자료: 김성희(2004)에서 수정 인용.

4. 노무현 정부 노동정책의 전사(前史)
: 유연화의 포로가 된 민주적 제도화의 과제

김영삼 정부 이래 노동정책의 흐름은 노동 개혁을 표방하면서 결국 노동을 개혁 대상으로 삼거나 노동시장의 유연화를 개혁으로 해석하는 '개혁의 포기와 유연화 강화'의 역사였다. 각 정권의 시작점에서 제시된 정책 목표는 조금 달랐지만 결국 극도로 제한된 참여의 공간을 열어 놓고 노동을 배제와 순치의 대상으로 삼는 데 그쳤다.[8]

기본적인 수준의 제도화도 방기한 채 가해지는 유연화 압력에 대해서 한국의 노동자들은 정부 정책에 전면적으로 항거하는 정치적 저항과 파업으로 대응했다. 두 정부 아래 지속되었던 뜨거운 불만의 겨울은 제도화의 과제를 왜곡하고 유연화를 강화하는 노동정책에 대한 집단적 저항과 불만의 표출이다.

이 정치적 파업과 저항은 노동 부문 제도화의 진공 상태에서 탄생했다. 노동자들의 요구와 의식이 철저한 변화를 요구해서 전국적 저항이 분출된 것은 아니다. 갈등을 흡수할 수 있는 제도적 틀을 한국 노동운동의 요구와 지향에 비해 너무 좁게, 낮게 설정한 정부 정책의 한계 탓이라고 할 수 있다.[9] 강화된 유연화와 미약한 제도화 수준에서 만족하라는 정부

---

8 보수적이고 지역 구도를 강화하는 퇴행적 성격의 3당 합당을 통해 집권한 김영삼 대통령도 취임사에서 '더 가진 사람은 덜 가진 사람을 위해 양보해야 한다'는 취지의 말을 남긴 바 있다. 이런 언급이 노동정책 기조에 반영된 흔적은 찾아보기 어렵다.

9 제도화의 미비 탓이라고 할 수 있는 근거는 김영삼 정부 시절 노사관계개혁위원회에서 3금 조항 중 어떤 조항도 개선되지 않았다는 점, 김대중 정부 시절 구조조정 방향에 대해서는 전혀 조정할 수 없었을 뿐 아니라 3금 조항조차 여전히 해결되지 않은 점을 들 수 있다. 기본적인 수준의 제도화조차 제시하지 않은 채 참여와 타협의 노사관계를 구축하자는 주장에 노동조합 진영이 동조하

의 정책 방향 제시에 노동자들은 분명하게 거부 의사를 밝혔던 역사가 반복되는 와중에 노무현 정부를 맞이하게 되었다.

노동정책 분야의 제도적 개혁이란 노동자에게 민주주의적 권리를 보장하고 온전한 시민권을 부여하는 일반 민주주의 실현의 과제다. 무엇보다 노동 통제 정책으로 제약되었던 노동 기본권을 노동자에게 온전하게 부여하는 것이 필수적이다. 그러나 국제 최소 기준인 ILO 협약도 충족시키지 못하는 결과에 그쳤다. 또한 군사 정부 시절부터 내려온 반민주적인 기업별 노조 체계와 기업별 교섭 구조의 틀을 바꿀 제도적 개혁은 전혀 이루어지지 않았다. 기업별 노조 체제는 한국 노동운동의 자생적 전개, 발전의 산물이 아니며, 서구의 산별노조와 달리 대다수 노동자를 대변하는 노동조합 구조가 아니다. 산별 체제로 구조적 변화의 전기를 마련하는 일이 노동 분야 제도적 개혁의 핵심 항목이었다. 그러나 참여정부는 산별 구조 정착을 위한 어떤 개혁 조처도 추진하지 않았으며 기업별 체제에 안주하는 정책으로 일관했다.

서구에서 노동의 시민권 개념은 모든 분야에서 노동자 참여의 제도화로 진전되었다. 내용적으로 '정치민주주의-경제민주주의-산업민주주의'를 구축하는 과제이며, 노동자들의 집단적 정치 참여, 경영 참여, 생산 참여를 보장하는 노동권 확장의 역사다(Regini 1992). 아울러 시장에 대한 민주적 규제를 도입함으로써 시장 폭력성을 제어하는 조처를 통해 경제적 평등을 추구하는 내용이 포함된다. 그러나 한국에서는 노동자의 정치 활동 금지 조처가 실질적으로 지속되어 정치적 민주주의도 실현되지 않고

는 것은 자신의 존재를 부정하지 않는 한 불가능할 것이다.

있다. 노동조합법상의 정치 활동 금지 조처 삭제로 형식적으로는 풀렸으나 정치자금법에 의해 우회적으로 제한되었다. 생활권을 보장하는 경제 민주주의와 기업 경영과 생산 관련 의사 결정 참여를 보장하는 산업민주주의는 의제 설정조차 이루어지지 않은 실정이었다.

제도화란 자본주의 시장 경제하에서 노동권을 확장시키는 범위와 수준의 문제다. 서구의 1950~70년대 초까지는 노동자의 권리가 확장되고 산업민주주의가 제도화되는 노동의 시대, 70년대 중반 이후는 경제 위기에 대처하는 사회 협약의 정치가 전개된 국가 주도의 시대, 80년대 이후는 유연화의 물결과 시장화의 압력이 거센 자본 우위의 시대로 구별된다 (Regini 1992, 4). 한국의 노동 개혁의 과제들은 서구의 전후 제도화 시점의 역사적 과제와 맞물려 있다. 그러나 지금 시계는 유연화와 시장 만능의 시대를 가리킨다. 비교노사관계의 시각에서 볼 때 좌절된 제도적 개혁과 강화된 유연화로 집약되는 한국 노동정책의 역사는 과제와 시간의 불일치의 산물이다.[10]

자본의 지구화와 금융의 세계화에 의해 전 지구적 차원에서 시장 만능주의가 관철되고 유연화가 경쟁력의 요체로 제시되는 지금 시대에, 제도적 개혁의 과제는 '시장에 의한 개혁, 시장을 통한 개혁'으로 대체되거나 기껏해야 이를 저해하지 않는 수준에 머물게 되었다. 더구나 한국의 노동운동은 초보적인 제도화 수준도 구축되지 않은 상황에서 자본 우위의 시대와 유연화의 물결에 직면하고 있다. 제도화 즉, 노동 개혁에 대한 기대

10 또한 현재 시간을 뛰어넘을 만한 이념적 자율성을 갖지 못하는 협소한 정치적 공간을 그 원인으로 지적할 수 있다.

를 갖는다면 배신이나 좌절을 경험할 가능성이 많다. 전향적인 내용을 담고 있는 노동정책도 경제정책과 맞물려 하위 부문으로 간주되는 순간 그 개혁성은 흔적도 없이 사라지게 된다. 결국 노동 개혁이란 불가능에 대한 시대착오적인 집착이든가, 신자유주의적 정책 성격을 포장하는 수사에 불과한 것으로 전락하고 말았다.

III. 노무현 정부의 노동정책 방향과 결과: 자기평가의 재평가에 기초하여

참여정부의 노동정책은 출범 전 인수위 시기에서 출범 초기까지와 출범 후 철도, 화물 등 대규모 파업을 겪고 난 6개월 후의 시점으로 대별 가능하다. 두 시기 정책 기조의 변화를 짚어보고 그 결과도 평가해 본다.

1. 노무현 정부 출범 전후의 노동정책 방향과 실행 성과

참여정부의 성과를 평가하는 자체 보고서(국정홍보처 2008)[11]를 바탕으로 정책 방향 설계와 실행 결과에 대해 스스로 밝히고 있는 성과와 한계를 내재적으로 평가해 본다.

---

11 이 보고서는 참여정부 정책 입안과 실행에 참여했던 학자들이 대거 집필에 참여해 완성되었다.

<표 3> 참여정부 인수위 12대 정책 과제

분야	12대 정책 목표
외교·통일·국방	· 한반도 평화 체제 구축
정치·행정	· 부패 없는 사회, 봉사하는 행정 · 지방분권과 국가 균형 발전 · 참여와 통합의 정치 개혁
경제	· 자유롭고 공정한 시장 질서 확립 · 동북아 경제 중심 국가 건설 · 과학 기술 중심사회 구축 · 미래를 열어 가는 농·어촌
사회·문화·여성	· 참여 복지와 삶의 질 향상 · 국민 통합과 양성 평등의 구현 · 교육 개혁과 지식 문화 강국 실현 · 사회통합적 노사관계 구축

주: 밑줄은 노동 연관 분야며, '사회통합적 노사관계 구축'만이 명시적으로 노동 분야 정책 과제임. 이는 초기에 빠졌다가 나중에 추가 과제로 선정된 것임.
자료: 국정홍보처(2008, 39)에서 인용.

인수위 시기 정책 목표와 실행 성과

참여정부 출범 초기인 인수위의 12대 정책 목표에는 9번째 목표로 '참여 복지와 삶의 질 향상', 10번째 목표로 '국민 통합과 양성 평등의 구현'과 12번째 목표로 '사회통합적 노사관계 구축'이 들어 있다.

앞선 두 정부의 노동정책에서 드러났던 모순적인 특징인 노동시장과 노사관계 영역의 지향점 분리, 시장과 민주주의의 분리, 유연화와 제도화의 분리는 외형적으로 드러나지 않는다. 초기의 정책 방향은 "중산층과 서민이 '살기 좋은 대한민국'을 만"든다는 "따뜻한 대한민국"이라는 후보 시절의 4대 비전을 반영하고 있다(국정홍보처 2008, 28). "국민의 70%가 중산층이 되는 더불어 잘 사는 시대"(국정홍보처 2008)를 만들어 간다는 정책 목표다. 인수위 중반에 추가된 사회통합적 노사관계 구축까지 고려하면,

'따뜻한 시장'과 '통합적인 노사관계'가 상승작용을 일으키는 목표를 설정했다고 볼 수 있다. 노무현 정부의 실제 노동정책은 과연 시장과 민주주의의 괴리를 복원하고, 유연성 우위의 신화를 뒤엎는 발상의 전환을 실현했는가?

또한 참여정부는 분배와 성장의 조화, 제도화와 유연화의 조화, 고용안정과 구조조정의 조화(이른바 사회통합적 구조조정), 사회협약기구를 통한 정책 조정과 시장 기능을 보장하는 규제 완화 정책(기업하기 좋은 나라)의 병행으로 표현되는 민주주의와 시장의 조화를 정책 방향으로 제시한다. 모두 제도화를 통한 개혁적 과제와 동시에 유연화를 통한 시장화의 확대라는 상반된 방향의 정책 과제를 병행, 조화시킨다는 방침이다. 과연 이 엄청난 부조화를 조화시킬 새로운 비책이 있다는 말인가? 김대중 정부의 '민주주의'는 IMF체제 때문에 '시장'의 볼모로 전락했던 것에 불과했던 것일까? 민주 정부들의 노동정책에서 망령처럼 떠도는 유연성과 제도화의 조화라는 수사가 감추어져 있다가 등장하는 것은 결국 유연성 우위의 관철이라는 역대 정부 노동정책의 귀결을 반복할 우려를 안고 있었다.

인수위 시절 분야별 12대 정책 목표 중 노동 관련 분야는 '9. 참여 복지와 삶의 질 향상', '10. 국민 통합과 양성 평등의 구현', '12. 사회통합적 노사관계 구축'인데, 이 중 9번째 목표는 사회 복지의 과제로서 노동 계층에게 영향을 미치지만 직접적으로 노동 분야의 공약이라고 할 수는 없다. 10번째 목표에는 세 가지 주요 과제 중 하나로 '5대 차별 해소를 통한 평등 사회 구현'이 포함되어 있는데, 그 내용은 '적극적 차별 시정 조치 Affirmative Action: AA 도입 추진', '비정규직과 외국인 근로자의 경우에는 별도의 보호 조처 강구', '차별 금지법과 (가칭) 차별 시정위원회 설치' 등이다.

전체적인 평가를 보면, 참여정부는 "노동자의 삶의 질을 향상시키기

〈표 4〉 참여정부의 인수위 시기 사회통합적 노사관계 구상

주요 과제	세부 과제
국제 기준에 부합하는 노사관계 구축	국제 기준에 부합하는 방향으로 노사관계 제도 개선
중층적 구조의 사회적 파트너십 형성	중층적 협의·교섭 구조를 확산
자율과 책임의 노사 자치주의 확립	노사 자치주의를 원칙적인 관점에서 일관되게 추진
근로 생활의 질 향상	상대적 빈곤 계층에 대한 사회안전망 확충
노동 행정 서비스의 역량 확충	비정규직 등 새로운 행정 수요 증가에 대처
일자리 창출과 고용 안정	·지식 기반 산업의 성장과 중소·벤처기업의 활성화를 통한 고생산성·고임금의 신규 일자리 창출 ·노동시장 진입이 어려운 여성, 노인, 장애인 등을 대상으로 보건·복지·환경·교육 등 사회적 유용한 일자리 매년 5~10만 개 창출 ·효율적인 노동시장 정보 시스템 창출 ·고용안정센터의 원스톱 서비스 활성화와 직업 상담원의 단계적 정규직화 ·학교 교육과 평생 교육을 가이드할 수 있는 국가 자격 제도 혁신

자료: 국정홍보처(2008, 51)에서 수정 인용.

〈표 5〉 참여정부 5대 차별 시정 추진 관련 개선 현황

5대 차별 시정 로드맵 추진	·외국인 근로자 고용허가제 시행(2004. 8) ·여성 결혼 이민자 및 혼혈인·이주자 사회 통합 대책 마련(2006. 4) ·여성 고용 관행 개선 방안 마련(2006. 12) ·장애인차별 금지법 및 권리구제 등에 관한 법률 제정(2007. 4) ·장애인 지원 종합 대책 마련(2007. 4) ·장애인 등 특수교육법 제정(2007. 5) ·비정규직 보호입법 시행(2007. 7)
적극적 고용 평등 프로그램 도입	·남녀고용평등법 개정(2005. 12)으로 적극적 고용 개선 조치 도입 ·적극적 고용 개선 조치 적용 대상 사업장 실태 조사(2007. 1~2)

자료: 국정홍보처(2008, 61)에서 수정 인용.

위해 사회적 파트너십을 토대로 한 사회통합적 노사관계 구축"을 목표로 (국정홍보처 2008, 51) 설정하고, "노사 간 실질적 힘의 불균형을 제도적으로 해소함으로써 노사관계의 공정한 규칙을 정립하고자 노력했으며, 비정규직에 대한 차별 시정, 외국인 노동자를 위한 고용 제도 개선, 노동 행정 서비스 능력을 높여 선진 노동 문화 정착의 틀을 마련"했으며, "노동시장의 신규 진입과 원활한 이동을 위한 일자리 창출과 일자리 정보 제공에 역점을 두었"(국정홍보처 2008, 51)다고 밝히고 있다.

이 정책 기조는 과거 정권들과 달리 '따뜻한 시장과 통합적 노사관계의 상승작용'을 실질적으로 촉진하는 진일보한 설정이었다고 평가할 수 있다. 그 결과에 대한 평가야말로 참여정부 노동정책 평가의 핵심 사항이다.

인수위 시기 정책 목표 달성 정도

"참여정부 국정 운영 백서"는 인수위 시절 노동 공약 중 5대 차별 시정 로드맵 추진에 대해 법제도가 개선된 내용을 밝히고 있다. 여기에 더해 적극적 고용 평등 프로그램은 5대 차별 중 여성의 노동시장 차별 시정과 관련되므로 같이 평가될 필요가 있다.

노동 분야 차별 시정과 관련해 핵심적인 사항인 비정규직 관련 입법은 뜨거운 사회적 논란을 낳고 있는 사항이다. 이에 대한 평가는 내재적 평가로만 마무리할 수 없는 사안으로 다음 장에서 본격적으로 다룰 것이다. 다만 이를 정책 과제 범위에 포함해 실현한 것 자체는 과거 민주 정권들의 노동 개혁의 왜곡을 벗어난 진일보한 태도로 평가받을 수 있다(이에 대해서는 조돈문 2004; 김성희 2003을 참조). 그러나 인수위 초기의 이런 정책 방향이 지속되지 않았기 때문에 의제 설정의 의의조차 재평가하지 않을 수 없다(세부적인 정책 평가는 이 글의 4절을 참조).

참여정부의 자체 보고서는 "과거 정부들은 경제성장이라는 단일 목표를 추구하면서 인권, 민주주의, 사회 복지, 불균형의 해소 등과 같은 가치는 외면해 왔다"고 비판하면서, "참여정부는 …… 경제성장 지속, 인권과 민주주의, 국민 복지 증진, 계층 간·지역 간 불균형의 시정 등과 같은 복합적인 목표를 동시에 매우 효과적으로 추진"(국정홍보처 2008, 166)했다고 자평한다.

사회·복지 분야에서는 가장 먼저 '사회투자적 관점에서 사회 지출의 대폭 확대'로 사회 지출이 매년 20% 증가했고, 전체 예산 중 가장 비중이 큰 28% 수준이 되었던 점을 들고 있다. 건강보험, 국민연금 등의 사각지대를 해소하고 기초노령연금 도입, 국민연금 개혁 등 제도 개선을 성과로 꼽았다(국정홍보처 2008, 173-177 참조). 그러나 국민연금은 수급률을 대폭 낮춰 '용돈 연금'으로 전락했다는 비판을 받은 바 있으며, 기초노령연금은 정부안이 아니라 야당안이 통과된 것이다. 전반적으로 사회 지출은 늘어났으나 양극화를 해소하기 위한 새로운 제도 도입이나 적용 범위 확대 등 보장 기능의 확충으로 늘어난 것이 아니다. 이미 도입된 제도의 성숙으로 인해 자연 증가분이 컸기 때문에 지출이 늘어난 것에 불과하다.[12] 또한 '보육 예산 5배 증가'를 성과로 제시하는 이면에 사교육비 문제가 오히려 악화된 점에 대해서는 언급하지 않고 있다. 공공의료비가 크게 높아졌다고

---

[12] 참여정부에서 복지 예산이 2002년 19.9%에서 2006년 27.9%까지 증가했다. 그 주요 내역은 기초 생활 보장(2002년 135만 명 3.4조 원에서 2007년 167만 명 6.2조 원으로 증가), 사회 서비스(2,722억 원에서 1조 2,945억 원)와 여성 보육 서비스(2,461억 원에서 1조 3,366억 원)이다. 이미 도입된 제도인데 시간이 지나면서 적용 대상이 늘어나 지출이 증가했던 것이다. 제도의 성숙을 저해하지 않았다는 것을 성과로 삼기에는 개혁 정부라는 이름이 초라하지 않은가?

했으나, 암 환자와 백혈병 환자의 의료비 부담을 완화한 성과 외에 획기적 개선 결과는 잘 보이지 않는다.

한나라당이나 이명박 당선자가 공약으로 내걸었던 민영화나 상업화 정책과 비교했을 때, 참여정부는 공공 부문 지출의 단순 확대라도 지속했기 때문에 진보적이라고 평가받기도 한다. 그러나 한나라당의 수구적 신자유주의의 반대 항으로서 참여정부의 성격이 진보적 개혁주의인지, 점진적 신자유주의인지는 좀 더 종합적인 평가를 통해 결론내야 할 것이다. 참여정부는 공기업의 소유구조 개편인 민영화를 추진하지 않았지만, 상업적 경영 방식을 훨씬 더 체계적인 방식으로 적극적으로 도입했다. 공공 부문의 상업적 경영 방식을 구조적으로 강제하는 공공기관운영에관한기본법을 통과시키고, 기획예산처를 통해 지속적으로 경영 실적을 평가함으로써 성과지상주의를 조장했다(김성희 2006c 참조). 참여정부 시기에 확고히 구축된 공공부문의 상업적 운영 방식은 신자유주의 공공 부문 개편 방향과 동일선상에 있다. 강압적 방식이 아니라 성과급 지급이라는 유인 체계를 통해 자발성을 유도하고 있지만 법과 제도를 통해 이를 강제하는 틀을 구축했다. 결국엔 공공적 운영 방식과 공익적 가치를 급격히 축소시켰다는 측면에서 세련되고 체계화된 신자유주의 개혁이라고 평가하는 것이 타당하다고 본다.

경제 분야에서는 4년간 평균 4.3% 성장과 1인당 국민소득 2만 달러 달성, 대외수출량 연간 3,000억 달러 돌파, 종합주가지수 2,000 시대 개막, 소비자물가 3% 이내 안정세 등을 거론한다(국정홍보처 2008, 168-172 참조). 이 모두가 성과라고 하더라도 2006년 대통령 신년 연설의 화두로 삼은 양극화 문제의 해결 정도에 대한 언급이 빠져 있다. '(민주주의와 시장이라는) 복합적인 목표를 동시에 효과적으로 추진했다'는 자체 평가는 자화자찬에 머무르고 만 격이다.

노무현 대통령은 2006년 신년 연설에서 양극화, 기업 간 격차, 고용형태별 격차, 소득 간 격차의 심각성을 지적하며 중소기업 육성과 안정적 일자리 창출, 사회안전망의 확충, 비정규직 입법의 조속한 처리가 필요하다고 밝혔다. 이를 위해 노 대통령은 일자리 창출과 사회안전망 확충, 대기업 노조의 양보와 사회적 대타협을 거론했다. 일자리 창출을 위해서는 선진국보다 극도로 낮은 재정 지출과 복지비 예산 수준에 비춰 재정 확충이 필요하다고 말했다. 이 대목을 두고 정부 여당과 한나라당 사이에 '성장 대 분배'라는 오랜 논쟁의 재판인 '증세-감세' 논쟁이 벌어졌다. 그런데 어처구니없게도 신년 연설 직후 열린우리당 의원이 내놓은 소득세 감소안을 보면, 연소득 4,000만 원 이하는 1% 인하, 8,000만 원 이상은 1% 인상으로 되어 있다. 진보 대 보수의 논쟁도 아니고, 개혁보수 대 정통보수의 논쟁거리로 보기에도 미흡하다. 이 정도는 '합리적 세율 조정' 수준의 논란거리다. 실제 재정 확충을 통해서 정부가 능동적인 역할을 수행하려면 기존 관료들의 정책 방향을 획기적으로 수정하려는 정치적 의지가 필요하다. 기존 정책 방향의 정당성을 강변하는 말과는 양립불가능하며, 기존 정책에서 일대 변화를 예고하는 중대 선언이 되었어야 했다. 하지만 그런 정도의 정치적 의지를 느낄만한 대목은 없어 공허하다.[13]

---

[13] 노무현 대통령의 신년 연설은 양극화 해소를 과거 민주대연합론과 유사한 '양극화 해소를 위한 대타협론'을 펼쳐나가는 정치적 재료로 요리하고 있을 뿐이다. 비정규 법안을 둘러싸고 벌어지는 '비정규직 보호입법-비정규직 양산법'이라는 논란에 대해서도 기존 입장을 그대로 유지하고 있다. 비정규입법을 정규직 대기업 노조의 양보와 결단의 문제로 치부하고, 비정규직들이 벌이는 생존권 투쟁이 정부 입법 반대와 맞닿아있다는 사실에는 애써 눈감고 있다(김성희 2006d).

참여정부의 노동정책 성과에 대한 최종적인 평가는 핵심적인 제도 개선 사항인 비정규법과 외국인 노동자 관련 제도 개선, 노사관계 선진화 입법을 세부적으로 살펴봐야 확실해진다. 우선 전반적 정책 기조 측면에서 민주주의와 시장을, 제도화와 유연화를 동시적 과제로 설정하고 함께 실천했다는 자평은 과장되었다고 본다. 무엇보다도 양극화 문제가 심각해지는 양상에서, 경제정책 기조에서는 사소한 논쟁을 부풀려 논란을 오히려 즐겼을 뿐 실질적인 해소 대책을 제시한 바 없고 사회 분야로 떠넘긴 셈이다. 사회 분야에서는 공공 지출을 확대하고 공공성을 실현하기도 했으나 극히 일부만 대상으로 포함되는 분야에 한정되었다. 획기적인 분배 기능의 강화로 경제 분야에서 초래되는 양극화의 부담을 실질적으로 완화하는 수준까지 진전시키지는 못했다.

2. 노무현 정부 노동정책 기조의 변화
: 사회통합적 노사관계 지향에서 노동운동 비판으로

노무현 정부의 정책 방향은 '사회 통합과 개혁'으로 집약된다. 그러나 '성장과 분배의 조화'라는 언사는 어느덧 '위대한 2만 달러 시대'라는 성장 우선주의 구호로 대체되었다. 사회적 합의를 계승한다고 했으나 노사정위원회의 위상을 새로이 찾으려는 움직임은 없다. 오히려 사회적 대화의 형식적 기구로써의 효용성마저 포기한 형국이다. 가깝게는 김대중 정부, 좀 멀게는 김영삼 정부부터 '노동시장 유연화와 협조적 노사관계의 구축'이라는 일관된 정책 방향을 관철시키고 있는 관료들의 손에서 노동정책이 운영되고 있었다.

5대 차별 시정과 동일노동 동일임금의 원칙을 제시하는 등 비교적 신선한 구호로 출발했던 사회 통합의 구상은 대기업 노동자의 투쟁을 집단이기주의로 매도하는 용도로 쓰이고 있을 뿐이다. 아울러 참여와 자율의 자치주의를 명분으로 제시된 노사관계 선진화 방안은 가히 충격적인 노동 현실 인식을 드러내 보였다. 노사 자치주의라는 이름으로 제도적 개혁의 과제에 대한 방기와 유연화의 관철을 적극 옹호하고 있다. 노동 개혁이 노동부문에 대한 민주적 개혁의 성격에서, 노동(운동)에 대한 개혁이라는 성격으로 뒤바뀌고 있었다.

참여정부의 정책 기조에 대해 '자유주의의 개혁적 분파', '독일 기민당의 사회적 시장경제 노선과 블레어의 제3의 길 사이의 정책'이라는 상대적 개혁성을 인정하는 견해와 '종속적 신자유주의 정부', '신자유주의 정책의 동원, 협력 메커니즘으로 공급 중심의 코포라티즘을 활용하는' 수준에 불과하다고 보는, 본질상 신자유주의 성격을 강조하는 견해로 크게 대별할 수 있다.[14] 그러나 앞의 입장도 상대적 개혁성이 현실화될 가능성에 대해서는 낮게 평가한다.[15] '성장과 분배 사이의 아슬아슬한 줄타기'라는

---

14 이에 대해서는 신광영(2004), 신원철(2005), 노중기(2005; 2006), 조돈문(2004)를 참조.

15 의지는 있으나 정권 기반의 한계 때문에 불가능하다는 점에서 이런 평가를 내리고 있다. 그러나 개혁인 정부는 현 보수 기득권 세력과 체계에 맞서 이를 제어하고 넘어서려는 의지가 없다면 결국 타협하거나 의견 차이를 봉합하려 하며 결국 개혁성도 퇴색하게 된다. 개혁 정부의 한계가 의지든 신뢰이든 기득권 체계에 근각에 대해서 도전을 포기하는 개혁 정부의 자기 합리화 논리로 활용될 가능성이 크다. '개혁성을 가진 정부 → 정권 기반의 취약-노동 진영이 개혁에 힘을 보태야 한다 → 정부를 지지하고 정책에 협력해야 한다 → 그래야 개혁성이 보존될 수도 있다'는 비판적 지지 입장의 연장선에 있다. 그러나 개혁성을 가진 정부가 노동계의 지지를 활용하면서 실질적으로 반노동정책을 의미하는 신자유주의 정책 기조를 펼 때 비판적 지지의 입장은 맹목적 지지에 다름 아니다. 가까운 예로 비정규법안 논란이 한참 치열했던 2006년 9월경 노동계와 시민단체 등 진보진영의 일부가 '양극화해소국민연대'를 띄워 참여정부와 대타협을 추진한 적이 있다. 그러나 그

평가조차 과장된 것이다. 성장을 우선시한 채 분배라는 수사를 포기하지 않는다는 입장 정도가 이 정부의 개혁성에 불과하다는 냉혹한 평가를 받기에 이르렀다.

수사가 아니라 실현하고자 하는 정책으로서의 노무현 정부 노동 개혁의 상은 무엇인가? 한국의 노사관계 구조의 근본적 한계를 한마디로 집약한 표현이 바로 노사관계에 대한 구상이다. 과연 노무현 정부는 구조적 문제를 어떻게 진단하고 있는가?

노무현 정부의 노동 개혁을 집약적으로 나타내는 표현은 '사회통합적 노사관계'의 구상이다.[16] 사회통합적 노사관계라는 정책 방침도 핵심 국정 과제에서 제외되었다가 다시 포함되었으며, '노사협력체제의 구축'이라는 용어로 표현되었다가 다시 이 용어로 정리되는 우여곡절을 겪었다. 체계적인 준비를 갖추고 등장한 정부가 아니라는 사정을 감안하더라도 노동정책이 국정 현안에서 차지하는 낮은 위상을 실감하게 하며 사회 통합의 내용이 과연 무엇인지 의문을 품게 하는 대목이다.

사회통합적 노사관계의 상은 현재의 노사관계를 '지나치게' 대립적이라고 진단한다. 대립적 노사관계의 원인으로는, 사용자에 대해서도 언급하지만 노동조합의 경제적 이기주의와 타협을 전제하지 않는 투쟁주의를 거론한다. 이에 따르면 한국의 노조운동은 이미 정당성을 상실했다고 평

다음날 노무현 대통령은 한나라당과 대연정을 제안하는 웃지 못할 일이 벌어졌다. 신자유주의에 맞서지 않고 표방되는 개혁성은 주변적·잠정적 성격을 벗어나지 못한다.
16 사회통합적 노사관계의 내용은 다음과 같다. ① 국제 기준에 부합하는 노사관계 구축, ② 중층적 구조의 사회적 파트너십 형성, ③ 자율과 책임의 노사 자치주의 확립, ④ 근로 생활의 질 향상, ⑤ 노동 행정 서비스의 역량 확충, ⑥ 일자리 창출과 고용 안정.

가된다. 참여정부의 유일한 노사관계 정책이라 할 수 있는 노사관계 선진화 방안에는 '투쟁적인 노조가 문제이며, 그들은 집단 이기주의자다'라는 문제인식을 숨기지 않고 있다. 과연 한국 노사관계의 구조적 문제가 대기업 노조의 이기주의와 노조의 경제주의적 전투주의 노선에 있는가?

노사 자율을 강조하는 자치주의voluntarism라는 앵글로색슨 모델을 차용하고 있지만 노사 자율의 전제가 되는 노동 3권의 실질적 보장 문제에 대해선 명확한 언급이 없다. 더구나 선진화 방안의 자치주의 개념에는 대처 정부 시절의 신보수주의를 연상하게 하는 사용자 대항권을 강조하는 경향이 짙게 깔려 있다. 압도적인 힘의 우위를 갖춘 사용자에게 대항할 세력 형성을 지지하기 위해 구축된 노동 3권에 맞서는 사용자의 파업권(직장폐쇄권)을 동시에 인정해서, 힘의 균형 관계는 고려하지 않고 직접적 힘 겨루기를 통해 승부를 보라는 식의 반反시민권적 발상을 담고 있다.[17] 노동조합을 조직하기 위해 생존권을 담보로 걸어야 하고, 모든 파업은 불법파업이 되며 파업 이후에도 구속, 수배, 손해배상, 가압류의 거센 제약이

---

[17] 압도적인 힘의 우위를 갖춘 자본(사용자)의 노동 억압과 노동력의 극한적인 활용을 방치하게 되면 노동력의 질의 쇠퇴와 재생산 기반 고갈을 초래하게 된다. 개별 자본은 비용 절감을 통해 많은 이윤을 거두어들이지만, '악화가 양화를 구축'해 극한적인 노동력 착취에 의존하는 기업만이 생존하게 된다. 이런 행태를 방치하면 결국 전체 자본에 화살이 되어 이익 기반을 침식하게 되는 '구성의 오류'(fallacy of composition)가 발생한다. 자본주의의 안정적 재생산을 위해 이를 방지하기 위한 장치 마련이 필요했는데, 노동시간 제한과 아동노동 금지, 노동감독관 제도를 통한 근로감독 강화 등을 국가가 주도한 배경이기도 하다. 아울러 극한적인 노동력 착취를 방지하기 위해서는 노동자들의 조직적 단결을 통해 자신의 권리를 확장할 가능성을 어느 정도 열어 놓을 필요성도 있었다. 자치적인 단결과 사용자와의 교섭, 단체행동을 보장하게 된 노동권 개념이 정립된 배경이다. 물론 이런 역사적 과정이 순조롭게, 평화롭게 진행된 것은 아니다. 생존의 벼랑 끝에 선 노동자들의 피로 얼룩진 투쟁의 결과물이다. 그러나 전체 자본의 입장에선 합리적이고 타당한 해결책으로 자본주의의 한 요소로 받아들일 만한 충분한 근거를 갖고 있다.

작동하고 있다. 노동법이 아니라 민형사법을 통한 제약이 강력하게 작동하고 있다. 노동 3권의 실질적 제약 상태에 덧붙여 사용자의 대항권을 설정하겠다는 발상을 개혁 정부의 노사관계 개혁 방안이라고 볼 수 있는가?

이런 문제 설정은 협력적 노사관계의 구축이 실질적 목표라는 것을 숨기지 않는다. 참여와 타협의 노사관계가 선이라는 시각은 노사관계를 교섭 공간에서 벌어지는 제도적 타협의 기제로만 보는 관점에서 비롯된다.[18] 참여정부 자체 보고서에서는 "'법과 원칙'을 세우되 '대화와 타협'의 장을 보장함으로써 자율과 책임의 노사 자치주의를 실현하는 것을 그 근간으로 한다"(국정홍보처 2008, 210)고 밝히고 있다. 이에 따르면 '손해배상, 업무방해 등 노동관계법이 아닌 민형사법으로 제한된 법과 원칙'에 따라 '역할이 극히 제한되는 상태'에서 '대화와 타협만이 선으로 여겨지는 노사정위원회의 참여가 보장'되는 가운데 구조적 한계를 갖는 '자율'의 이름 아래 '책임'을 지는 것이 노사관계 구상이다. 사회통합적 구상이란 결국 노동조합을 개혁 대상으로 순치하고자 하는 협력적 노사관계를 실현하기 위한 명분으로 전락했다.

---

18 다원주의 노사관계이론과 미국 제도학파의 사고에서 노사 이해관계의 갈등은 인정되나 불가피하고 필연적인 갈등은 없다(Hyman 1989). 교섭관계를 통해서, 교섭관계의 확장된 기구를 통해서 이해 갈등의 수렴, 조정, 타협이 가능하다. 누구든 이런 협력적 노사관계가 바람직하다는 견해를 가질 수는 있다. 그러나 모든 노사관계의 기본 성격은 제한적으로만 갈등적이며 궁극적으로 협력적이라고 보는 자신의 시각을, 강요하거나 훈계하는 태도를 취하는 건 곤란하다. 첫째, 노사관계는 필연적으로 적대적 이해관계에서 출발하는 계급 대립의 성격을 가진다는 견해가 훨씬 더 뿌리가 깊은 이론적 연원을 가지기 때문이다. 둘째, 적어도 제도학파나 다원주의 이론틀을 채용하더라도 현실의 노동운동이나 노사관계에 대한 평가는 역사적 기반에 대한 고려에서 나온 제도적 통찰의 결과여야 하기 때문이다. 노사관계의 유행 담론을 기계적으로 적용하지 말고 한국 노사관계의 구조적 기반과 변화의 향방에 대한 진지한 연구의 산물로써 평가가 이루어져야 할 것이다.

노사관계의 주체로서 노동조합은 상호관계로 규정된 제도적 교섭의 기반 자체를 재편할 수도 있다. 현재 허용된 합법과 합리의 테두리인 제도적 공간 안에서만 움직이는 것은 아니다. 제도의 공간이 비좁다고 판단할 때 제도 밖에서 제도를 바꾸는 데 역량을 집중하게 된다. 반합법과 비합법을 넘나드는 집단적인 저항의 표출이나 개인적인 옥쇄는 이런 제도화의 한계에서 비롯되는 것이다. 개혁적 정부 5년의 구상이라면 적어도 제도적 한계라는 구조적 문제에서 비롯된 갈등과 대립이 아닌가 하는 의문과 질문들이 제기되었어야 하지 않겠는가?

노동조합을 교섭을 통해 이익을 대변하는 기구로만 봐서는 안 된다. 교섭만을 위한 기구는 관료화되고 탈동원화demobilization된 생명력이 거세된 노동조합일 뿐이다. 노동조합의 기본은 동원 전략이며 동원이 노동조합의 활력을 높이는 장치다.[19] 동원 전략에 의존하는 노동조합의 전투성militancy은 협상 전략에 의존하는 노동조합의 온건성moderation과 대비된다.[20] 동원 전략은 노사 교섭을 유리하게 이끌 수 있도록 힘의 열세 관계를 극복하는 노동조합의 거의 유일한, 가장 강력한 무기라는 점에 주목할 필요

[19] 정치적 총파업의 역동성을 승인하는 생디칼리즘 입장과 혁명의 학교라는 맑스레닌주의의 입장에서만 동원 전략이 옹호되는 것은 아니다. 정치적 교환의 영역을 적극 활용하는 사회민주주의 또는 개혁 좌파 시각에서도 동원 전략은 노동조합의 기본 성격이다(Hyman 1989; 2002; Kelly 1998).
[20] 켈리(Kelly 1996)는 노조의 전투성(militancy)과 온건성(moderation)을 목표, 조합원 기반, 제도적 기반, 방법, 이념의 요소에 따라 구분하고 있다. 전투적 노조는 거의 양보가 없는 야심적인 요구를 갖고 조합원의 동원에 강하게 의존하며 단체교섭이나 독자적 규제에 기반해 쟁의 행위에 대한 빈번한 위협이나 실제 활용을 통해 갈등적 이해관계라는 이념을 추구한다. 반면, 온건 노조는 수용을 뜻하는 잦은 양보가 동반된 온건한 요구를 하며(수용성), 사용자나 3자의 역할 또는 법에 강하게 의존하는 경향을 보이며(탈동원화), 비교섭적인 제도를 기꺼이 받아들이고(예속성), 쟁의행위 위협이나 활용에 별로 의존하지 않고(묵인의 경향), 동반자 이데올로기를 갖는다(포섭).

가 있다. 또한 정치적 교환 또는 사회적 대화social dialogue와 전투성militancy이 상호 배제적인 것은 아니다. 둘의 결합이 제도적 성취의 측면에서는 더 효과를 거둘 수도 있다. 참여와 타협의 노사관계의 구상이 개혁적인 성격을 띠려면, 노동조합의 생명력과 역동성을 인정하고 이를 사회적 개혁 과제 해결에 효과적으로 동원하기 위한 사회적 대화의 공간을 창출했어야 한다.

그런데 참여정부는 자신의 한계를 감추고 책임 떠넘기기의 대상으로 노동운동을 지목해 거친 말을 쏟아 부었다. 이런 전략은 부분적으로 성공하기도 했다. 민주개혁 동반자론에 호의적인 30, 40대는 노무현 정부의 지지 기반이자, 또 한편 노동운동의 후원군이기도 하다. 민주개혁의 과제와 반시장의 과제를 인위적으로 분리함으로써, 반시장의 과제에 취약성을 드러내는 자유주의 정부의 약점을 감추면서 노동운동의 지지층을 참여정부의 지지층으로 분리해 내는 데 있어서, 집단이기주의라는 대공장 노조운동에 대한 공세는 필수불가결한 항목이다. 노동운동과 협력 관계에 있기도 하지만 잠재적 경쟁 관계에 있는 시민단체는, 반시장과 불평등의 과제에 집중하기보다 좀 더 폭넓어 보이고 중립적 조정자의 이미지를 확보할 수 있는 쟁점을 선호하기에, 참여정부의 과제 분리 기도와 이를 감추기 위한 노동운동 비판에 동조할 가능성이 컸다. 노동시장 양극화와 사회 양극화, 경제적 불평등의 확대는 참여정부의 지향과 구조적 한계의 산물이다. 그런데 중산층 진입에 버거운 수준의 대공장 노조의 임금을 공격 대상으로 삼아 저임금, 불안정 노동자층 양산의 면죄부를 받아내려 했던 것이다.

노동운동 때리기는 적어도 노무현 대통령이 양식 있는 자유주의자라면 결코 활용의 유혹에 넘어가지 않았어야 할 마녀사냥이다. 오히려 영국의 극단적 보수주의자인 대처 정부의 강경한 반노조 캠페인을 연상시키는 대목이다. 민주화 이후 지속된 노동자 생존권 투쟁에 대한 강경 대응과 함께 이뤄진 노조 때리기는, 자본의 이익을 옹호하기 위한 전선에서 물러설 곳도 없고 물러서서도 안 된다는 신자유주의하 자유주의 개혁 정부의 자기변명이자, 이런 이미지를 물타기 하기 위한 책임 떠넘기기였다.[21]

참여정부는 정규직 노조를 집단이기주의 이데올로기 공세로 무력화함과 동시에, 대통령이 정당했다고 인정했던 비정규직의 생존권 투쟁을 초동 진압함으로써 사회적 의제로 부상되지 않도록 제한했다. 제도적 배제 상태에 놓인 비정규직 투쟁에 대해 개별 자본의 폭압적 대응을 방기하거나, 제한된 미봉책으로 해결 후 무력화를 유도하는 방식을 쓰고 있다. 사회적 파장을 고려하는 주도면밀함은 있지만 과거 공안탄압에 비견되는 폭력적 대응도 종종 불사했다. 생존권을 넘어 생활권을 요구하는 정규직의 투쟁이든, 생존권을 요구하는 비정규직의 부쟁이든 참여정부는 이를 일정 범위와 수준 이하로 제약하는 데 초점을 둔 것이다. 20여 년의 노동운동의 성과로 기반을 갖춘 대공장에 대해서는 도덕성 공격으로 대응하며, 아무런 존재 기반도 없고 사회적 쟁점화를 자력으로 유도하기 어려운

---

21 분배 투쟁에 매몰된 집단 이기주의 투쟁이며 이로 인해 사회적 형평과 연대의 정신을 노동조합이 스스로 훼손했다는 평가는, 변명할 말이 더 많지만 노동조합운동이 스스로 재점검했어야 할 문제다. 노동시장 유연화의 결과를 노동정책이 아닌 노동조합의 노선 탓으로 돌리는 것은 은근한 책임 떠넘기기와 의도적인 공세의 수준에 불과하다. 그러나 언제까지나, 정부 정책에 기대할 것 없다고 비판을 하면서도 은근히 기대하는 차원에서 비정규직과 중소영세노동자 문제 해결에 대한 노동조합의 자기 노력을 방기하고 있을 것인가? 개별적인 조직화 노력 수준에서 해결되기 어려운 구조적 문제이므로, 이를 해결하기 위해서 기존 노동조합의 기득권을 포기하는 노동운동의 내적 결단을 단행해야 한다. 이것이야말로 한국 노사관계의 진정한 제도적 개혁의 구상이 될 것이다(김성희 2005).

비정규 노동자의 투쟁에는 파장 최소화를 위한 강온 양면책으로 조기 해결을 시도하는 방식의 차이만이 있을 뿐이다.

악화일로의 노정-노사관계를 회복 불가능한 수준으로 들어서게 한 것은 비정규직 확산을 위한 법 개정과 로드맵 관련한 법 개정 시도였다(조돈문 2006). 집권 초기 노무현 대통령은, 손배가압류와 노동조합 탄압에 저항하며 김주익, 이해남 등 노동자들이 분신하는 상황에서 노동자들의 주검을 두고 "분신자살로 인해 목적이 달성되는 일은 없어야 한다"(『매일노동뉴스』 2003/11/04)며 노동자 죽음을 비하해 발언한 바 있다. 특수 고용직 노동자의 노동권 보호를 요구하던 김태환 한국노총 충주지부장의 죽음에 대해 노동부장관은 "나와는 무관한 사건이다. 자기들끼리 싸우다가 일어난 사건이다"(2005.6.16)(〈프레시안〉 2005/06/23)라고 막말을 하고 곧바로 자신의 발언 사실 자체를 부정하는 등 상식을 벗어난 행태를 보였다. 이런 에피소드는 우발적 사고가 아니라 사회통합적 노사관계는 포기되었으며 노동문제에 관한 한 타협의 여지가 없음을 각인시키기 위한 계산된 행위였을 수도 있다. 결국 양대 노총은 노동부장관의 퇴진을 요구하며 노사정위와 각종 위원회로부터 노동자위원들이 철수하고 노무현 정권에 대한 전면 투쟁을 선언하게 되었다(조돈문 2006).

비정규 투쟁이 고양되지 않았다면, 참여정부의 책임 떠넘기기 마녀사냥은 성공할 뻔했다. 2004년은 비정규 노동자의 자살로 시작되어 비정규 노동자의 자살로 마감했던 한 해였다. 잇따른 비정규 노동자의 불행한 죽음이 참여정부의 반노동정책을 폭로하는 전주곡이었다면, 비정규법안 공방은 그 실체를 만천하에 드러내게 된다. 날로 심화되는 경제적 불평등의 상징이자, 신자유주의하 자유주의 개혁의 허구성을 알리는 실체인 비정규 노동의 문제는 참여정부에는 우회로도 없고 퇴로도 없는 외통수와 같았다.

노동 개혁을 제도화로 표현할 때, 제도화란 협력만을 제도화하는 것이 아니라 '갈등과 협력의 동시 제도화'라는 정의를 함축하고 있다. 참여와 타협의 노사관계 구상은 갈등을 배제하거나 통제하고 협력만을 제도화하려는 배제적 노사관계의 재판이 될 수 있다. 노사 갈등을 제도 안으로 흡수하기 위해서는 제도적 개편을 끊임없이 전개할 의지와 역량을 갖추는 것이 필수적이다. 참여정부 초기 연이은 파업 사태의 해결 과정은 갈등을 제도화하려는 부분적 시도가 이루어진 사례라고 할 수 있다. 그러나 이는 원래 참여정부의 지향점이 아니었거나 능력 밖이었음이 판명되었다. 그리고 김영삼 정부 시절부터 읊조리던 협력적 노사관계의 구호로 되돌아갔다. 그 구호가 나온 지 10여 년이 훌쩍 지난 지금 노사관계 현실엔 아무런 변화도 없다는 점만은 상기해야 할 것이다.

참여정부의 노사관계 구상은 제노석 개편을 통해 갈등을 제도화하려는 의지가 없을뿐더러, 노사관계 현실에 대한 구조적 인식으로 나아가지 못하고 있다는 점에서 낙제점이다. 노동기본권의 보장과 함께 정책 참여의 제도화, 산별교섭의 체계화, 경영 참여를 통한 재벌체제의 경영 구조 개입 등을 실현하는 것이 개혁적 정부의 노동 개혁의 내용일텐데, 이런 제도적 개혁을 배제한 채 제시되는 사회통합적 노사관계란 무력한 노동조합을 파트너로 삼는 노사 협조주의와 다를 바 없었다.

이제 노동자 저항 주체의 내부 구성은 바뀌었으나 노동자들의 불만과 저항은 계속되고 있다. 참여정부 시기에도 한국의 노동자들 특히, 비정규직 노동자들은 개인의 생명까지 내던지며 처절한 저항을 표출했다. 참여정부의 노동정책이 신자유주의 세계화 속에서 날로 심화되는 경제적 불평등의 문제를 자신의 정책 의제로 설정하지 못하고 방향 변화의 계기를

〈표 6〉 참여정부 노동시장정책 과제와 성과 평가

정책 영역	참여정부 정책 과제	제도 개선	구체적 성과	한계와 논쟁점
일자리 정책	고용 서비스 선진화와 직업 능력개발 혁신	·국가 고용·지원 서비스 혁신 방안(05. 4) ·근로자직업능력개발법 전면 개정(2004. 12)	·원스톱고용서비스 확충 ·고용 지원 인력 600명 확충과 공무원화, 공용 정보전산망 확충 등 인프라 확충 ·직업능력개발 사업 확대	·정보 인프라 구축은 기본 사항일 뿐 ·직업능력개발 사업의 필요성은 누구나 인정하나 실효성 평가는 여전히 난제임
	고용보험 법의 확대 적용	·일용노동자 적용(2004.1) ·취약 계층을 위한 고용 지원 직업능력개발 서비스	·고용보험 적용률, 실업급여 수급율, 수급자의 재취업률 향상	·선진국 대비 극히 낮은 수준 ·여전한 사각지대
	사회적 일자리 전략	·사회적기업육성법 제정(2006. 12)	·주부·고령자 등 비경제활동인구를 경제활동인구로 흡수 ·제3섹터 고용창출 모델이자, 보육·가사·간병 등 사회 서비스 제공	·저임 일자리 양산이라는 비판에 대처해 공익형과 수익형으로 구분. 그러나 여전히 저임 일자리 수준 못 벗어남
	여성 ·장애인 ·고령자 노동시장 참여 촉진	·남녀고용평등법 개정 (2005. 5) ·고령자고용촉진법 개정 (2005. 12) ·장애인고용촉진및 직업 재활법 개정(2005. 12)	·적극적 고용 개선 조치와 직장 보육, 산전·후 휴가제도 지원 확대 ·장애인 의무 고용 적용 범위 확대, 업종별 적용 제외율제도 폐지 ·고령자 채용 지원금제도 확대와 임금피크제 지원	·여전히 낮은 여성 고용률 수준과 가시적 성과가 없는 고용 개선 조치 ·의무 고용에 대한 낮은 처벌과 이로 인한 낮은 채용률 ·구조조정 수단으로 활용 가능한 임금피크제
비정 규직 대책	비정규직 보호입법	·비정규보호법 제정	·기간제에 대한 2년 기간 제한 ·기간제, 단시간 파견에 대한 차별 금지 적용	·법안 이후 일부 정규직화(무기 계약 중심)보다 계약 해지와 인원 대체, 외주화 전환 등 악영향 압도 ·차별 금지 조항은 실질적으로 무력
	공공 부문 비정규 대책	·2004년 공공기관 비정규직 대책 ·2006년 공공기관 비정규직 종합 대책	·2004년 23만 명 중 10만 명 정규직화, 나머지 차별개선 ·2006년 7만 1,861명 정규직화	·2004년: 부처별 누락 많으며 외주 인원 파악 안 됨. 실질 정규직화 인원 과대 포장 ·2006년: 정규직화는 무기 계약직 전환으로 차별 지속. 외주화 대책 여전히 빈 구멍

	특수 고용 보호 대책	·여러 차례 정부 차원의 대책위원회 구성과 의원 입법으로 법률안 제출	·4대직종에 대한 산재보험 적용과 경제법적 보호 ·노동법적 보호는 정부안 제출 없음	·2001년부터 논의의 결과가 없이, 다시 원점
노동 조건 개선과 취약층 보호	노동자 삶의 질 향상	·근로기준법 개정으로 주 40시간제 도입	·기업 규모별 단계 도입 ·휴가제도 개편으로 휴가 축소 ·탄력적 노동시간제도 확대	·주 5일제 도입이나 실노동시간 단축에 미약한 효과를 초래
	퇴직 연금제와 취약 계층 보호	·퇴직연금제 도입 ·취약 계층 근로 감독 강화	·법정퇴직금제와 병행하며 도입 방식도 자율적 선택 ·불법 파견 등 지도 감독 강화	·기업 부담 완화, 노후 소득의 불안정화 현상 가중 ·불법 파견 판정의 애매함과 시정 성과 미비 ·청소년 근로 감독 여전히 취약
	외국인 고용 허가제	·외국인 고용허가제도 실시(2004. 8. 17)	·초기에 산업연수생제와 병행 시행, 07년 1월 고용허가제로 일원화	·악명 높은 노예제도에서 진전했으나 여전한 불법체류와 과잉 단속, 추방의 반복
노동 건강 안전	산업안전 보건 선진화		·클린사업장 조성 지원 사업 등 ·산업안전보건 분야 규제 완화 일부 복원	·외국인 노동자, 비정규 노동자 취약 지대 감독 강화 성과 취약
	산재 보험 적용 범위 확대	·산재보험제도 개선 방안 마련(2006. 12)과 산재보험법 개정	·특수 고용 등 산재보험 적용 범위 확대	·간접 고용, 4대 직종 외 특수 고용 등 비정규직, 영세 사업장의 여전한 사각지대 ·요양 기준과 절차 완화로 인한 문제 발생 우려

자료: 국정홍보처(2008, 208-269)의 내용을 표로 구성하고 평가를 붙임.

형성하지 못했을 뿐 아니라, 변화의 의지조차 포기하고 말았기에 벌어진 일이다.

시장과 민주주의의 괴리, 유연화와 제도화의 분리는 참여정부 노동정책 실현 과정에서 반복되어 나타났다. 대표적으로 참여정부가 내세운 비정규입법의 취지에는 비정규 노동자의 보호의 필요성과 동시에 유연성은 곧 경쟁력이므로 유연성을 저해하지 않고 촉진한다는 언급이 등장한다. 신자유주의와 시장의 요구인 유연화를 받아들이면서 동시에 개혁의 요구인 제도화와 보호라는 언사를 포기하지 않는다. 그러나 상반된 방향의 요구가 괴리된다는 점과 그 결과는 유연성에 압도될 뿐이라는 한계에는 애써 눈을 감고 만다.[22]

IV. 노무현 정부 노동정책 세부 평가
  : 개혁적 의제 설정과 비개혁적, 반개혁적인 마무리

참여정부의 정책 기조는 초기에 외형적으로 표방했던 '시장(유연화)과 민주주의(제도화)의 조화'에서, 출범 6개월 이후 구체적인 실행 과정에서 '협력적 노사관계 구축을 위한'이라는 전제 조건에 사로잡힌 정책 구도로 변모했다. '참여와 자치의 협력적 노사관계 구축'과 '보호와 유연성의 조화'를 표방하는 노동정책의 세부 내용을 평가해 본다.

---

22 또한 신자유주의 세계화의 논리를 추종하는 경제정책하의 노동 개혁이란 불가능하거나 불안정할 수밖에 없다. 노동정책은 경제정책과 연관된다. 동일노동 동일임금의 원리를 적용했던 스웨덴의 연대임금정책은 사양 산업에 대한 구조조정을 강제하는 산업구조정책의 의미를 가졌으며, 이런 과정에서 첨단 성장 산업에 쌓인 고이윤을 임노동자기금으로 환수해 친노동자적인 투자 기금으로 활용될 수 있는 투자정책의 구상으로 이어진 바 있다. 경제정책에 대한 독자적 상이 없는 즉, 신자유주의를 대신하거나 맞서는 이념을 제시하지 않는 노동 개혁은 불가능하다.

1. 전반적 노동시장정책 평가

노무현 정부 노동시장정책 과제와 성과

노무현 정부의 노동시장정책을 평가할 때 맨 앞머리에 내세우는 정책은 비정규법도 아니고 노동시간 단축도 아니다. 고용서비스 확대를 꼽는데, 이는 우연한 결과가 아니다. 사회적 논란이 가장 적은 분야를 가장 먼저 꼽은 것인데, 뒤집어보면 진짜 핵심 정책은 정책 방향에 대한 논란이 그만큼 많았음을 의미한다.[23]

일자리 정책은 논란이 적었고 파급 영향도 크지 않은 연성 과제라고 할 수 있으며, 나머지 비정규 대책과 노동조건 개선과 취약층 보호 정책, 산재보험제도 개편 등은 논란이 많은 경성 과제이다.

의제 확장의 개혁성과 제도 변화의 비개혁성

노무현 정부의 노동시장정책의 의제는 광범위하며 거의 모든 쟁점을 아울러 과제로 제시했다는 점에서 긍정적이다.[24] 그러나 역대 정부가 중

---

23 따라서 평가자의 시각에 따라 평가 방향이 매우 엇갈릴 수 있다. 필자는 참여정부의 개혁성에 대해 매우 비판적인 시각을 갖는 쪽에 속할 것이다. 시각이 문제가 아니라, 평가의 내용적인 타당성 여부가 관건이라고 본다. 아울러 양비론, 양시론의 외양을 띠는 이른바 중립적인 시각도 마찬가지 잣대가 적용된다. 평가자가 갖고 있는 노동정책 또는 노사관계의 지향점의 차이 자체에 대해 가치중립적일 수는 없다는 것이 노동정책 평가의 딜레마이자, 역동성이기도 하다. 적어도 필자가 잘 아는 노동문제에 관련해서 객관성이란 가치지향적 객관성이지, 몰가치적 또는 가치중립적인 객관성은 또 하나의 입장을 가리는 수단으로 채용될 뿐이라고 본다.

24 물론 노동시장정책의 포괄적 의제 설정에 비해 노사관계 정책에서는 매우 제한된 의제만을 설정하고 있다는 점을 아울러 평가할 때 참여정부의 노동정책 전반의 의제 설정 방식에 대한 평가가 가능하다. 이렇게 볼 때 개별적 노동시장정책에 기울어진 노동의제 설정 방식은 지속되었다.

점을 두고 있던 노동시장 분야에서 포괄적 의제 설정을 했다는 사실 자체만으로 큰 의의를 가질 수는 없다. 중요한 것은 실 내용이다. 대표적인 제도 개선 사례는 비정규직 대책 영역에서 비정규 관련 법 제정, 공공 부문의 선도적 비정규직 대책 마련이며, 외국인 노동자 대책에서 고용허가제 도입, 산재보험 적용 확대, 주 40시간제 도입이다.

비정규 관련 법 제정은 비정규직에 대한 명시적 법적 규정이 전혀 없는 상태에서 공백 지점을 메우기 위한 필요성에서 시작했다. 따라서 의제로 설정했다는 사실만으로 개혁적이라고 보기에는 허점이 있다. 정부의 주장대로 '활용을 촉진하면서 동시에 보호의 필요성도 충족'하는 것이라면 의제 설정이 아니라, 그 내용으로 개혁성 여부를 평가해야 할 것이기 때문이다. 비정규 관련 법률은 2년 6개월이 넘는 논란 과정에서 국회에서 통과되었기에 논란도 첨예했다. 그러나 비정규법 시행 1년의 시점에서 '보호법'이라는 주장을 강변할 배짱은 적어도 없는 것으로 평가된다.[25]

공공 부문에서 정부가 비정규직 보호의 모범을 보인다고 두 차례 실시된 공공기관 비정규 대책은 성과보다는 한계가 두드러져 보인다. 계약 해지의 실태는 전혀 파악되지 않았고, 외주화로 인한 폐해도 거의 드러나지 않았다. 반면 정규직 전환의 성과라는 것이 1차에선 상용직화, 2차에선 무기 계약직화로 노동조건 개선에는 별 진전이 없는 제한된 정규직화의 전형을 미리 선보였을 뿐이다. 참여정부하에서 기획예산처 주도로 강도 높게 펼쳐졌던 공공기관 경영 평가에서, 드러나지 않게 비정규직의 계약

---

25 비정규법에 대해서는 다음 절을 참조. 관련된 자세한 내용은 김성희(2008), 김성희·황선웅(2003)을 참조.

해지와 외주화를 초래하는 인건비 절감이 핵심적인 평가 항목이었다는 점을 고려해야 한다.[26]

외국인 고용허가제는 노동계의 요구 사항인 노동허가제보다 노동권 보장의 정도가 낮지만, 전근대적인 노예제도라는 산업연수생제보다 진전된 내용이다. 그런데 2007년까지도 악명 높은 산업연수생제도와 병행 실시되는 선에서 참여정부는 개혁을 단행했다. 이런 가운데 송출 비리 문제나 과잉 단속으로 인한 인권 시비와 자살, 폭행, 부상 사례가 끊이지 않았고, 급기야 2007년 2월에는 여수 출입국관리소 산하의 외국인보호소에서 난 화재로 인해 수감되어 있던 불법체류자가 다수 숨지는 사태까지 발생했다. 이주노동조합의 핵심 인물에 대한 표적 단속과 국외 추방이 잇따르는 등 반인권적 상황은 산업연수생제 때와 마찬가지로 재현되었다. 과거보다 나아졌다고 안도하기에는 현재의 인권 상황이 결코 좋지 못하다.

산재보험 적용 확대가 추진되었지만, 여전히 비정규직의 다수와 중소 영세기업에 취약 지대가 존재한다.[27] 진전에 주목할지라도 산재요양제도의 개악으로 실질적인 미보장 상태가 더욱 악화되리라는 우려도 생겼다. 진전과 동시에 후퇴를 포함하고 있으며, 여전히 해결해야 할 사안은 큰데 부분적으로만 진전시키고 있다.

주 40시간제라는 진취적 의제를 실현했지만 실현 방식은 매우 수구적이었다. 공휴일을 축소하고, 기업 규모별로 단계적으로 도입하고, 노동시간 단축과 반대 방향인 휴가 축소를 도입했다. 더구나 부족한 생활비를

---

26 공공기관 경영 평가에 대해서는 현광훈(2006), 김성희(2006)을 참조. 공공기관 비정규 대책의 성과와 한계에 대해서는 김성희·남우근·이혜수·유한승(2007)을 참조.

27 이에 대해서는 한국비정규노동센터(2002), 김성희·남우근·이수정 외(2007)을 참조.

연장 노동을 통해 시간외노동 수당으로 벌충하던 노동자와 신규 채용보다 기존 인원의 연장 노동을 통해 인건비를 절감했던 기업이 공유하던 연장 노동 관행을 오히려 조장해 실제 노동시간 단축 효과를 대폭 삭감시켜 노동시간 단축의 취지가 훼손되는 수준으로 실시되었다.[28]

노동의 요구 사항을 의제로 설정했다는 개혁성은 실질적·내용적 측면에서 개혁성의 한계로 드러난다. '개혁적 의제 설정과 비개혁적 또는 반개혁적 마무리'인 셈이다. 비개혁성이 개혁적 과제를 매우 협소하게 다루는 것을 뜻한다면, 반개혁성은 시장의 요구를 기본적으로 충족시키면서 제도 개혁의 요구를 부분 수용했다는 점에서 유연성 우위의 성격을 뜻한다. 이를 두고 개혁적 의제 설정 자체에 무게 중심을 두고 긍정적인 평가를 내리면서 비개혁적인 마무리는 시대의 한계, 정치 기반의 한계로 평가하는 입장도 있다.

그러나 개혁성과 비(또는 반)개혁성의 분단선이 과거 정권에서는 노사관계 영역과 노동시장 영역으로 구분되었다면 참여정부에서는 노동시장 영역 자체 안에서 심화된 양상으로 전개되었다. 의제 설정의 개혁성이 개혁 내용이 갖는 비(반)개혁성의 변명이 될 수 없다. 보호하는 내용도 있고, 시장 중심 기제를 관철시키는 유연성 기조도 동시에 있다는 '보호와 유연성의 조화'라는 정부의 주장에 양면 가치를 그대로 부여해 좋은 점과 나쁜 점이 두루 섞여 있다고 평가한다면, 이는 잣대가 없는 막연한 양시론일 뿐이다. 유연성 기조를 관철시키는 효과가 더 크다면 그 내용은 반개혁적이라고 평가해야 한다. 또 개혁적 요구가 오래 누적되어 있는데 이를 극

---

28 이에 대해서는 김성희(2006), 김성희·황선웅··이혜수(2005)를 참조.

히 일부에게만 또는 매우 제한적인 문제 영역에서만 제도화하는 시도라면 이를 개혁적으로 볼 수 없다.

위에 언급한 비정규 관련 법 제정, 공공 부문 비정규 대책, 산재보험 적용 확대, 주 40시간제 실현, 외국인 고용허가제와 같은 의제는 개혁적 의제다. 하지만 그 마무리된 결과는 개혁적인 내용만 포함하고 있지 않다. 각각에 담긴 비개혁성은 다음과 같다. 대상을 기간제와 단시간, 파견에만 한정하고 간접 고용과 특수 고용을 배제한 점(비정규법), 무기 계약 전환이 정규직화라는 신호를 보내고 간접 고용을 도외시한 점(공공 부문 대책), 특수 고용을 4대 직종에 한정한 점(산재보험), 산업연수생제를 늑장 폐지한 점(외국인 노동자), 기업 규모별로 단계적으로 도입한 점, 공휴일과 휴가를 축소한 점(40시간제) 등이다.

또한 문제점은 유연화 기조의 관철을 조장, 옹호하고 있는 반개혁적 요소다. 비정규법에서는 파견제 확대나 불법 파견 용인 가능성을 열어둔 점(비정규법), 외주화에 대한 방치와 허점 알려주기(공공 부문 대책), 산재요양제도를 약화시킨 점(산재보험), 고용허가제하의 반인권적 상황을 눈감은 점(외국인 노동자), 탄력적 노동시간제도의 확대(40시간제) 등이다.

비개혁적, 반개혁적인 마무리는 오히려 의제 자체가 갖는 의의도 훼손시키는 뜻하지 않는 부작용을 낳았다. 그리고 사회적 논란이 발생하기 쉬운 과제인 경성 과제에 비해서 제도 도입의 효과를 당장 확인하기 어렵거나 일부에게만 해당되는 부분적 지원책이라서 논란도 별로 없고 뚜렷한 효과도 없는 연성 과제에 치우지는 경향이 심어졌다. 이런 정책에 대해서는 실효성과 우선순위 설정에 대해 반대를 하기도 쉽지 않아 예산을 쓰기도 좋기 때문에 정책 집행 기관이 선호하는 영역이다. 고용 지원 서비스 제도나 직업능력개발 사업 등이 대표적이다. 참여정부 자체 평가에서 빠진 주요한 의제 중 하나가 청년 실업 정책 분야인데, 참여정부의 주요 정책은 청년층 종합 취업 지원 서비스제도(YES프로그램)이다. 관련 정책들은 대부분 고용보험제도상의 고용 창출 지원제도를 통한 보조금 정책으로, 모두 연성 과제에 해당한다. 실상 예산 지원은 연성 과제에 치중하면서 경성 과제에 대해선 개혁성의 한계를 노정한 점진적·제한적 접근을 해왔다. 개혁적 과제의 비개혁적인 실현이 바로 참여정부의 노동정책의 실상이다.

비정규법 도입에 대한 평가
: 비정규직 남용에 면죄부를 부여하는 보호 제도의 도입

노동시장정책 평가의 핵심 항목으로서 비정규 관련 법안을 별도로 다룰 필요가 있다. 가장 논란이 많았던 사안으로 참여정부와 노동계가 갈등하고 대립하는 진원지 역할을 했다. 비정규법 평가의 관점이 곧 참여정부의 노동정책을 평가하는 시각으로 치환해도 무방할 만큼 대표적인 정책이다. 또한 앞으로 그 결과도 누적적인 영향을 미칠 파장이 큰 사안이다. 비정규 관련 정책이 집약된 비정규법안은 2006년 11월 30일 국회의장의 직권상정으로 본회의를 통과해 2007년 7월 1일부터 적용되었다. 이에 대한 평가는 노사정 간에 극단적으로 엇갈린다.

정부는 "비정규직 근로자 보호를 위한 제도적 기반"이 마련되어 "불합리한 차별과 남용으로부터 비정규직 근로자를 보호할 수 있는 법적·제도적 장치가 마련"(노동부 2007)되었다고 평가한다. 그러나 통과된 법안의 내용은 만연한 비정규직의 차별과 확산을 방지하기에는 매우 미흡한 내용일 뿐 아니라, 오히려 차별을 합리화하고 더 열악한 상태를 초래할 수 있는 내용을 다수 포함하고 있다(〈표 7〉 참조).

〈표 7〉 비정규법 도입의 효과 비교

관련 법	긍정	부정
차별 금지 제도 도입	1) 차별 금지 조항 새로 도입(정규직과 동일 업무에 대한 차별 시정 가능) 2) 차별 입증 책임은 사용자(단, 노동자 입증이란 불가능) 3) 차별 판정 행위 시정 불이행 최대 1억 원 과태료 : 차별 행위에 대한 처벌 조항 없는 대신 들어온 의미밖에 없음	1) 불합리한 차별만 구제 : 최소한의 객관적 기준도 미비 2) 세부 판단 기준 노동 위로 : 판례 축적을 오래 세월 기다려야 함 3) 청구 주체 개별 노동자 : 국지적 시정으로 파급 영향 최소화 4) 차별행위 자체 처벌 조항 무 : 시정 과정 지연, 예방 효과 극소화 5) 기업 규모별 단계 도입 : 시정 과정 지연 6) 차별 개선 효과 : 모든 노동자가 시정되어야 4.5% 개선 효과 7) 형식적 직무분리나 간접 고용 전환에 무력
기간제 및 단시간	1) 기간 제한 도입으로 정규직화(단, 대상 제한과 간접 고용 전환에 무력) 2) 2년 이내 기간제의 기간 연장 3) 차별이 심한 고용 형태에서 명시적 계약이고 직접 고용인 기간제로 전환	1) 2년 내 기간제 자유로운 사용 공인: 단기 계약화나 계약 해지 만연으로 인원만 교체하고 일자리 불안정 지속 2) 2년 이상 기간제의 2년 이내 계약 해지 3) 사용자의 기간제 고용 기피 현상(기간제 회피로 기간제 고용 감소, 간접 고용화, 법안 예고 시점 계약 해지) 4) 정규직 신규 채용 여력을 기간제로 채용(정규직 일자리의 기간제 대체 효과) 5) 시행령 통한 적용 예외 확대
파견법 개정		1) 파견 대상 업무 조정(업무의 성질이란 막연한 기준 첨가. 이후 시행령 통해 실질적 확대) 2) 고령자 예외 설정 3) 파견 기간 초과 시 고용 의제에서 고용 의무로 보호 효과 축소 4) 2년 기간 초과 시 과태료 부과로 처벌 조항 약화 5) 불법 파견 시 시정 조처로 고용 의무(현행 법 조항은 미비하므로 형식상 보호 확대이나 현행 행정 해석은 고용 의제로 내용상 보호 축소) 6) 불법 파견 시 2년 경과 후 과태료 부과는 형식상 보호, 내용상 집단적 문제제기 기능 후퇴 7) 불법 파견의 쟁점화 과정에서 법제도적 공백 상태에서 실질적 진전 없음
미비		특수 고용 노동자의 노동자성 인정과 노동 3권(정부는 경제법을 통한 제한된 보호 방안 구상과 노동 3권 중 일부를 부여하는 방안 국회 통과 무산) - 간접 고용 노동자의 원청 사용자성 인정(간접 고용 전환에 따른 고용 불안과 노동조건 저하에 대한 방안 마련을 한다고 하나 진전 없음)과 외주화 방지 대책 없음

자료: 김성희(2006a).

비정규법안은 기간제 및 단시간 근로자 보호 등에 관한 법률의 제정, 파견법의 개정, 위 대상에 적용되는 차별 금지 조항으로 구성되어 있는데, 그 내용을 구체적으로 살펴보자. 첫째, 차별 금지 조항은 '동일노동 동일임금'에 비해 정규직과 비정규직 간 노동조건 격차 해소에 소극적으로 개입하는 방안이다. 개별 노동자가 시정 신청을 해 일일이 판정받아야 하므로 노동조합이나 사회단체의 적극적인 지원과 개입이 없다면 차별 해소가 이루어지는 과정은 점진적이다 못해 간헐적이고 예외적인 현상이 되기 쉽다. 또한 기업 규모별로 단계적으로 도입되므로 시간은 더 걸린다. 불합리한 차별을 금지하므로 합리적 차별과 불합리한 차별을 구분해야 하는데, 구분 기준이 모호해 무용지물이 될 수 있다. 차별의 근거를 사용자가 입증하도록 한 것이 정부 원안보다 진전된 내용일 뿐이다. 노동부의 용역보고서를 분석해 보면 정규직과 비정규직의 임금 격차 중 단지 4.1%만이 비합리적 격차로, 차별 금지 조항에 따라 시정되어야 할 임금 격차에 해당할 뿐이다. 차별 금지 조항이 없는 것보다는 나을 것이다. 그러나 심각한 비정규직 차별의 현실을 개선하기에는 무기력한, '너무나 소극적인' 안이다.

둘째, 기간제 관련 조항은 일정 기간만 고용할 이유에 대해 사유를 열거해 제한하자는 노동 진영의 주장을 거부하고, 2년의 기간 제한을 두고 그 이상 계속 고용할 경우 무기 계약으로 간주한다는 내용이다. 노동계 요구 사항인 사유 제한은 '혁명하자'는 대단한 안은 결코 아니며, 오히려 '모든 고용의 정상적인 형태는 정규직이다'는 원칙을 확인하는 상식적인 요구다. 기간제 허용 사유가 네 가지든 열 가지든 기간제를 남용하지 않는다면 기업 인력 활용에 큰 제약 조건이 되지 않는다.

기간 제한 조항은 현재의 상태를 개선할 수 있을까? 현행 근로기준법은 기간을 정한 계약은 1년 이내로만 체결할 수 있다. 그러나 관행적으로 2년, 3년, 5년 계약직이 횡행하고 있고 기간을 정하지 않은 경우도 많다. 탈법이 정상인 상태에 이른 것이다. 법원 판례는 현실 관행을 유효하다고 인정하는 추세에 있으며 이로써 새롭게 법률을 제정할 필요성이 생겼다. 2년 기간 제한이 도입되면 현재 기간제의 대다수를 차지하는 3, 6, 9, 11개월 등 1년을 넘지 않는 고용계약은 여전히 유효하다. 또 사용자가 필요하다고 판단할 경우에 2년 이내의 범위에서 반복 갱신될 수 있게 된다. "2년까지 고용보장이 된다"는 보수 언론의 보도는 명백한 사실 왜곡이다. 2년의 범위 안에서 3개월, 6개월 등 자유롭게 활용될 뿐이다. 무한 반복갱신 되는 데 아무런 제약이 없고 역시 사용자의 재량에 달려 있을 뿐이다. 이런 사정엔 변화가 없다.

단지 2년이란 선을 그어 놓고 그 선을 넘을 경우에 무기 계약으로 간주하게 된다. 2년을 넘어 계속 고용할 사용자가 얼마나 될 것인가? 2년이란 기간은 보호망이 아니라 단지 고용기간 측정을 위한 선일 뿐이다. 더구나 2년 기간 제한 규정이 작동하면 정규직으로 뽑을 사람도 2년까지 기간제로 채용할 가능성이 있다. 수습기간이 1년, 2년이 되는 것과 같은 결과이다. 2년 이상 고용되어 정규직이 될 확률과 정규직으로 뽑을 사람을 기간제로 우선 채용할 확률을 같다고 치더라도 기간 제한의 비정규직 보호 효과는 0이다.

또한 기업 규모별로 단계적으로 적용되는 시점에서 기간제로 신규 채용되거나 기간이 만료되어 새 계약을 체설할 내부터 적용되므로 기간 제한이 작동되려면 4, 5년 이상을 기다려야 할 경우도 많다. 양극화가 심각하다면서 기껏해야 0으로 수렴할 처방을 그나마도 몇 년씩 기다려야 하는 것이 비정규법안의 기간제 보호의 내용이다.

셋째, 단시간 노동자는 정규 노동자보다 1시간이라도 짧으면 가산 수당 지급 대상이 되지 못해 일은 더하고도 시간외수당을 지급받지 못해 정규직과 임금격차가 더 벌어지는 불합리를 여전히 합법적으로 인정하고 있다.

넷째, 파견제는 IMF 경제 위기 때 급작스럽게 도입되어 이중 착취와 불법 파견의 문제가 계속 제기되었던 문제투성이 제도였다. 그런데 개정된 내용은 진전이라기보다 후퇴다. 현행 법률 유권 해석으로는, 파견 기간을 넘었을 경우나 불법 파견일 경우 직접 고용으로 간주하는 데 비해, 파견제에서는 3,000만 원의 과태료가 부과되는 고용 의무로 규정하고 있어 직접 고용으로 전환될 가능성은 오히려 낮아졌다. 또한 파견 대상 허용 업무에 주관적 판단 기준인 업무의 성질을 추가해 정할 수 있도록 함으로써 돈이 되는 파견 업무가 추가되기를 바라는 파견 사업주의 요구에 부응하고 있다. 무엇보다도 불법 파견은 명백히 불법인데도 제대로 시정조치가 마련되지 않아 사실상 방치되었으며 이를 위한 근거 규정을 마련하는 일이 시급했는데 오히려 후퇴된 내용이 들어섰다는 것이 중요한 문제다. 아울러 파견 노동자나 불법 파견 노동자가 힘없는 파견 사업자에 대해서 요구해서 해결될 수 있는 문제가 많지 않으므로 사용 사업자를 상대로 노동권을 주장할 수 있는 계기를 마련해야 함에도 전혀 고려되지 않았다. 불법 파견엔 솜방망이 처벌일 뿐이고, 돈 되는 파견 업무를 대상에 포함할 것이 확실시되므로 합법 파견엔 파견 노동자 확대만 초래하는 방안일 뿐이다.

비정규법안 시행 전후로 나타난 결과는, 예상했던 부정적 결과가 일부 긍정적 결과를 압도하고 있는 양상이다. ① 차별 금지 조항 적용의 고의적 배제 근거 마련, ② 계약 해지 전면화, ③ 초단기 계약 도입 등 계약 조건 파행화, ④ 영구 기간제화, ⑤ 정규직의 기간제화, ⑥ 외주화를 통한 비정규 고용 조건의 더 한층 열악화 현상, ⑦ 파견 대상 확대, ⑧ 불법 파견 판단 기준의 완화, ⑨ 특수 고용 노동자의 노동자성 인정에 대한 법안 마련에 대한 소극적·퇴행적 입장 등 전방위적으로 비정규직 차별을 온존시키고 비정규직 확대를 촉진할 가능성이 있는 법안의 한계가 뚜렷하다.

이미 비등점을 넘어 폭발 일보 직전 상태인 비정규직 규모, 고용의 관행이 되어 고착화된 비정규직에 대한 극심한 차별에 비추어 볼 때 안이한 대책이나 발생 사후 위무책은 상처를 더욱 안으로 곪아 들어가게 할 뿐이다. 참여정부 시기 현안인 이랜드 사태(기간 제한과 외주화의 폐해), KTX사태(간접 고용 외주화의 폐해), 공공비정규 대책의 대상의 대부분을 차지하는 학교 비정규직의 문제(추가예산 하나 없이 무늬만 정규직인 무기 계약직 전환과 징계조항 강화), 기륭전자(불법 파견 규제방안 미비), 롯데호텔 청소원(외주화와 계약 해지), 도시철도 청소원(외주화와 계약 해지), 르네상스호텔(외주화와 계약 해지), 코스콤 비정규직(외주화와 불법 파견), GM대우, 현대자동차 등 제조업의 사내하청 노동자(불법 파견) 등의 사태는 기간 제한과 차별 시정제도로 구성된 현재의 법안으로 아무런 해결책을 찾을 수 없다는 데 문제의 심각성이 있다.

이는 '유연화와 보호를 동시 달성한다'는 참여정부 비정규 해법 방향 설계의 한계다. 정부의 원안대로 파견을 전면 확대하고 3년 기간 제한을 도입했다면 문제는 더 심각했을 것이다. 개혁적 과제를 점진적 과제로 접근하면서 농시에 반개혁적 구상도 딤은 해법으로 해결하고자 했었고, 결국 비개혁적인 결말과 함께 반개혁적 여지도 온존시키고 있다.

2. 노무현 정부 노사관계 정책 평가
: 사회 통합 구상의 협력주의로의 회귀와 선진화 방안의 후진성

참여정부 정책의 무게 중심은 노사관계정책에서 노동시장정책으로 옮겨갔다.[29] 노사관계 제도화와 노동시장 유연화로 집약되던 노동정책은 노동시장 중심 정책 방향하에서 노동시장 내 유연화와 제도화 과제의 결합으로 변모되는 양상이었고, 이 와중에 노사관계는 노사분규 갈등 관리의 의제로 좁아지고 있었다. 시대적 추세에 맞는 변화라지만, 김영삼 정부 때부터 거론되던 국제 수준의 노사관계 제도화의 과제는 여전히 미완이었다. 이를 참여정부의 방식으로 완결시킨 것이 노사관계 선진화 입법이었다.

사회통합적 노사관계 구상의 혼돈성

참여정부의 정책 기조인 사회통합적 노사관계를 평가하기란 쉽지 않다. 용어 자체가 의미하는 바가 뚜렷하지 않기 때문이기도 하지만, 실제 중의적으로 쓰이거나 또 다른 용어로 치환되어 사용되는 경우도 많았기 때문이다. 초기에는 사회 통합을 위해 노동시장 차별을 없애거나 복지제도를 확충하는 밑바탕을 강조하는 용어로 사용되었다가, 이후 점차 노동운동을 비판하는 대립항으로 쓰이기도 했으며, 협력적 노사관계의 확립이라는 김영삼 정부 시절부터 노동정책 기조를 표현하는 용어로 뒤바뀌어 사용되었다. 결국 자체 평가서에는 협력적 노사관계의 정착으로 이해

---

[29] 이를 상징적으로 보여 주는 예가 노동부의 명칭을 고용노동부로 변경하려는 움직임이었다.

〈표 8〉 참여정부 노사관계 관리 시스템 구축의 내용과 평가

	대책	성과 주장	평가
노사관계 갈등 빈발 사업장	노사관계 개선 T/F 구성	보건 부문 자율 타결	자동차, 금속 분야 해결 안 됨. 비정규 분야 해결 미미
대형 분규 관리 시스템 정비	노동비서실 중심 일일현안점검회의	타워크레인, 한미은행, 지하철, GS칼텍스, 울산플랜트 등 해결	GS칼텍스는 여론 공세로 압박. 포항건설플랜트, 이랜드-뉴코아 등 공권력 투입
구조적 해결책 마련	화물 운송 구조 개선	'다단계 운송 주선 구조 개선' 등	다단계 구조 해결 미미. 같은 요구로 이명박 정부에서 재파업
	직권중재 회부 남용 조정	조건부 회부 등 활용	선진화 입법에서 필수 유지 업무로 변경
	손배·가압류 해결	노사정 합의문 채택	이후 별 변화 없으며 선진화 입법에서도 무시
	불법 다단계 근절	관련 종합 대책 마련	악용 구조만 해소했을 뿐, 근본 문제 상존

자료: 국정홍보처(2008, 233-236)의 내용에서 표로 정리하고 평가를 붙임.

할 수 있는 표현으로 마무리된다.[30]

　5대 차별 해소 등 호기로운 구호로 사회통합적 노사관계의 상을 구축하리라던 참여정부의 노사관계 정책이 전기를 맞은 것은 정권 출범 초기

---

30 "'법과 원칙'을 세우되 '대화와 타협'의 장을 보장함으로써 자율과 책임의 노사 자치주의를 실현하는 것을 그 근간으로 한다. 노사 모두 과거 방식에서 날뛰해야 …… 노동조합은 대협을 배제한 채 무분별한 파업에만 의존하는 전투주의를 바꿔야 했고, 기업은 공권력에 의존하기보다는 투명경영으로 종업원의 신뢰를 얻고 노동조합과의 진지한 대화와 타협의 장을 마련하는 더욱 책임 있는 주체로 서야 했다. 노사가 모두 불만스러워하는 법과 원칙을 국제 기준과 환경 변화에 부합토록 손질하는 것이 필요했으며, 노사 동반 성장의 기반인 현장 노사관계의 안정도 매우 중요한 과제가 되었다"(국정홍보처 2008, 210).

의 잇따른 대형 노동쟁의를 계기로 해서였다. 두산중공업 노동자 분신 사망(2003.1), 철도노조 파업(2003.4), 화물연대 파업(2003.5)을 겪으면서, '친노동 정부'로 평가받기도 했던 참여정부는 노사 갈등 관리 시스템 중심으로 청와대 비서실을 개편하고 노사관계 관리에 주력한다. 따라서 중요한 정책 영역으로 부상했고, 제도화와 유연화 사이의 노동정책 방향 선택의 주 무대가 된 노동시장정책 영역은, 오랜 정책 기조를 견지하려는 노동부 관료들의 손으로 넘어가게 되면서 개혁 정부의 정치적 개입은 간접적인 양상으로 약화된다.

또한 노동쟁의 관리를 "범정부 차원의 노사관계 관리 시스템"(노동부 2007, 235)으로 접근하는 방식을 도입했다고 자평하고 있는데, 겉모양은 군사정부 시절 '관계 기관 대책 회의'를 연상케 하는 구성일 뿐이다. 물론 이것이 청와대 비서실의 주요 업무였던 관계로, 검경 등의 공안부서가 주도적이었던 양상과는 차이가 나며 공권력 투입을 자제하는 양상을 보이기도 했다. 그러나 사안별로 편차가 있었으며 대화를 유도하는 대응 기조를 일관되게 보였다고도 할 수 없다. 보건의료 노조의 파업과 화물연대 파업에 대해서는 대화 기조가 지켜졌지만, 포항건설플랜트 노조 파업이나 이랜드-뉴코아 노동자의 파업 등에 대해서는 공권력이 투입됐다. 화물연대 파업의 경우 똑같은 구호로 몇 차례 파업이 반복되었는데, 미봉책을 통해 현안 해결에만 골몰한 한계를 여실히 보여 준다. 따라서 참여정부가 구축한 노사관계 갈등 관리 시스템이란 사태의 단기적 해결과 정권 이미지 관리 이상의 의미를 부여하기 어렵다. 그 외 노사관계 관리를 위해 근원적인 해소방안을 마련했다는 내용도 단기적인 미봉책 이상의 효과를 발휘하지 못했다(〈표 8〉 참조).

노사관계 선진화 입법의 비선진성

참여정부 노사관계 정책은 집권 후반기에 도입한 '노사관계 선진화 입법'(일명 노사관계 로드맵)으로 집약된다. 비정규법에 비해 사회적 파장은 크지 않았지만 조직 노동자들이 느끼는 문제점은 심각한 수준이었다. 이 또한 정부는 "참여정부 노사관계 개혁 과제를 마무리한 의미 있는"(노동부 2006) 일이라고 평가한다. "'법과 원칙'을 준수하고 '대화와 타협'을 통해 노사 갈등을 적극적으로 관리"(노동부 2006)했다는 것이다. 그러나 2006년 9월 11일 노사관계 선진화 입법에 대한 노사정 대타협을 도출했다고 하지만, 그 합의는 민주노총이 빠진 반쪽짜리 합의였다.

"로드맵은 초기업단위 노조 실업자 조합원 자격 허용, 제3자 지원 신고제 폐지, 불법 쟁의 행위에 대한 손해배상 및 가압류의 범위 제한, 조정전치주의 폐지, 필수공익사업 개념 및 직권중재제도 폐지 등 노동기본권을 보호·강화하는 내용들이 포함되어 있는 것은 사실이다. 하지만 노무현 정권은 다른 한편으로 노동기본권을 제약하는 요소들을 많이 도입하고자 함으로써 노사관계 로드맵의 논의–입법화 과정은 비정규노동 관련 법제화 못지않게 노사 간–노정 간 첨예한 대립을 가져올 전망"(조돈문 2006)이었다.

반쪽짜리 합의의 주요 내용은 직권중재제도 및 제3자 지원신고제도 폐지, 필수공익사업 대체 근로 허용, 근로조건의 서면 명시 등과 같이 노사관계 개혁의 요소도 일부 포함하고 있다. 하지만 애초에 설정한 사용자 대항권의 개념의 연장선에서 부당 해고 형사 저벌 폐지 및 이행 강제금 도입, 필수공익사업장 대체 근로 허용 등 파업권과 사용자 처벌 조항을 약화하는 내용을 담고 있다. 또한 기업 단위 복수 노조, 노조 전임자 급여 지원 금지 규정의 시행은 김대중 정부 당시 5년간 유예 조처에 이어 또다

〈표 9〉 노사관계 로드맵을 둘러싼 의견의 대립

구분	현행	정부 개편안	민주노총 입장
필수공익사업 및 직권중재	·병원, 전기, 수도, 가스, 철도, 석유, 한국은행 등 ·직권중재 (쟁의행위 제한 15일)	·필수공익사업 개념·직권중재 폐지 ·공익사업은 파업 시 최소 업무 유지 의무 부과(공익사업 범위 재검토) - 최소 업무는 법령에 열거, 구체적 범위는 노사 협정으로 정함 - 파업 참여 시 업무 복귀 명령 - 공익사업 범위 확대(온수증기, 항만하역, 철도, 항공화물, 운송, 사회보험 등으로 확대)	·필수공익사업 및 직권중재 제도 폐지 ·공익사업의 범위 축소 ·파업 시 최소 업무 유지 의무 부과 시 엄격한 기준 적용 ·파업 시 대체 근로 금지
교사·교수, 공무원 노동 3권 보장	·노동2권만 보장 - 노조가입 범위 제한, 단체협약 효력 제한 등	·없음	·노조법에 의한 노동 3권 보장
산별교섭과 단협 효력확장제도	·산별노조의 단체교섭에 대해 별도 규정이 없음.	·없음. (기업단위 복수 노조하 교섭 구조만 단일화를 강제하고 산별 교섭에 대해서는 침묵)	·산별 교섭 촉진 법제화 ·산업별, 지역별 단체협약 효력 확장제도 신설 및 개정 ·산별노조 활동 보장
기업단위 복수 노조 및 교섭창구	·2006년까지 금지, 2007년 허용 ·교섭 창구 단일화 방안 마련	·교섭 창구 단일화 방안 마련 - 자율적 단일화 → 과반수 노조 → 과반수 득표 노조 - 교섭 대표는 공정 대표 의무 ·관련 분쟁은 노동위원회가 담당	·교섭 방식 노조 자율에 맡길 것 ·최소한의 협약 효력 확장, 사용자의 부당노동행위 규율 방안 마련
사용사업주의 사용자성 인정	·별도 규정 없음.	·없음.	·사용 사업주의 사용자성 인정으로 간접 고용 노동자의 노동기본권 보장
특수 고용노동자 노동권 보장	·별도 규정 없음.	·없음(노사정위 특위에서 논의 후 추후 개편안 제출)	·노동자로 인정 ·노동 3권 보장
손배·가압류	·신원보증인도 연대 책임 ·급여 채권의 1/2 압류 금지	·없음(원래 로드맵에서는 신원보증법 및 민사집행법 개선 - 신원보증인 책임 제한, 가압류 시 노조 존립 및 근로자 생계 보장 고려 등 제안했음)	·가압류 금지, 손배 책임 주체·범위 축소 ·쟁의 행위에 대한 손배는 폭력·파괴 경우 노조 재산에 한함, 신원보증인 책임 부과 금지

226

전임자 급여	·전임자 급여 지원 금지 및 사용자 급여 지급 시 처벌(2006년까지 유예)	·2007년부터 급여 지원을 금지하되, 300인 미만 2년 유예(100~300인은 1인, 100인 미만은 1/2 범위 내)	·노사당사자의 자율적 결정 사항이므로 전임자 급여 지원 금지 조항 철폐

자료: 전국민주노동조합총연맹(2006)에서 필자가 재정리.

시 3년간 유예해 노동자 단결권에 대한 제한이 지속되게 되었다.[31]

산별교섭제도와 관련해서 정권 출범 초기에는 산별교섭에 대한 직접적 지원(교섭 효력의 산업 수준 확장으로서 산업적 구속력)을 과제로 설정하지 못했지만, 지역적 구속력과 업종별 구속력을 점진적으로 도입하는 중층적 노사관계 구축을 과제로 내세웠다. 하지만 한국노총 일부 지역 조직과의 지역 노사정 협력 선언 채택이라는 초라한 결과로 전락하고 말았다.

민주노총의 요구 수준에 못 미치는 것은 당연하다고 할지라도 김영삼 정부나 김대중 정부 때부터 해결되지 않고 내려온 제도화 과제도 언급이 없거나 미봉책에 그친 것은 참여정부 노사관계 정책의 비개혁성을 상징한다.

---

[31] 사회통합적 노사관계 구축이라는 목표로 2003년 5월 10일 노동부 의뢰로 노사관계선진화연구위원회가 구성되어 9월 4일 '노사관계법·제도 선진화 방안'(노사관계 로드맵)을 중간 보고 형식으로 발표한 다음 12월 1일 최종 보고서를 제출했다. 이후 비정규노동 관련 법제화가 우선적으로 추진되면서 노사관계 로드맵 추진은 보류되었고, 비정규노동 관련 법제도 지연되면서 2006년도 과제로 이월되어 민주노총의 노사정위 복귀를 기다리게 되었다. 4월 23일 민주노총 중앙집행위원회가 노사정위 불참 입장을 확정하자 한국노총만이 참여한 노사정위 중심으로 합의를 도출해 9월 정기국회 통과를 목표로 특수 고용직 문제와 함께 로드맵 관련 법제화 작업을 준비하고 있어 비정규노동 관련 법제화와 마찬가지로 민주노총과의 충돌을 예고하고 있었다(조돈문 2006). 이후 이 방안은 관련법 개정 방식으로 12월 22일 국회를 통과했다.

정부의 노사관계 선진화 방안은 약자로서 노동자의 집단적 권리를 보장하는 노동관계법의 취지로 인해 노사 대등권이 오히려 노동조합 쪽에 기울었다는 인식을 반영하고 있다. 그 내용 속에서 사회통합적 노사관계가 갖는 두 가지 복합적 의미에서 자율과 책임의 노사관계라는 자치주의적 노사관계관으로 이동하고 있음을 알 수 있다. 책임이란 노동조합의 파업에 대한 책임을 의미하고, 자율이란 사용자가 대항권을 구축해 노동관계법의 뒷받침 없이 노사가 대항하는 자율을 의미한다. 약자인 노동자의 처지를 고려해 노사 대등권을 실질적으로 보장하기 위해 집단적 노사관계 영역에서 노동 3권의 실질적 보장과 함께 경제적 여건도 보장해 공정하고 차별 없는 노동시장 체제가 뒷받침되는 사회통합적 관계의 구축과는 점점 거리가 멀어지게 된다.

이 결과는 역대 구속노동자 수를 보더라도 알 수 있다. 김영삼 정부 시기 632명의 약 2배에 이르는 1,052명의 노동자를 집권 5년간 구속했다. 이 중 대다수는 비정규 투쟁의 과정에서 발생했고 또 대다수가 비정규 노동자였다.

비정규 노동자에 대한 제도적 배제는, 노동시장에서 비정규직의 차별과 확대를 온존시키는 비정규법안을 제정하고, 차별과 생존권 위협에 항의하고 투쟁하는 노동자에게 구속 철퇴를 가하는 방식이 동시에 구사되는 양상으로 진행되었다. 사회통합적 노사관계라는 정책 방향과 노사관계 선진화라는 구상은 결국 민주노총을 제외한 채 한국노총과의 관계 설정으로 제한되었고, 노동쟁의의 다수를 차지하는 비정규직을 생존권의 벼랑으로 내몰고 그래서 일어난 생존권 투쟁을 방치하면서 결국 노동관계법이 아닌 민형사법을 통해 구속노동자를 양산하는 후진성으로 귀결되었다.

〈표 10〉 역대 정권의 구속 노동자 수

역대 정권	구속 노동자 수					총계	비고
김영삼 정부	1993년	1994년	1995년	1996년	1997년	632명	사흘에 한 명꼴 구속
	87명	188명	165명	149명	43명		
김대중 정부	1998년	1999년	2000년	2001년	2002년	892명	이틀에 한 명꼴 구속
	219명	129명	97명	241명	206명		
노무현 정부	2003년	2004년	2005년	2006년	2007년	1,052명	이틀에 한 명꼴 구속
	204명	337명	109명	187명	215명		

자료: 전국민주노동조합총연맹(2007)과 구속노동자후원회 소식지에서 재정리.

V. 맺는 말

참여정부 노동정책에서 과거보다 진전된 대목은 구석구석을 잘 찾아봐야 지엽적인 사안 몇 개를 들춰낼 수 있다. 그러나 과거의 연속선상에서 개혁적 과제를 유연하게 점진적으로 접근해 결국 비개혁적 결과로 마무리한 내용은 굵직한 정책 항목마다 한눈에 알아볼 수 있다. 노동정책에 관한 한 개혁 정부라는 이름을 참여정부에 붙이는 것은 어불성설이다.

참여정부의 사회통합적 노사관계 구상은 협력적 노사관계 확립이라는 수구적 방침으로 구체화되었다. 참여정부 출범 초기의 상대적 개혁성은 출범 4개월 동안 겪은 몇 차례의 대형 파업을 마무리한 이후 급격하게 노동운동 비판과 노동시장 중심 정책으로 이동한다.

노동시장정책의 의제 설정 자체는 개혁적이었으나, 그 해결 방안은 유연성을 우위에 둔 비개혁성과 반개혁성으로 가득하다. 비정규입법은 그

대표적인 예다. 개선된 경우는 별로 없을 뿐 아니라 실제 개선 효과도 의문스러운 수준인 데 반해, 전반적 고용 상황은 더욱 악화되었다. 무엇보다 비정규 노동자 투쟁 사업장의 현안에 대해 이 비정규법은 어떤 해결책도 제시해 주지 못한다. 오히려 비정규직의 계약 해지, 단기 계약 전환, 간접 고용 전환 통한 악용 등 비정규직을 남용하는 갖은 방식을 다 허용하고 있기 때문에 비정규직 악용의 면죄부로 작용하고 있다. 비정규직 현안 해결이 불가능한 법을 결코 좋은 법이라 할 수 없다. 그래서 비정규직 현안을 해결하려면 비정규 노동자들이 자신의 요구를 접든가, 아니면 사용자 측의 선의에 의존해야 한다. 비정규직을 악용하는 사용자에 대해서는 법적으로 어떤 책임도 묻지 못하지만 다만 사회적 책임을 다하지 않았다는 도덕적 비판만을 가할 수 있을 뿐이다. 비정규직 남용을 규율해야 할 법이 어떤 해결 방향도 제시하지 못한다면, 그 법이 무슨 소용이 있는가?

아울러 공공 부문 비정규 대책, 특수 고용 노동자 대책, 산재보험 적용 확대, 외국인 노동자 고용허가제, 주 40시간제 실시 등의 의제 설정 자체는 개혁적이지만 그 실현 결과는 그렇지 못하다.

사회통합적 노사관계의 구상이 노동운동 비판과 협력적 노사관계 유도로 귀결된 노사관계 정책은 노사관계 선진화 방안을 후진적 과제로 다루는 것으로 마무리된다.

참여정부는 역량에 비해 많은 개혁 과제를 제기했으나 이를 실현할 정치 역량이 없었다. 오래도록 지속된 협력적 노사관계 구축과 노동시장 유연화 중심 노동정책 기조를 참여정부라는 이름에 맞게 겉모양만 바꾸었을 뿐이다. 결국 정책 방향 설정 권한을 정통 관료들에게 넘겨줌으로써 정치적 개입을 통해 개혁성을 선도할 여지가 사라지고 말았다. 그나마 한정된 정치 역량을 노사관계 갈등 관리에만 쏟아 부었지만, 그마저도 선진적인 방식은 아니다.

　세계화로 인한 노동시장 유연화 요구와, 지체된 민주화로 왜곡된 노사관계 제도화의 과제가 동시적으로 제기되는 가운데, 세 민주정권들은 모두 세계화 담론과 유연성 요구를 거부 불가능한 대세로 인식한 반면, 제도화 요구에 대해선 제한적·점진적으로 대응하는 데 그쳤다. 참여정부 들어와서는 노사관계 제도화 요구조차 뒷전으로 밀린 채 노동시장 영역에서 유연화의 요구와 제도화의 요구가 충돌하는 양상으로 변모했다. 참여정부의 선택은 언제나 유연성 우선이었다. 해결 과정과 달리 개혁 과제 설정 자체는 개혁적이었다고 한다. 그러나 개혁적 의제를 비개혁적, 반개혁적으로 마무리한다면 오히려 과제로 설정하지 않고 내버려 두는 편이 차라리 나은 경우가 있다. 다양한 비정규직 남용 방식이 법제도로서 모두 처용되게 되면, 불투명한 경우보다 시장의 폭력성을 더 강화시키기 때문이다. 참여정부의 노동시장정책 실적은 제도화의 과제를 유연하게 다루는 것이었고, 유연성 우위의 비개혁적 결론으로 마무리 짓는 방식이었다.

　참여정부 노동정책 5년의 결과는 신자유주의 시대 만연한 양극화와 불평등, 차별에 대해 점진적으로 접근하면서 유연한 해결 방식을 선호함으로써 개혁적 과제를 비개혁적·반개혁적으로 만드는 유연성 우위의 노동정책의 방향을 확고히 한 것이다. 참여정부는 '유연성이 경쟁력이다'는 논리에 맞서지 않고 비정규직을 보호할 방법이 있을 것이라는 미망에 사로잡혔다. 시장의 압력에 맞서지 않고 시장의 폭력성을 제어할 묘수를 찾을 길은 없다.

참고문헌

구속노동자후원회. 소식지. 각 연도 각 월호.

국정홍보처. 2008. "참여정부 국정 운영 백서." http://www.knowhow.or.kr/oi/PDF2.

김성희. 1998."IMF 경제 위기와 노동의 변화." 고려대학교 호경연구회 월례발표회 발표문(2월).

_____. 2003. "노무현 정부의 노동정책에 대한 평가: 뜨거운 불만의 겨울과 제도적 개혁 사이
의 공간." 『이론과 실천』11월호.

_____. 2004. "왜곡된 제도화와 진전된 유연화: 김대중 정부 노동정책 평가." 전창환·김진방
편저. 『위기 이후 한국 자본주의』. 한울.

_____. 2005. "비정규 쟁점화 5년과 향후 과제." 한국비정규노동센터 5주년 기념 심포지엄.

_____. 2006a. "정부 비정규법안의 보호 효과의 한계와 대안." 국회 노동기본권 실현 국회의원
연구모임(3월).

_____. 2006b. "특수 고용 노동자성 판단 지표의 대안과 노동자성 판단 결과." 국회 노동기본
권 실현 국회의원 연구모임. 특수 고용 연구자 포럼 자료집(09/18).

_____. 2006c. "사회연대성 실현을 위한 공공 부문 개혁의 상." 공공성 실현 사회단체 연석회
의·전국 공공운수서비스 노동조합연맹. 공공 부문 경영 평가 대응과 공공성 실현 과제
발표회(07/07).

_____. 2006d. "양극화의 핵심원인을 비켜간 대통령 신년 연설." 〈오마이뉴스〉(01/24).

_____. 2006e. "The Neo-liberalistic Labor Flexibilization and Irregular Workers in South
Korea." The Asian and Pacific Workers Center Symposium. Philiphine
Cebu(2006. 1).

_____. 2007. "이중의 굴레로서의 여성 비정규노동과 사회권." 국가인권위원회 2007 사회권
심포지엄 발표문.

_____. 2008. "비정규 노동과 민주 노조 운동 혁신의 과제." 조돈문·이수봉 엮음 『민주노조운
동 20년』. 후마니타스.

김성희·남우근·이수정 외. 2007. "산재 취약 계층에 대한 산재보험의 적용 확대 방안 연구." 노
동부(12월).

김성희·남우근·이혜수·류한승. 2007. "공공 부문 비정규직 현황과 정규직 전환을 위한 개선 방
안에 관한 연구." 국회 환경노동위원회(11월).

김성희·인수범·홍원표·성재민·김민정. 2006. "실업부조 도입 및 고용보험 수급 확대를 위한
재원 확보 방안." 국회 예산결산위원회(9월).

김성희·황선웅. 2004. 『비정규법안의 한계와 비정규직 차별 해소의 사회경제적 효과』. 국회 노

동기본권 실현 국회의원 연구모임·한국비정규노동센터.

노중기. 1999. "노동운동의 위기구조와 노동의 선택." 한국산업노동학회. 『산업사회연구』 5권 제1호.

_____. 2005. "노무현 정권 노동정책 평가: 몇가지 문제 제기." 『비정규노동』 8월호. 한국비정규노동센터

_____. 2006. "노무현정부의 노동정책: 평가와 전망." 『산업노동연구』 12권 2호. 한국산업노동학회

노동부. 2004. 『비정규직 입법 관련 Q&A』(09/10).

_____. 2006a. 『2006 노동백서』.

_____. 2006b. "참여정부 3년 노동 분야 성과"(2월).

_____. 2007. 『2007 노동백서』.

_____. 노동통계. http://laborstat.molab.go.kr/.

민주노동당 정책위원회·단병호 의원실. 2004. "비정규직 정부 입법안, 무엇이 문제인가 Q&A"(09/15).

신광영. 2004. "참여정부 2년의 노동정책과 새로운 노동정책의 모색." 대통령자문 정책기획위원회. 참여정부 2년 평가와 3년 전망 심포지엄 자료집 "민주적 발전모델과 선진한국의 진로"(03/08).

신원철. 2004. "노무현 정부 노동정책의 평가와 전망." 성공회대 사회문화연구소 월례토론회.

양극화해소국민연대. 2006. 양극화해소국민연대 출범 선언문.

유종일. 1998. "노사관계 변화의 정치경제학." 이병천·김균 편. 『위기, 그리고 대전환: 새로운 한국 경제 패러다임을 찾아서』. 당대.

윤도현·김성희·김정훈. 2004. 『한국의 빈곤과 불평등: 한국사회의 민주화와 관련하여』. 민주화운동기념사업회.

임영일. 1998. "한국의 노동체제의 전환과 노사관계: 코포라티즘 혹은 재급진화." 한국산업사회학회. 『경제와 사회』 제40호.

_____. 2002. "신자유주의하 노동의 위기와 노동체제의 전환." 경상대 사회과학연구원 편. 『신자유주의 구조조정과 노동체제의 변화』. 한울.

전국민주노동조합총연맹. 2006. "민주적 노사관계 방안."

_____. 2007 "신노동탄압 실태보고 및 증언 자료집."

전국비정규노조연대회의. 2007 "성명서."

정성진. 2002. "구조조정의 정치경제학." 경상대학교 사회과학연구원 엮음. 『신자유주의 구조조정과 노동체제의 변화』. 한울.

조돈문. 2003. "민주화와 신자유주의 시기 노동운동: 1990년대 브라질 노동운동의 대응 전략." 『동향과 전망』 58호.

_____. 2006. "자유시장경제모델로의 이행과 노무현정권의 노동정책: '사회통합적 노사관계'

와 예정된 실패." 『민주사회와 정책연구』 10호.

조희연. 2003. "한국의 국가 제도정치의 변화와 사회운동: 민주화, 세계화 속에서의 국가와 사회운동의 변화." 연대와 전진 사회포럼 2003 자료집.

최영기·김준·조효래·유범상. 1999. 『한국의 노사관계와 노동정치(1): 1987년 이후 사회적 합의를 중심으로』. 한국노동연구원.

최장집. 2005. 『민주화 이후의 민주주의』. 후마니타스.

통계청. KOSIS. http://kosis.nso.go.kr/.

_____. 『도시가계연보』 각 연도.

_____. 『경제활동인구연보』 각 연도.

한국경영자총협회. 2004. 『비정규직 관련 입법의 문제점 및 경영계 입장』.

한국노동연구원. 2003. 『비정규직 근로자 제도 개선의 경제적·사회적 영향 분석』.

한국비정규노동센터. 2002. "간접 고용 근로자 보호를 위한 산재보험제도 개선 방안 연구." 노동부(12월).

한국비정규노동센터. 『비정규노동』 각 연도 12월호.

한국은행. 『국민계정』. 각 연도.

현광훈. 2006. "한국의 공공 부문에는 공공성이란 존재하지 않았다: 정부 공공기관 지배구조 개편방안의 본질과 구조 개편 방안." 공공연맹·문화연대·한미FTA저지교수학술단체공대위. 공공기관에 대한 신자유주의적 구조조정을 주목하라 토론회 자료집(05/08)

日本 厚生勞動省(2004). 平成11-14年 雇用形態多樣化調査(www.mhlw.go.jp).

Ackers, P. C. Smith & P. Smith eds. 1996. *The New Workplace and Trade Unionism*. London and New York: Routledge

Baglioni and C. Crouch. eds. 1990. *European Industrial Relations: The Challenge of Flexibility*. London: Sage Publications

Ferner, A. and R. Hyman. 1998. *Changing Industrial Relations in Europe*. Basil Blackwell.

Fine, B.. 1998. *Labour Market Theory: A Marxist Reconstruction*. London: Routledge.

Freeman, R.. 1997. "Solving the New Inequality." *Issue of Boston Review*.

Ginsburg, H. L., J. Zaccone, G. S. Goldberg, S. D. Collins and S. M. Rosen. 1997. "Special Issue on: The Challenge of Full Employment in the Global Economy - Editorial Introduction." *Economic and Industrial Democracy* Vol. 18, No. 1. SAGE Pulicatons.

Gordon, D.. 1996. Fat and Mean: The Corporate Squeeze of Working Americans and the Myth of Managerial Downsizing. Martin Kessler Books.

Heery, E. and J. Salmon. 2000. "The Insecurity Thesis." in Heery, E. and J. Salmon. *The*

Insecure Workforce. London and New York: Routledge.

Hyman, R.. 2002. *Understanding European Trade Unionism*. London: Sage.

Hyman, R.. 1989. *The Political Economy of Industrial Relations: Theory and Practice in a Cold Climate*. London: Macmillan.

Kelly, J.. 1998. *Rethinking Industrial Relations: Mobilization, Collectivism and Long Waves*. Routledge.

Kelly, J. and C. Frege. eds. 2004. *Varieties of Unionism: Strategies for Union Revitalization in a Globalizing Economy*. Oxford University Press.

OECD. *Employment Outlook* 1998. 1999. 2005.

Regini, M.(ed.). 1992. *The Future of Labour Movements*. London: Sage Publications.

Waddington, J. et al. 2004. "How Does Restructuring Contribute to Union Revitalization?" in J. Kelly and C. Frege. eds. 2004. *Varieties of Unionism: Strategies for Union Revitalization in a Globalizing Economy*. Oxford University Press.

4부

인구 고령화와 연금 체계의 지속가능성 :
노무현 정부의 연금 개혁안을 중심으로

이상호

I. 서론

인구 고령화 문제가 제기되면서, 연금 체계[1]의 지속가능성(Holtzmann and Stiglitz 2001)이 전 세계 공통의 과제로, 그것도 매우 시급히 해결해야 할 과제로 등장하고 있는 듯 보인다. 여기에는 무엇보다도 기존의 연금 체계가 세대 간 자원 이전을 전제한다는 사실이 전제되어 있다. 이런 연금 체계는 기본적으로 인구가 고령화될수록 그 지속가능성이 약화할 수밖에 없기 때문이다. 물론 적어도 아직까지 고령화는 대부분의 국가에서 상당히 불확실해 보이는 장기 예측에 불과하다는 지적이 제기되어 왔다. 이를 근거로 연금 개혁을 시도하는 것이 지나치다고 평가할 수도 있다 (Aaron 2002; White 2002) 하지만 현재와 같은 인구 변화 추세가 앞으로도 크게 변할 것이라고 확신할 수 없는 한, 연금 체계의 위기 가능성에 대한 우려 혹은 고민은 결코 지나치지 않다. 오늘날 연금 개혁 움직임이 흔히 출산 장려 정책과 함께 등장하는 이유는 바로 여기에 있다.

엄밀히 말해서, 고령화는 연금 체계에만 영향을 미치지 않는다. 어떤 의미에서는 거시경제 전체와 관련된 사안에 가깝다. 오늘날 인구 고령화의 영향에 대한 연구가 연금 체계에 국한되지 않고, 경제성장, 재정, 금융, 노동시장으로까지 확대되고 있는 이유도 여기에 있다(최경수·문형표·신인

---

[1] 이 글에서 연금 체계는 기본적으로 공적 연금 체계를 지칭한다. 한국의 경우, 공적 연금은 크게 국민연금과 특수직역연금으로 구분되며, 후자는 다시 공무원연금, 군인연금, 사학연금으로 구분된다(최경수·문형표·신인석·한진희 2003, 236). 그렇지만 여기서는 주로 국민연금을 문제 삼을 것이다.

석·한진희 2003). 관심 범위를 노인복지 문제로 한정하더라도, 고령화는 전체 의료 복지 체계에까지 상당히 심각한 악영향을 미칠 수 있는 사안이다 (Altman and Shactman 2002). 그렇다고 해도 고령화가 연금 체계에 미치는 영향은 그 규모나 파급력 면에서 다른 영역에 미치는 영향을 능가할 수밖에 없다.

한국 또한 고령화 문제의 심각성에서 결코 자유롭지 않다. 아니 오늘날 한국에서 이 문제는, 이른바 '양극화' 문제와 함께 가장 중요한 사회경제적 쟁점에 속한다고 말해도 지나치지 않다. 물론 현재 한국의 고령화 문제는, 그 수준만 고려한다면 그렇게 심각한 편은 아니다. 하지만 그 속도까지 고려해 보면 사정이 달라진다. 이런 의미에서 참여정부가 다양한 출산 장려 방안을 모색함과 동시에 연금 체계를 개선하고자 노력했다는 사실은 이미 그 자체로 상당히 중요한 진전일 수 있다.

그런데 문제는 한국의 연금 체계가 단순히 인구 고령화에서 비롯된 문제만이 아니라는 것이다. 광범위한 사각지대라는 또 다른 문제까지 안고 있다. 익히 알다시피, 후자는 소득 축소 신고나 저소득·불완전 고용에서 비롯된 납부 예외자와 장기 체납자의 존재와 관련된 사안이다. 이는 1차적으로 (1988년에 도입된) 국민연금의 대상을 1999년에 도시 자영업자로 확대·적용하는 과정에서 생겨난 것이지만, 1997년 경제 위기 이후에는 노동시장의 유연화에서 비롯된 소득과 고용의 불안정 문제 또한 중요한 원인으로 작용한다고 볼 수 있다.[2] 이런 사각지대의 존재는 현재와 미래

---

2 이는 곧 오늘날 한국의 연금 사각지대 문제가 양극화 문제와 상당히 밀접한 상관성을 갖고 있음을 함축한다.

에 상당히 심각한 노인 빈곤 문제를 야기할 수 있다는 점에서, 결코 간단한 사안이 아니다.

이렇게 볼 때, 한국의 연금 체계는 연금 재정의 안정성을 확보하면서 동시에 사각지대까지 해소해야 한다는, 두 가지 과제를 안고 있다고 말할 수 있다. 그렇다고 해서 이 두 과제가 완전히 분리된 것은 아니다. 연금 체계의 목적이 노후 소득의 안정에 있음을 감안한다면, 이 체계의 지속가능성은 단순히 재정의 안정성에 국한된 문제가 아니다. 사각지대의 존재는 현재 혹은 미래에 노인 빈곤 문제를 야기할 것이라는 점에서, 연금 체계의 지속가능성까지 약화시킬 수도 있는 문제다. 게다가 청장년층 사이에 사각지대가 존재할 경우, 그만큼 연금 재정에도 악영향을 끼칠 수밖에 없다. 이는 곧 연금 재정의 안정성을 위해서라도 사각지대 문제를 해결하거나 적어도 축소할 필요가 있음을 암시한다. 그렇다면 과연 참여정부의 연금 개혁안이나 출산 장려 방안은 이런 두 가지 과제를 해결하는 데 적절했던 것일까? 이 글은 바로 이런 문제의식을 바탕으로 참여정부의 연금 개혁안이나 이와 관련된 정책이 어느 정도의 타당성을 갖고 있었는가에 대해 검토하려는 것이다.[3]

이를 위해 필자는 우선 2절에서 선진국이나 국제기구에서 거론되는 연금 개혁안을 검토하면서 바람직한 대안을 추론한 후, 3절에서는 인구

---

[3] 뒤에서 보겠지만, 참여정부가 처음에 기획했던 국민연금 개혁안과 2007년 7월 3일에 국회 본회의를 통과한 실제 개혁안은 모두 연금 재정의 안정성이 그 초점이라는 점에서 서로 비슷하면서도 구체적인 내용에서는 상당한 차이를 보인다. 그러나 이 글의 목적은 참여정부의 연금 관련 정책을 비판적으로 평가하려는 것이지 이와 관련된 정책 대안을 제시하려는 것이 아니며, 그래서 국회 본회의를 통과한 실제 개혁안보다 참여정부가 기획했던 연금 개혁안을 중심으로 살펴볼 것이다.

변화나 연금 체계와 관련된 한국 사회의 특징을 살펴보면서 이 대안을 한국에도 그대로 적용할 수 있는지, 만일 적용할 수 없다면 한국의 바람직한 연금 개혁안은 무엇인지에 대해 살펴볼 것이다. 여기서는 특히 소득과 고용의 불안정에서 비롯된 '양극화' 문제가 인구의 고령화를 유발하거나 강화하는 요인일 뿐만 아니라, 연금 체계의 지속가능성을 약화하는 요인이기도 하다는 점이 강조될 것이다. 마지막으로 4절에서는 3절의 추론 결과에 기초해서 참여정부의 연금 개혁안의 한계를 평가해 볼 것이다.

II. 인구 고령화와 연금 개혁

고령화가 노인복지, 특히 연금 체계에 던지는 질문은 결코 가볍지 않다. 무엇보다도 고령화는 기존의 연금 체계에 세대 간 형평성 문제와 함께 재정의 위기 가능성이라는 문제까지 불러일으키기 때문이다. 최근 연금 개혁이 전 세계의 화두로 등장한 이유는 바로 여기에 있다. 더구나 한국처럼 뒤늦게 연금 체계를 도입하면서 이미 성숙 단계에 있던 선진국의 사례를 그대로 수용한 데다, 핵가족화나 도시화로 노후 생활을 보장해 주던 전통적인 가족 관계나 공동체 유대 관계가 약화하는 상황에서 인구의 고령화까지 빠르게 진행되는 경우, 연금 개혁은 더욱더 절실한 과제일 수밖에 없다(World Bank 1994, 3-5).

그렇다고 해서 오늘날 연금 개혁이나 이와 관련된 논쟁이 모두 고령화로 설명되는 것은 아니다. 익히 알다시피, 기존의 연금 체계(특히, 공적 연금)

는 대체로 급여세payroll tax로 재원을 확보해서 퇴직자에게 연금을 지급하는 부과pay as you go 방식에다, 연금 재정에 대한 과거의 기여도와 무관하게 사전에 정해진 (그것도 상당히 높은 수준의) 연금을 제공하는 확정 급여defined benefit 방식이 혼합된 형태다. 여기서 연금의 재정 상태는 주로 임금 상승률(혹은 소득 상승률), 인구 변화, 실업률(혹은 경제활동 참가율)에 따라 결정된다(Myles and Pierson 2001, 308-311). 그러므로 고령화가 아니더라도, 경기 침체로 임금 상승률이 하락하거나 실업률이 상승할 경우 연금 체계는 재원 확보에 문제가 발생할 수 있다.

이렇게 본다면, 고령화는 단순히 연금 체계의 지속가능성을 약화하는 하나의 요인이거나, 아니면 임금 상승률의 하락이나 실업률의 상승에서 비롯된 연금 재정의 문제를 한층 더 심화하는 요인에 불과한 것으로 평가할 수도 있다. 특히 유럽처럼 장기간의 경기 침체와 이에 따른 실업 문제로 고통받고 있는 경우, 임금 상승률이나 실업률은 고령화만큼이나, 아니 어쩌면 그보다 더 연금 체계의 지속가능성을 위협하는 원인일 수도 있다. 그렇지만 임금 상승률이나 실업률이 연금 체계에 끼치는 악영향은 종종 고령화 때문에 더욱더 심각해지고 있을 뿐만 아니라, 고령화가 연금 체계에 끼치는 악영향은 임금 상승률이나 실업률의 변화가 가져오는 악영향에 비해 훨씬 더 근본적이다. 오늘날 연금 개혁의 필요성과 관련해서, 고령화 문제가 특히 강조되는 이유는 바로 여기에 있다.[4]

고령화의 정도나 속도는 출생률, 사망률(혹은 평균수명), 이민정책에 따

---

[4] 예를 들어, 세계은행은 '3층 체계'(three-pillar system)라는 연금 개혁안을 제시하면서, 그 적용 가능성을 인구 구조가 젊고 일인당 소득이 낮은 경우, 인구 구조가 젊지만 고령화 속도가 높은 경우, 이미 고령화 사회에 진입한 경우로 나누어 접근한다(World Bank 1994, ch. 8).

라 결정된다(Altman and Shactman 2002, 4-8). 그렇지만 현실적으로 이민 정책을 통해 고령화 문제를 해결하거나 크게 완화할 수 있는 국가는 소수의 선진국에 불과할 것이다. 그렇다면 고령화는 대체로 평균수명의 증가와 출생률의 감소로 설명되므로, 그 현실적인 해법은 출생률 상승에서 찾을 수밖에 없다. 문제는 출생률을 높이는 방안을 현실적으로 확보하기가 쉽지 않으며(최경수·문형표·신인석·한진희 2003, 8), 설령 확보한다고 해도 그 사회경제적 효과를 상당히 먼 미래에나 확인할 수 있다는 점이다. 이에 따라 출생률을 높이려는 방안과 함께 고령화와 관련된 연금 체계의 문제점을 교정하기 위한 대안이 다양한 방향에서 모색되고 있는데, 후자는 크게 연금 체계를 조정하거나 전환하는 방법, 고용 구조나 노동시장을 변화시키는 방법으로 구분된다.[5]

연금 체계의 조정은 기존 체계의 기본 틀을 유지하되, 급여세(혹은 연금 보험료)를 인상하거나 연금 급여를 낮추는 것이다. 이것은 '더 내고 덜 받는'(혹은 '더 내거나 덜 받는') 방식으로, 부담 대비 급여 수준을 낮추는 방향으로 연금 체계를 개혁한 유럽 대륙의 국가들(독일, 프랑스, 오스트리아 등)의 사례가 여기에 해당한다(윤석명 2006, 37). 연금 체계의 전환은 부과 방식과 확정 급여 중심의 기존 체계를 전부 혹은 그 일부라도 적립pre-funding 방식이나 확정 기여defined contribution 방식으로 전환함으로써 운영과 관리에 시장 원리를 도입하는 것이다. 칠레의 개혁안에서 비롯된 연금 체계의 민영화 혹은 시장화 방안[6]이 여기에 속할 것이다. 고용 구조나 노동시장을

---

5 물론 이것은 논리적인 구분이지 실제적인 구분이 아니다. 오늘날 거의 모든 연금 개혁안은 어떤 식으로든 연금 체계의 조정이나 전환만이 아니라 고용 구조의 변화까지 포함하고 있기 때문이다.
6 미국의 부시 행정부가 2005년 의회에 제출한 연금 개혁안 또한 여기에 해당될 것이다. 부시 행

변화시키는 방법은 여성이나 노년층의 취업을 유도하거나 퇴직 연령을 상향 조정하는 것으로, '일과 가정의 조화'를 위한 시도나 OECD의 '활동적인 노년'active ageing(Queisser 2000, 41-44) 안이 여기에 속할 것이다.

이런 방법으로 연금 체계의 지속가능성이 확보될 수 있을까? 급여세를 인상하거나 연금 급여를 인하하는 경우, 단기적으로는 분명 연금 재정의 위기 가능성이 완화될 것이다. 그렇지만 고령화가 지속되는 한, 계속적인 조정이 필요하다는 점에서 장기적인 효과까지 기대하기는 어려울 것이다. 물론 노년층과 무관한 사회 지출을 줄일 수 있다면, 연금 체계의 조정으로도 장기적인 효과를 기대할 수 있을지 모른다(Visco 2002, 27). 그러나 현실적으로 노년층과 무관한 사회 지출을 줄이기란 쉽지 않다. 그래서 오늘날 연금 체계를 조정하는 방법은 종종 이 체계를 전환하는 방법[7]과 함께 고려되고 있을 뿐만 아니라, 그 효과 또한 후자보다 상당히 낮다고 평가되는 듯 보인다. 연금 관련 논쟁이 주로 확정 급여 대 확정 기여, 부과 방식 대 적립 방식, 공적 연금 대 사적 연금, 강제적인 연금 체계 대 자율적인 연금 체계의 대립을 중심으로 전개되는 이유도 이와 무관하지 않을 것이다(McGillivray 2000).

확정 기여나 적립 방식을 도입하면 필연적으로 기존 연금 체계의 (전부 혹은 부분적인) 민영화나 시장화가 뒤따른다. 여기에는 연금의 민영화, 시

성부는 급여세의 일부를 개인 계정(급여세 12.4% 중 4%를 개인 계정으로 전환)으로 전환하는 것이 주요 내용인 연금 개혁안을 제시했지만(윤석명 2006, 38), 아직까지 의회에서 통과되지 않고 있다.

[7] 연금체계의 기본틀을 유지하면서 (연금) 보험료를 인상하거나 연금 급여율을 인하하는 것이 이 체계의 '조정'에 해당된다면, 기본틀 자체를 수정하는 것(예를 들면, 부과 방식을 적립 방식으로 전환하는 것)이 체계의 '전환'에 해당할 것이다.

장화가 효율적인 연금 운용을 통해 연금 체계의 지속가능성에 기여할 것이라는 판단이 놓여 있다. 시장화나 민영화가 효율성 기준에 좀 더 부합할 수 있다는 점에서, 이런 판단이 완전히 틀린 것은 아니다. 게다가 기존 연금 체계는 기여와 보상 사이에 직접적인 상관성이 없으므로, 현직 노동자들에게 조기 퇴직이나 비공식 부문으로의 전직을 유도함으로써 연금 재정을 악화하고 생산성을 낮출 수도 있다(World Bank 1994, 10-18). 그러나 공적 연금을 포함하는 사회보험 체계의 등장이 시장 실패에서 비롯된 것이라면(Barr 1992), 연금 재정의 효율화라는 이유로 공적 연금 체계를 민영화, 시장화하는 것은 위험하다. 정보 비대칭성에서 비롯된 시장 실패 요인이 사라지지 않는 한, 연금의 민영화나 시장화가 효율성 기준조차 충족하지 않을 수도 있기 때문이다.[8]

조기 퇴직의 경우, 기존의 연금 체계에서 비롯된 측면이 있음을 부인하기는 어렵다. 예를 들어 유럽이 1970년대 이후 경기 침체에서 벗어나기 위한 대안으로 조기 퇴직을 이용한 '고용 없는 성장' 전략을 선택했다는 사실과 무관하지 않다(Esping-Andersen 1996, 10-20). 이런 의미에서 조기 퇴직 혹은 이와 관련된 실업 문제를 완화하기 위해서라도 연금 체계의 조정 혹은 전환이 필요할 수도 있다. 그렇지만 연금 체계가 조기 퇴직 혹은 실업 문제를 유발하는 문제는 연금 급여의 조정으로도 충분히 해결될 수 있는 사안이라는 점에서, 기존 연금 체계 자체의 한계라기보다는 운용의 문제에 가깝다. 더구나 정보 비대칭성에서 비롯된 시장 실패가 조기 퇴직

---

8 이와 관련해서 오르차그와 스티글리츠는 연금의 민영화나 시장화 방안에는 개념상의 오류가 담겨 있으며, 그래서 이것이 연금 체계의 지속가능성에 기여할 수 있다는 판단은 신화나 환상에 불과하다고 비판한다(P. R. Orszag and J. E. Stiglitz 1999).

과 같은 유인 문제를 유발할 수도 있다는 점에서(Barr 1992, 790-795), 연금의 민영화나 시장화는 또 다른 위험을 안고 있는 것일지 모른다.

문제는 여기서 그치지 않는다. 공적 연금은 사회복지 제도의 속성상 운용의 효율성에 못지않게 연대 혹은 평등이라는 기준 또한 충족해야 한다. 그런데 연금에 시장화나 민영화 논리가 도입될 경우, 그래서 연금 체계를 전환할 경우, '이행 비용'에서 비롯된 세대 간 형평성 문제가 나타날 수도 있다(Geanakoplos, Mitchell and Zeldes 2002). 이는 곧 모든 세대에게 파레토 효율성[9] 기준에 좀 더 근접한 연금 체계의 전환 방법이 존재할 수 없음을 함축한다(최경수·문형표·신인석·한진희 2003, 16-21). 게다가 연금의 시장화, 민영화는 시장의 속성상, 젊은 시절의 불평등을 노년 시절까지 그대로 연장하거나 연기금 투자의 수익성에 따른 불평등을 새롭게 만들어 낼 수 있으며, 때로는 연금 급여가 시장의 경기변동에 지나치게 민감해지면서 또 다른 재정 문제를 유발할 수도 있다.[10]

연대나 평등 측면에서 기존의 연금 체계에 문제가 없는 것은 아니다. 예를 들어, 고소득자는 평균수명이 저소득자보다 길며, 총소득에서 급여 소득이 차지하는 비중 또한 저소득자보다 낮다. 급여세(또는 연금 보험료)가 주요 연금 재원인 상황에서, 이런 특성은 불평등을 조장하기 쉽다. 고소득자는 저소득자에 비해 자신의 총소득에서 급여세가 차지하는 비율이

---

[9] 일반적으로 경제학에서 파레토 효율성(Pareto Efficiency)이란 사원배분이 최적으로 이루어진 상태를 지칭한다.

[10] 공적 연금을 완전 민영화했던 칠레의 경우, 오늘날에는 초기의 호평과 달리 민영화된 연금 체계가 정부 재정을 악화하는 또 다른 원인으로 평가되고 있다. 호황기에는 개인 계정의 수익률이 높지만 불황기에는 수익률이 하락하므로, 연기금 투자의 최저 수익률을 보장하기 위해서는 정부 개입이 필수적이기 때문이다(윤석명 2006, 37-38).

낮은데도, 저소득자보다 오랫동안 연금 혜택을 받을 수 있기 때문이다. 종종 연대나 평등을 위해서라도 연금의 민영화나 시장화가 반드시 필요하다는 주장이 제기되는 이유는 바로 여기에 있다(James 1997). 그렇지만 이런 불평등은 조세 기반을 확대하거나 조세체계를 바꾸는 것으로도 충분히 해결될 수 있는 사안이다(Gillion 2000). 그래서 이를 근거로 연금의 민영화나 시장화를 정당화하기는 어렵다.

어떤 의미에서 연대나 평등은 자본주의 사회의 경제 질서를 유지하는 데 반드시 필요한 조건에 가깝다(Marmor and Mashaw 2002). 지나친 불평등은 자본주의 사회의 안정적인 재생산 가능성을 약화해 이와 관련된 사회적 비용을 초래할 수 있기 때문이다. 나아가 1950~60년대 황금기가 복지 제도의 확대와 무관하지 않음을 부인할 수 없는 한, 연대나 평등을 위한 제도가 경제성장이나 효율성에 언제나 해로운 것도 아니다. 아니 '사회적 자본'social capital의 중요성을 감안하면, 개인·집단 간 연대 혹은 유대는 경제적 효율성에 충분히 기여할 수 있다(Narayan 1999; Coleman 1988).

연금의 민영화나 시장화가 효율성 기준에 부합한다고 해도 문제는 남는다. 시장 경쟁은 그 속성상 불평등을 가져올 가능성이 있는데, 이는 곧 연금의 민영화, 시장화가 자본주의 사회의 안정적인 재생산 기반을 약하게 만듦으로써 연금 재정의 지속가능성에도 악영향을 끼칠 수 있음을 암시한다. 이런 점에서 연금의 시장화, 민영화는 연대 혹은 평등이라는 기준을 충족하기는커녕 그 반대의 결과를 초래할 가능성이 높으며, 연금 재정의 효율화는커녕 또 다른 비효율성을 유발할 수도 있다(Munnel 2002). 그러므로 효율성을 위해 연금 체계의 민영화나 시장화가 필요하다고 해도, 이것은 어떤 식으로든 연대나 평등을 위한 최소한의 장치와 병행되지 않는 한 그 필요성에 못지않게, 아니 어쩌면 그보다 더 큰 위험을 안고 있는 것일 수 있다.

한편 고용 구조나 노동시장을 변화시키려는 방안은 연금 보험료 납부 가능 집단(주로 현직 노동자)과 연금 수령 집단(주로 퇴직자)의 비율인 부양률dependency rate[11]을 하락시킴으로써 연금 체계의 지속가능성을 확보하려는 것이다. 여성이나 노년층의 취업을 유도하는 것이든, 퇴직 연령을 상향 조정하는 것이든, 이런 목적에서 예외일 수 없다. 노인 인구가 늘어난다고 하더라도 생산 가능 인구의 대부분을 경제활동인구로, 더 나아가 현직 노동자로 전환할 수 있다면, 연금 재정의 위기 가능성은 당연히 줄어들 것이다. 그렇지만 현실적으로 연금 수령자의 부양률을 낮추기란 쉽지 않다.

실업률은 대체로 경제성장률에 반비례하며 경제활동 참가율은 경제성장률에 비례한다. 그러므로 실업률을 낮추거나 경제활동 참가율을 높임으로써 연금 체계의 지속가능성을 확보하기 위해서는, 지속적인 경제성장―그것도 상당히 높은 성장률―이 필수적이다. 이 조건이 충족되지 않는 한, 여성이나 노년층의 취업 또는 퇴직 연령의 상향 조정이 남성이나 청장년층의 실업을 유발할 수도 있다.[12] 이는 결코 단순한 문제가 아니다.

---

[11] 엄밀히 말해서 '부양률'은 생산 활동이 가능한 인구(15~64세) 대비 아동(15세 미만)과 노인(65세 이상) 인구의 비율을 지칭하지만, 이 글에서는 노인 인구에 국한된 의미로 사용될 것이다. 엄밀하게 말해서, 이러한 부양률을 낮출 수 있는 방안은 노년층의 취업을 유도하는 경우에 국한된다. 최근에 OECD에서 고령 친화적 고용정책(age-friendly employment policy)이 상조되는 이유는 여기에 있다(OECD 2006b).

[12] OECD 회원국의 통계자료에 따르면, 노년층의 취업률과 청년층의 취업률은 양의 상관관계를 보인다(Keese 2003, 15-16). 하지만 이는 한 인구 집단의 취업률이 다른 인구 집단의 취업률을 결정한 것이라기보다 경제성장이나 고용 창출 능력의 확대에서 비롯된 결과일 것이다. 두 인구 집단의 노동시장이 완전히 분리될 수 없는 한, 구축·대체 가능성은 부분적으로나마 존재할 것이기 때

연금 체계는 대체로 고용을 전제한다는 점에서, 청장년층의 실업이 장기화, 구조화될 경우 향후 노년층의 빈곤 혹은 불평등 문제가 나타날 수도 있기 때문이다. 과연 고령화 사회에서 지속적인 경제성장을, 그것도 여성과 노년층의 노동 공급을 모두 수용할 정도의 성장률을 기대할 수 있을까?

인구의 고령화는 노동력 부족과 저축률 하락을 불러옴으로써 결과적으로 성장률까지 떨어뜨릴 수도 있다. 그렇다면 기술 진보가 새로운 축적과 성장의 기회를 제공하지 않는 한, 고령화 사회에서 지속적인 경제성장을 기대하기란 매우 힘든 것일지 모른다(Siebert 2002). 물론 주요 선진국의 지난 30여 년간 실제 통계자료를 살펴본 결과, 적어도 아직까지는 인구 구조의 변화와 경제성장률 사이에 유의미한 상관관계가 존재하지 않는다(김미숙 외 2003, 156-182). 경제학자들 사이에서도 인구와 성장률의 관계에 대한 해석이나 판단은 결코 단일하지 않다. 심지어 출생률 하락으로 자녀 수가 줄어들면, 자녀 1인당 교육 투자가 늘어나면서 생산성이 높아지고 이것이 성장률을 높여 줄 수도 있다고 보는 견해도 있다.[13] 그렇다고 해도 미래가 과거의 단순한 연장일 수 없다면, 이런 특성이 앞으로도 지속된다고 보기는 어렵다. 그래서 고령화 추세가 지속하는 한, 인구 변화에 따른 노동 공급의 감소나 저축률의 하락이 성장에 미치는 효과를 상쇄할 정도로 기술 진보(혹은 또 다른 성장 요인)가 빠르게 진행되지 않는 한, 앞으로 성장률이 하락할 수도 있음을 완전히 무시하기는 어렵다.

문이다.
13 인구의 고령화가 경제성장에 미치는 효과는 이론 배경에 따라 달라지는데, 특히 인구 구조의 변화와 경제성장을 외생적인 의미로 보는가, 내생적인 의미로 보는가에 따라 크게 달라진다(최경수·문형표·신인석·한진희 2003, 82-159).

설령 기술 진보나 또 다른 요인에 힘입어 비교적 높은 성장률을 보일 수도 있다고 해도, 모든 문제가 해결된 것은 아니다. 앞서 언급했듯이, 기존 연금 체계는 대체로 고용과 연계되어 있다. 이 특징이 변하지 않는 한, 실업은 연금 체계의 지속가능성 약화를 불러오는 요인일 수밖에 없다. 이는 곧 연금 체계의 지속가능성을 위해서는, 단순히 높은 성장률을 회복하는 데서 그치지 않고 그 성장이 고용을 창출하는 것이어야 함을 암시한다. 게다가 연금 체계의 목적이 노년층의 소득 안정에 있는 한, 단순히 고용을 창출하는 성장을 확보했다고 해서 문제가 끝나는 것도 아니다. 청장년기에 비교적 안정적인 소득이 가능한 일자리가 제공될 때, 노후에도 안정적인 연금 급여가 확보될 수 있기 때문이다.

하지만 오늘날 성장과 고용의 관계는 '고용 없는 성장'의 가능성이 거론될 정도로 상당히 달라진 듯 보인다. 이는 단순히 과거 유럽처럼 경기 침체 상황에서 조기 퇴직을 이용한 성장 전략을 선택했다는 사실만의 문제가 아니며, 고령화로 설명되는 상황도 아니다. 무엇보다도 탈산업화dein-dustrialization[14]나 자본·기술 집약적인 산업의 등장으로 경제의 고용 창출 능력이 과거보다 떨어졌을 뿐만 아니라, 세계화나 노동시장의 유연화에 힘입어 불완전 고용이 크게 증대되었기 때문이다. 최근 미국에서 '근로 빈곤층'working poor 문제가 새롭게 부각되는 이유도 이와 무관하지 않다(Myles 1996, 131-134). 이는 곧 오늘날 지속적인 경제성장만으로는 고용 창출은 몰라도 안정적인 노후 소득이라는 연금 체계의 목적까지 충족하기는 힘

---

[14] 피어슨은 오늘날 복지 위기의 가장 큰 원인을 탈산업화에서 찾는데, 그 이유는 탈산업화와 함께 고용 창출 능력과 생산성 증가율이 하락했다고 보기 때문이다(Pierson 2001, 81-89).

들어졌음을 암시한다. 즉 안정적인 소득까지 보장할 수 있는 적절한 일자리 또는 복지 제도가 확보되어야만 연금 체계의 목적이 충족될 수 있게 되었다는 것이다.

그렇다고 해서 무조건 과거처럼 국가나 공공 기관이 완전고용을 보장해 주는 상황으로 되돌아갈 필요는 없다. 아니 어쩌면 어느 정도 유연한 노동시장은 여성 노동자들에게 '일과 가정의 조화'를 제공해 줄 수도 있다는 점에서, 연금 체계의 지속가능성을 위해서라도 기꺼이 수용해야 할 조건일 수도 있다. 그렇다고 해도 '근로 빈곤층'을 유발할 정도로 지나친 유연화는 연대와 평등이라는 연금 체계의 목적에 부합하지 않을 수 있다는 점에서, 위험하다. 그러므로 유연화의 필요성을 인정하더라도 그 폐해를 교정해 줄 만한 적절한 복지 제도를 확보해야 한다.[15]

문제는 여기서 그치지 않는다. 제2차 세계대전 이후 서구에서 확립된 복지 제도는 대체로 성별 분업 관계를 전제한다. 그렇다면 1950~60년대 황금기의 완전고용은 상당 부분 여성의 취업률 또는 경제활동 참가율이 비교적 낮았다는 사실과 무관할 수 없으며(Esping-Andersen 1999, 24-29), 오늘날처럼 성별 분업 구조가 약해지거나 해체되면서 여성의 취업 욕구가 높아질 경우 실업률을 낮추기란 결코 쉽지 않다. 상당히 높은 성장률

---

15 이를테면, 빈곤 문제를 완화할 수 있는 사회적 안전망이나 일자리 제공과 교육·훈련을 병행하는 적극적인 노동시장정책이 여기에 해당할 것이다. 특히 후자는, 지나치게 확대되어 재정 문제를 초래하지만 않는다면, 시장 논리와 충돌하지 않으면서 빈곤 혹은 분배 문제를 완화하는 처방일 수 있다. 최근 유럽에서 새로운 대안으로 부상하고 있는 '유연안전성'(flexicurity)도, 흔히 노동시장의 유연화로 기업들의 채용 확대를 유도하면서 비교적 관대한 복지 제도를 유지하되 후자의 내용을 좀 더 고용 촉진적인 방향으로 조정해서 노동자들에게 평생 고용과 소득 안정을 제공하려는 것으로 정의된다는 점에서(김홍종·신정완·이상호 2006, 36), 적극적 노동시장정책과 크게 다르지 않을 것이다.

이 지속적으로 이어지거나 좀 더 노동집약적인 고용 구조가 나타날 경우, 여성의 취업 욕구를 충족함과 동시에 낮은 실업률(또는 완전고용)까지 확보할 수도 있겠지만 현실적으로 이런 상황을 기대하기는 어렵다.

좀 더 심각한 문제는 출생률 하락이 여성의 취업률 상승과 무관하지 않다는 점이다. 그래서 연금 체계나 성장의 지속가능성을 위해 여성의 취업을 장려할 경우, 출생률이 더욱 하락하면서 고령화 문제가 악화할 수도 있다는 점이다. 무엇보다도 여기에는 출산 비용이 상당히 크다는 사실이 전제된다. 이 비용을 직접적인 비용과 간접적인 비용으로 구분할 경우, 특히 후자가 출산율과 높은 상관관계를 보이는데,[16] 이는 곧 (간접적인 출산 비용을 절감해) '일과 가정의 조화'를 가능하게 하는 복지 제도가 존재한다면 여성의 취업이 늘어날수록 출생률이 함께 상승할 수도 있음을 암시한다. 물론 앞서 언급했듯이, 출산율을 높이는 방안을 마련하기란 쉽지 않다. 그렇다고 해도 일과 가정의 조화를 가능하게 하는 복지 제도를 지속적으로 실시할 수 있다면, 적어도 출산율의 하락 추세만큼은 막아낼 수 있을 것이다.[17]

이렇게 볼 때, 연금 체계의 조정이나 전환, 혹은 고용 구조의 변화를 통

[16] 직접적인 출산 비용이 출산과 양육에 직접적으로 필요한 비용이라면, 간접적인 출산 비용은 출산·양육 때문에 여성이 노동시장에서 불이익을 받는 데서 비롯된 비용, 즉 기회비용이다. 기존의 분석에 따르면, 후자가 출산율과 비교적 높은 상관관세를 보인다. 그래서 전자를 절감시켜 주는 정책은 흔히 출산 장려보다 빈곤 완화를 위한 것으로 평가되기도 한다(최경수 2004, 39-41).

[17] 예를 들어, 프랑스는 1970년대부터 출산을 장려하는 복지정책을 실시했지만 거의 효과가 없자, 1990년대 중반부터 이 정책을 더욱 강화했으며 오늘날에는 이 정책의 비중이 GDP의 3%에 이르고 있다(국회 저출산및노령화사회대책특별위원회 2006, 101-120). 그 결과, 출산율이 꾸준히 상승했으며, 2006년에는 유럽연합에서 가장 높은 수준을 보여 주었다(『문화일보』 2007/01/17).

해 연금 체계의 지속가능성을 확보하려는 시도는 기대만큼의 효과를 보기 어렵다. 고령화를 이유로 연금 체계의 조정을 계속해서 요구하거나 이 체계의 중요한 목적인 연대 혹은 평등이라는 기준을 위배할 가능성이 높다. 연금 수령자의 부양률을 낮춘다는 이유로 여성이나 노년층의 취업을 유도하는 경우에도, 지속적인 경제성장과 함께 적절한 복지 제도가 확보되지 않는 한, 단기적으로는 몰라도 장기적으로 연금 체계의 지속가능성에 기여할 수 있을지 의문이다. 따라서 고령화로 인해 연금 개혁이 불가피하다면, 그 방향은 출생률 상승을 유도하면서 지속적인 성장의 기반을 확보함과 동시에, 성장을 고용 창출과 소득 안정으로 연결할 수 있는 복지 제도까지 확보하는 데서 찾아야 할 것이다. 더구나 복지 제도는 출생률과 여성의 경제활동 참가율을 동시에 높일 수 있는, 그래서 일과 가정의 조화를 확보할 수 있는 방법이기도 하다는 점에서 매우 중요하다. 이는 곧 고령화 혹은 이와 관련된 연금 체계의 지속가능성 문제가 출생 장려 정책과 함께 성장과 복지의 선순환을 확보하는, 혹은 성장과 복지의 선순환이 출산 장려 정책을 동반하는 과제임을 암시한다. 에스핑-안데르센이 고령화 문제를 성장-고용-분배의 상관성이라는 맥락에서 언급하면서, 출생률 상승의 필요성까지 강조했던 이유도 여기에 있을 것이다 (Esping-Andersen 1996, 24-27).

물론 위에서 언급된 다양한 연금 개혁안들을 적절히 결합할 수 있다면, 고령화 문제는 몰라도, 연금 재정의 지속가능성 혹은 안정성 문제는 해결되거나 적어도 그 상당 부분이 완화될 수 있을지 모른다. 실제로 대부분의 연금 개혁안은 위에서 언급한 대안들 중 하나를 제시한다기보다는 이것들의 다양한 결합을 모색한다. 예를 들어, 각종 국제기구나 연구자들에게서 대안으로 제시되는 '다축 체계'multi-pillar system 안에는, 정도 차이는 있을지라도 위에서 언급된 대안들이 거의 대부분 포함되어 있다(이상호 2003).[18] 그렇다고 해도 성장과 복지의 선순환이 확보되지 않는 한, 그리고 이 선순환이 출산율 상승으로 이어지지 않는 한(아니 적어도 출산율의 하락 경향을 막아낼 수 없는 한), 노후 소득의 안정을 위한 사회적 연대 장치라는 연금 체계의 기본 목적까지 장기적으로 충족할 수 있는 연금 개혁안이 도출되기는 어렵다. 그 어떤 연금 개혁안이든지 간에, 그 궁극적인 성패는 출산 장려를 동반하는 성장과 복지의 선순환의 확보 가능성에 달려 있기 때문이다.

III. 한국의 고령화와 국민연금

1. 고령화 추세와 그 특징

고령화 수준에 관한 한, 한국의 고령화 문제는 적어도 현재까지 그렇게 심각한 편이 아니다. 〈표 1〉을 보자. 이 표는 UN의 분류 기준에 따라, 65세 이상 인구의 비율이 7% 이상, 14% 이상, 20% 이상인 사회를 각각 '고령화 사회'aging society, '고령 사회'aged society, '초고령 사회'post-aged society로

---

[18] 다축 체계란 일원화된 연금체계를 다원화하는 것으로, 그 방법은 흔히 공적 연금 체계와 사적 연금 체계의 통합으로 제시된다. 그러므로 이러한 통합이 적절히 이루어진다면, 위에서 언급한 한계들이 상당수 해결될 수도 있을 것이다.

구분하고 한국과 주요 선진국의 고령화 수준을 비교한 것이다. 여기서 대부분의 선진국은 이미 오래 전에 고령화 사회에 진입했을 뿐만 아니라, 일본, 독일, 프랑스, 이탈리아의 경우 현재 초고령 사회에 이미 도달했거나 그 직전에까지 도달한 상태이다. 그렇지만 한국은 2000년에야 비로소 고령화 사회에 진입했을 뿐이다.

그렇지만 고령화 속도를 고려하면 사정이 달라진다. 〈표 1〉을 다시 보자. 한국은 2018년과 2026년에 각각 고령 사회와 초고령 사회에 진입할 것으로 보이는데, 이는 고령화 사회에서 고령 사회로, 고령 사회에서 초고령 사회로 진입하는 데 각각 18년과 8년이 소요되는 셈이다. 고령화 속도가 비교적 빠르다고 평가되는 일본이 각각 24년과 12년이 소요되었음을 고려한다면, 한국의 인구 변화 속도는 너무도 빠르다. 예측 오차를 생각하더라도, 한국의 인구는 분명 매우 빠르게 고령화되고 있음을 부인하기 어렵다.

인구 통계상 고령화는 출산율과 사망률의 변화로 설명되겠지만, 대부분의 국가에서 전자의 변화가 특히 중요하다. 한국 역시 예외가 아니다. 〈그림 1〉을 보자. 합계출산율은 1970~2006년 사이에 4.53명에서 1.13년으로 크게 하락했으며, 그 정도 또한 매우 크다.[19] 그런데 같은 기간에 조사망률은 비교적 완만한 하락세를 보여 주는 반면, 조출생률은 상당히 큰 폭으로 하락하고 있다.[20] 이는 곧 한국의 빠른 고령화 현상이 출산율의 급격한 하락에서 비롯된 현상임을 함축한다. 더구나 〈그림 2〉에서 드러나

---

[19] 1960년에는 우리나라 합계출산율이 6.0명으로 매우 높은 수준이었다(김승권 2004, 3).
[20] 합계출산율은 출산 가능한 여성(15~49세의 여성) 1명이 평생 낳을 수 있는 자녀의 수를 의미하며, 조출생률과 조사망률은 인구 1,000명당 출생자 수와 사망자 수를 각각 지칭한다.

구분	도달 연도			소요 연수	
	고령화 사회	고령 사회	초고령 사회	고령화 사회 → 고령 사회	고령 사회 → 초고령 사회
한국	2000	2018	2026	18	8
일본	1970	1994	2006	24	12
프랑스	1864	1979	2018	115	39
독일	1932	1972	2009	40	37
이탈리아	1927	1988	2006	61	18
미국	1942	2015	2036	73	21

자료: 통계청(2006).

듯이, 현재 한국의 출산율 하락세는 이미 오래전에 고령화 사회에 도달한 OECD 국가들과 비교하더라도 너무나 뚜렷하다.[21] 이렇게 볼 때, 한국은 머지않은 장래에 선진국보다도 훨씬 더 심각한 고령화 문제에 직면할 수 있으며, 그래서 연금 개혁이 매우 시급한 과제일 수밖에 없다.

　한국 사회에서 이렇게 짧은 시간에 출산율이 급락한 이유는 무엇일까? 우선 정책의 영향을 생각해 볼 수 있을 것이다. 익히 알다시피, 제2차 세계대전 이후 경제발전론에서 인구가 후진국의 빈곤을 설명해 주는 중요한 요인으로 취급되면서 산아제한이 성장을 위한 정책 수단으로 평가되곤 했는데(Meier 1984, 569-583), 이런 흐름에서 한국 또한 예외가 아니었

---

[21] 게다가 오늘날 한국에서는 가임 여성 인구(15~49세)가 지속적으로 감소하고 있는데, 이는 결국 출산율이 변하지 않더라도 점차 출생아 수가 감소할 수밖에 없음을 암시한다(김승권 2004, 28). 위 그림에서 2006년도 한국의 합계출산율은 1.13명으로 2005년 1.08명에 비해 0.05명 증가했는데, 이 정도의 변화로는 기존의 인구 변화 추이를 뒤바꾸기 어렵다. 그나마 이 정도의 변화조차 앞으로도 지속될 수 있을지 의문이다.

다. 아니 과거 한국은 산아제한 정책의 모범 국가로 평가될 정도로 인위적인 정책을 통해 출산율을 빠르게 하락시킨 대표적인 사례였다. 좀 더 심하게 말한다면, 과거 한국 사회에서 고도성장과 출산율 하락은 동일한 과정의 두 측면이었는지도 모르겠다. 이는 곧 오늘날 한국의 고령화 문제가 과거의 산아제한 정책 혹은 인구와 관련된 성장 정책과 결코 무관할 수 없음을 암시한다.[22] 하지만 과거 한국에서만 산아제한 정책이 시행된 것이 아닐뿐더러 최근에는 한국에서 이 정책이 거의 시행되지도 않았다는 점에서, 과거 고도 성장기의 인구 변화는 몰라도 최근의 인구 변화까지, 그것도 출산율이 급격하게 하락하는 상황까지 모두 이 정책의 영향으로 설명하기는 어렵다.

그렇다면 최근에 출산율이 급격하게 하락하는 현상은 산아제한 정책보다는 다른 요인의 영향으로 설명하는 편이 훨씬 더 타당할 것이다. 이와 관련해 흔히 거론되는 요인이 출산 비용 문제다. 앞서 지적했듯이, 직·간접적인 출산 비용의 상승은 출산율을 하락시키는 주요 원인이기 때문이다. 더구나 최근 한국 사회에서는 직접적인 출산 비용은 말할 것도 없고, (여성의 학력 수준이 높아지고 취업이나 출산·육아와 관련된 가치관까지 변하면서) 간접적인 출산 비용 또한 크게 상승했을 것이므로, 이에 따른 출산율

---

[22] 이런 의미에서 한국의 인구 고령화 문제는 성장 정책의 산물임과 동시에 성장을 위협할 수도 있는 사안인 셈이다. 그렇지만 이는, 제2차 세계대전 이후 산아제한정책과 성장 정책은 전 세계적으로 거의 같은 의미로 사용되었다는 점에서, 한국에만 국한된 현상이 아니다. 아니 루카스(R. E. Lucas)에 따르면, 성장 자체가 저출산의 원인일 수 있다는 점에서(최경수·문형표·신인석·한진희 2003, 39-40) 인구 고령화는 산아제한 정책이 없더라도 거의 필연적으로 나타날 수밖에 없는 문제일지도 모른다. 이런 의미에서 오늘날 고령화 문제는 마르크스의 용어를 빌자면, (이윤율 저하 경향처럼) 성장이나 자본축적의 자기모순 혹은 자기 한계를 드러내는 사안이다.

〈그림 1〉 한국의 합계출산율 추이 (1970~2006년)

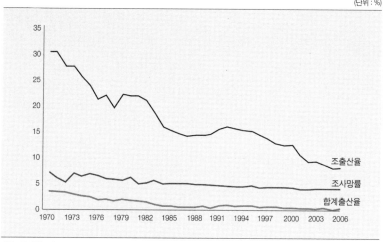

(단위 : %)

자료 : 통계청, 『인구동태통계연보(총괄·출생·사망편)』, 각 연도

하락은 거의 필연에 가까운 것일지 모른다. 그렇다고 해서 한국에서 출산율이 급격히 하락하는 현상을 출산 비용으로만 설명하기는 어렵다.

〈표 2〉를 보자. 여기서 합계출산율은 1990년대 이후 전반적인 하락세를 보이지만, 기혼 여성의 평균 출생아 수는 큰 변화가 없다. 후자의 경우 1994년을 기점으로 전보다 약간 하락하기는 했지만 그 정도는 크지 않으며, 심지어 1994~2003년 사이에는 거의 변화가 없다. 이런 특징은 연령이나 교육 수준별로 구분해서 살펴보더라도 거의 달라지지 않는다. 또한 2000~2003년 사이에 합계출산율은 크게 하락(1.47 → 1.19)했지만, 평균 출생아 수는 소폭 하락(1.7 → 1.8)했을 뿐이다. 합계출산율이 크게 하락하면서 인구의 고령화가 급속히 진행된 1990년대에도 출산에 따른 직·간접

적 비용은 현실적으로 크게 상승했을 것이며, 그래서 이 비용은 출산을 가로막는 상당히 큰 부담으로 작용했을 것이다. 그런데도 기혼 부부의 평균 출생아 수는 크게 달라지지 않았다면, 이를 어떻게 이해해야 하는가?

이 의문은 합계출산율의 추계 방식을 고려하면 쉽게 해결된다. 익히 알다시피 합계출산율은 출산 가능한 여성 전체를 기준으로 할 뿐, 미혼과 기혼을 구별하지 않는다. 그러므로 한국처럼 혼외 출산이 금기시되어 혼인이 출산의 전제 조건인 국가에서는 유배우율이 하락할수록 출산율이 떨어질 수밖에 없다.[23] 최근 한국에서 합계출산율이 급격하게 하락한 배경을 흔히 만혼과 (미혼 또는 이혼에 따른) 독신 생활의 증가에서 비롯된 유배우율의 하락에서 찾는 이유는 바로 여기에 있다(김승권 2004, 6-10; 국회 저출산및고령화사회대책특별위원회 2006, 20). 이렇게 본다면 최근 한국의 출산율 하락 현상은 단순히 직·간접적인 출산 비용에 국한된 사안이 아니라 결혼을 늦추거나 기피하게 만드는 요인까지 포함하는 사안인 셈이다.

물론 이런 판단이 지나친 것일지도 모른다. 사실상 대부분의 혼인이 출산 결정을 수반한다는 점에서, 양자는 단계적인 의사 결정이 아니라 동시적인 의사 결정의 문제일 수 있으며, 그래서 유배우율의 하락 때문에 출산율이 하락했다는 평가는 인과적인 설명이라기보다 동어반복에 해당될 수도 있다(최경수 2004, 15-16). 더구나 직접적인 출산·양육 비용만이 아니라 간접적인 비용까지 포함된다면, 결혼을 늦추거나 기피하는 문제 또

---

23 일본 내각부가 2005년에 일본, 한국, 프랑스, 스웨덴, 미국 등 5개국을 대상으로 국가별 출산 육아 환경을 조사한 결과에 따르면, 프랑스는 2000년 이후 결혼 건수가 매년 1만 쌍씩 줄고 있지만, 39%에 이르는 혼외 출산 등으로 신생아 수는 80만 명을 유지하고 있으며, 스웨덴의 혼외 출산 비율은 무려 54%나 되었다(『한겨레』 2006/04/28).

〈그림 2〉 합계출산율의 국제적 비교 (1980~2003년)

(단위 : %)

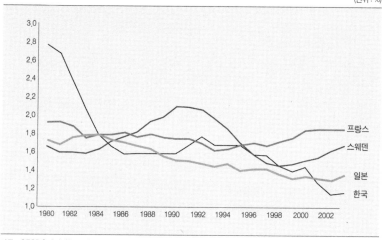

자료 : OECD홈페이지(http://stats.oecd.org/WBOS/).

〈표 2〉 기혼 여성의 평균 출생아 수 (1988~2003)

(단위 : 명)

	연령별					교육 수준별				평균 출생아 수	합계 출산율
	15~24	25~29	30~34	35~39	40~44	초졸	중졸	고졸	대졸 이상		
1988	0.8	1.4	2.1	2.6	3.2	2.8	2.1	1.7	1.6	2.1	1.56
1991	0.7	1.3	1.9	2.4	2.8	3.1	2.3	1.7	1.6	2.2	1.74
1994	0.7	1.2	1.8	2.1	2.5	2.6	2.1	1.6	1.4	1.8	1.67
1997	0.7	1.2	1.8	2.0	2.2	2.5	2.1	1.7	1.5	1.8	1.54
2000	0.8	1.1	1.7	2.0	2.1	2.2	2.1	1.7	1.5	1.7	1.47
2003	0.6	1.1	1.7	2.0	2.1	2.3	2.1	1.8	1.6	1.8	1.19

자료: 한국보건사회연구원, 『전국 출산력 및 가족보건 실태 조사』, 각 연도; 통계청, 『인구동태통계연보(총괄·출생·사망편)』, 각 년도.

한 대체로 이런 출산 비용의 문제로 설명될 수도 있으며, 그래서 출산율 하락의 원인을 만혼이나 미혼, 혹은 이혼의 증가에서 찾는 것은 논리적 오류에 해당할 수도 있다. 그렇지만 이런 비판을 모두 수용한다고 해도, 최근 한국의 출산율 하락이 모두 출산 비용으로 설명되지는 않는다.

최근 한국의 출산율 하락 현상에 대해서는, 흔히 소득과 고용의 불안정 문제, (결혼·이혼·출산·양육·사회활동과 관련된) 가치관의 변화, 자녀 양육·교육비 부담, 자녀 양육에 필요한 사회적 인프라 부족 등이 중요한 원인으로 거론된다(김승권 2004, 10-28). 이 중에서 양육·교육비나 사회적 인프라의 문제는 분명 직·간접적인 출산 비용의 문제며, 가치관의 변화가 출산율에 미치는 효과 또한 상당 부분이 출산 비용을 매개로 작동된다고 볼 수 있다. 그렇다고 해서 후자의 효과가 모두 출산 비용의 문제로 연결되는 것은 아니다. 가치관의 변화로 혼인율이 낮아지거나 이혼율이 급등하는 현상은 단순히 출산 비용만의 문제는 아니기 때문이다. 게다가 (청년) 실업이나 불완전 고용 때문에 결혼 연령이 늦추어지거나 혼인율이 낮아지고, 이혼율이 높아지는 현상 또한 출산 비용으로 충분히 설명되기는 어렵다.

사정이 이러하다면, 한국에서 출산율이 급락하는 상황은 직·간접적인 출산 비용만이 아니라, 가치관의 변화나 소득과 고용의 불안정에서도 비롯된 결과로 볼 필요가 있다. 여기서 정책으로 쉽게 변화시킬 수 없는 가치관 문제를 제외할 경우,[24] 바람직한 출산 장려 정책의 방향은 출산 비용

---

[24] 그렇다고 해서, 출산과 관련된 가치관의 변화를 무조건 나쁘다고 보는 것은 아니다. 단지 가치관의 변화가 고령화를 유발한 하나의 원인일 수 있음을 강조할 뿐이다.

<표 3> 유배우 여성(20~44세)의 가구 소득수준별 출생 자녀 수 (1988~2003)

(단위 : %, 명)

	0명	1명	2명	3명	계(명)	평균
60% 미만	6.5	24.5	57.4	11.6	100.0(872)	1.75
60~80% 미만	6.2	20.5	62.0	11.3	100.0(807)	1.80
80~100% 미만	8.3	19.3	59.0	13.3	100.0(518)	1.78
100~150% 미만	8.6	19.1	63.2	9.0	100.0(1,043)	1.73
150% 이상	5.7	20.3	62.9	11.1	100.0(562)	1.80

주: 1) %는 전국 가구 월평균 소득 대비 비율임.
　　2) 5열의 ( )안은 대상 가구 총수임.
자료: 한국보건사회연구원(2005, 389), <표 11-18>.

의 절감과 함께 소득·고용의 안정성까지 제공하는 데서 찾아야 할 것이다. 이는 곧 출산율을 높이기 위해서라도 소득과 고용의 안정을 위한 복지정책을 확보하거나 확충할 필요가 있음을 함축한다.[25] 특히 1997년 경제 위기 이후 소득과 고용의 불안정성이 높아지면서 유배우율만이 아니라 출산율에도 상당한 악영향이 나타나고 있다는 점에서, 이런 복지정책의 확보 혹은 확충은 매우 시급한 과제임이 틀림없을 것이다.[26]

　물론 <표 3>에서 드러나듯이, 적어도 아직까지는 출산율이 소득수준과 특별한 상관관계가 있다고 보기는 어렵다. 그렇지만 추가 출산을 기피

[25] 이것은 단순히 제도의 존재 여부에 국한된 사안이 아니다. 출산휴가제도나 육아휴직제도가 존재하지만, 적어도 아직까지는 여성들이 이 제도를 자유롭게 이용한다고 보기는 어렵기 때문이다 (김승권 2004, 18-22). 그렇지만 유명무실한 제도를 현실화시킬 필요가 있다는 점 못지않게, 제도 자체가 충분히 확보되지 않았다는 점 또한 간과되어서는 안 될 것이다.
[26] 사정이 이러하다면, 오늘날 한국 사회에서 소득과 고용의 불안정, 즉 '양극화' 문제는 단순히 분배나 빈곤 문제에 그치지 않고 출산율의 급격한 하락까지 초래하는, 그래서 고령화 추세를 가속화하기까지 하는 요인으로 정의될 수 있을 것이다.

하는 원인을 살펴보면 사정이 달라진다. 〈표 4〉를 보자. 여기서 (추가) 출산을 기피하는 원인이 전체적으로는 자녀 수가 이미 충분하거나 나이가 많다는 점, 양육과 교육에 따른 비용이 상당하다는 점, 소득과 고용이 불안정하다는 점 순으로 나타난다. 이런 순서는 취업과 비취업을 구분하더라도 큰 차이가 없다. 그러나 소득수준별로 살펴보면 상황은 달라진다. 저소득층에서는 소득·고용의 불안정 문제가 중요하게 나타나지만, 고소득층에서는 육아 인프라, '일과 가정의 조화', 여가나 자아 성취 등이 점점 더 중요한 요인으로 나타나기 때문이다. 이는 고소득층의 경우 직·간접적인 출산 비용이 출산율을 떨어뜨리는 주요 원인이라면, 저소득층의 경우에는 소득과 고용의 불안정이 좀 더 중요한 원인으로 기능하고 있음을 함축한다.

저소득층의 추가 출산을 가로막는 소득과 고용의 불안정 문제는 아마도 1997년 경제 위기 이후 노동시장이 지나치게 유연화되었다는 사실과 무관하지 않을 것이다. 그렇다고 해서 여성의 취업과 출산의 관계를 고려할 때, 유연화 정책을 무조건 거부할 필요는 없다. 일과 가정의 조화를 위해서는, 어느 정도의 유연화가 필요하기 때문이다. 문제는 지나치게 유연화될 경우 일과 가정의 조화를 확보하는 데에는 유리할지 몰라도, 저소득과 고용 불안정을 가져올 수 있으며, 이것이 다시 출산율의 하락으로 이어질 수도 있다는 점이다. 이는 결국 출산 비용의 절감에 국한된 정책이나 방법으로는 한국의 고령화 문제를 극복하는 데 한계가 있을 수밖에 없음을 암시한다.

(단위 : %, 명)

분류	전체	취업별		소득수준별 (전국 가구월평균소득 대비)[1]				
		취업	비취업	60% 미만	60~80% 미만	80~100% 미만	100~150% 미만	150% 이상
소득·고용 불안정[2]	17.1	17.8	16.5	35.4	24.7	24.2	11.3	7.2
육아 인프라[3] 부족	2.1	2.9	1.3	4.9	3.9	1.9	5.2	9.1
양육·교육비 부담	29.8	28.2	31.1	22.0	26.0	23.1	22.7	23.7
일과 가정의 조화 곤란[4]	1.7	2.4	1.0	1.2	1.3	3.7	4.1	3.6
여가 및 자아 성취	3.1	3.3	2.9	2.4	3.9	1.9	6.2	12.7
건강 문제[5]	4.9	4.3	5.5	12.2	11.7	22.2	18.6	10.9
자녀수 충분/나이 많아	37.7	37.9	37.5	11.0	24.7	20.4	22.7	23.5
기타	3.6	3.2	4.0	11.0	3.9	1.9	9.3	7.3
계(명)	2,811	1,354	1,459	82	77	54	97	55

주: 1) 1자녀 기준임.
    2) 자녀 양육에 필요한 주거 환경을 마련하는 비용 포함.
    3) 아이를 돌볼 사람이나 시설.
    4) 출산과 양육 과정에서 직장과 가정에서 받을 수도 있는 차별이나 불이익 문제.
    5) 본인의 건강만이 아니라 아이가 생기지 않는 문제까지 포함.
자료: 한국보건사회연구원(2005, 415, 563) 〈표 12-8〉, 〈부표 12-1〉을 참조해서 작성한 것임.

2. 국민연금의 문제점과 사각지대

한국에서 인구 고령화가 빠르게 진행되고 있다면, 연금 체계의 지속가능성은 매우 시급한 과제일 수밖에 없다. 물론 한국의 연금 체계는 적립 방식과 부과 방식이 혼합된 수정 적립 방식(안종범 2005, 96)이라는 점에서, 순수한 부과 방식을 선택한 다른 선진국들에 비해 인구 고령화의 영향이 비교적 적다고 말할 수도 있다. 그렇지만 인구 고령화가 빠르게 진행되고 있다는 점에서, 한국의 연금 체계는 기본 틀이 그대로 유지될 경우 멀지 않은 장래에 심각한 재정 문제에 직면할 가능성이 있음을 부인하기 어렵다. 또한 한국의 연금 체계는 기본적으로 연금 급여가 가입 기간과 소득

수준에 따라 결정되는 확정 급여 방식을 택하고 있다는 점에서, 현재와 같은 인구 변화 추세가 크게 달라지지 않는 한 연금 재정의 지속불가능성은 거의 필연에 가깝다.[27] 이런 의미에서 한국의 고령화 문제는 이미 연금 재정의 지속가능성을 위협하는 상당히 심각한 사안임이 틀림없다. 더구나 앞에서도 언급했듯이, 출산율을 높이기 위한 정책은 기본적으로 그 효과가 상당히 먼 미래에나 현실화될 수 있다는 점에서, 연금 개혁은 더욱더 시급하면서도 절실한 과제일 수 있다.

이와 관련해 명심해야 할 사항은 한국의 연금 체계가 인구의 고령화에서 비롯된 문제가 아니라, 광범위한 '사각지대'의 존재라는 또 다른 문제까지 안고 있다는 점이다(김미숙 외 2003, 148-149; 양준모 2006, 115). 연금의 사각지대는 크게 미래의 연금 수급 대상자에 관한 문제와 현재의 연금 수급 대상자에 관한 문제로 구분될 수 있다. 전자가 (소득 축소 신고나 저소득·불완전 고용에서 비롯된) 납부 예외자와 장기 체납자의 문제라면, 후자는 연금 혜택을 받지 못하는 노인층의 문제다. 사각지대의 존재는 인구 고령화에서 비롯된 연금 재정의 안정성 문제를 더욱 악화시킬 뿐만 아니라, 현재와 미래에 노인 빈곤 문제를 야기할 가능성이 있다는 점에서, 결코 간단한 사안이 아니다.

〈표 5〉를 보자. 이 표에서 2006년 12월 현재 납부 예외자는 총가입 대상자(약 1,774만 명)의 27.8%(약 494만 명)이며, 2001년 이후 납부 예외율은 27% 수준에서 거의 변함이 없다. 문제는 여기서 그치지 않는다. 석재은의

---

[27] 한국개발연구원의 추계에 따르면, 국민연금의 급여와 보험료가 현재 수준을 그대로 유지할 경우 2047년에 기금 고갈이 예상되며, 그 이후에는 보험료율을 계속 인상해야만 연금 재정의 수지 균형이 확보될 수 있다(한국개발연구원 2005, 20).

<표 5> 국민연금 가입 및 납부 예외자 현황 (2006. 12)

(단위 : 천 명)

연도	총가입자 (A)	사업장 가입자	지역 가입자			납부 예외율 (B/A)
			계	소득 신고	납부 예외(B)	
2001	16,132	5,952	10,180	5,704	4,476	27.7
2002	16,293	6,288	10,005	5,754	4,251	26.1
2003	16,923	6,959	9,964	5,399	4,565	27.0
2004	16,993	7,580	9,413	4,730	4,683	27.6
2005	17,073	7,950	9,123	4,489	4,634	27.1
2006	17,740	8,605	9,086	4,150	4,936	27.8

주: 임의(계속) 가입자 제외, 석재은(2006)과 국민연금관리공단(2007) 사이에 약간의 차이가 있었지만 그대로 인용했다.
자료: 2005년까지는 석재은(2006, 13), 2006년은 국민연금관리공단(2007, 3)에서 각각 인용한 것임.

연구에 따르면, 2005년 12월 말 현재 13개월 이상 장기 체납자(일부 미납 포함)는 총가입 대상자의 11.4%인 195만 명이며, 24개월 이상 장기 체납자는 총 가입 대상자의 7.4%인 127만 명이다. 20~59세의 인구 전체를 보면, 사각지대는 훨씬 더 심각하다. 2005년 12월 현재 20~59세 인구(2,887만 6,000명)의 57.1%인 1,648만 1,000명이 어떤 이유에서든(당연 가입 제외, 납부 예외자 및 소득 미신고자, 보험료 미납자) 공적 연금 수급 자격을 충족시키지 못하고 있는데, 이 중에 공적 연금 적용 제외자(9억 1,039만 7,000명)가 36.0%이고, 국민연금 납부 예외자(463만 5,000명)가 16.1%이며, 보험료 미납자(144만 9,000명)는 5.0%이다(석재은 2006, 14-16).[28]

　　노녀층의 경우, 사각지대 문제는 훨씬 더 심각하다. 〈표 6〉를 보자. 직역연금을 포함한 공적 연금의 수급자가 60세 이상(65세 이상) 인구의

---

[28] 이런 상황은 오늘날에도 크게 개선되지 않았을 것으로 판단된다.

24.0%(15.2%)에 불과하다. 이는 역으로 60세 이상(65세 이상) 인구의 76.0%(84.8%)가 공적 연금의 사각지대에 놓여 있음을 의미한다. 이렇게 광범위한 사각지대의 존재는 공적 연금제도(특히 국민연금)의 도입 시기가 그리 오래되지 않은 데다, 1999년에 정치적 배려 차원에서 소득 파악이 어려운 자영업자 집단에 대해서까지 국민연금이 확대·적용되었다는 사실과 무관하지 않을 것이다(윤석명 2006, 34-36).[29] 그렇다고 해도, 이런 사실만으로 사각지대의 존재가 모두 설명되는 것은 아니다. 한국의 복지 제도가 안고 있는 구조적·역사적 특성 또한 사각지대의 존재를 설명해 주는 중요한 요인에 속하기 때문이다.

익히 알다시피, 국민연금을 포함한 한국의 복지 제도는 대부분 가입자의 부담으로 재원이 조달된다. 이는 단순히 한국의 복지 제도가 사회보험 방식으로 운영되기 때문만은 아니다. 유럽 선진국의 경우 사회보험 방식을 선택했지만, 노동자의 재원 부담률이 더 높은 우리나라와 달리 사용자의 재원 부담률이 더 높기 때문이다(남찬섭 2006, 195-196). 여기에는 한국의 복지 제도가 자원 동원이 가능한 부분, 즉 비용을 부담할 수 있는 계층부터 적용시키는 하향식 과정을 통해 발전했다는 사실이 놓여 있다. 이는 곧 복지 제도의 발전이 국가가 비용을 부담하지 않는 방식으로 진행되었음을 의미한다. 이런 상황에서는 사회적 위험에 대해 공동체가 보호해야 할 필요가 있는 계층, 즉 복지 제도에 대한 비용 부담이 쉽지 않은 계층이 공적 보호 장치에서 배제된 채 자신들의 저축이나 가족·친지의 도움에

---

[29] 이 글에서 윤석명은 1988년에 도입된 국민연금을 1999년에 도시 자영업자에게로 확대·적용하는 과정에서 자영업자들의 소득 축소 신고 문제가 나타났다는 사실을 특히 강조한다.

〈표 6〉 공적 연금의 수급자와 사각지대의 비율 (2005. 12)

(단위: 명, %)

	공적 연금·노령(퇴직)연금 수급자의 비율					사각지대
	소계	국민연금	공무원연금	사학연금	군인연금	
60세 이상 인구 대비	24.0	20.8	2.2	0.3	0.7	76.0
65세 이상 인구 대비	15.2	12.4	1.9	0.2	0.7	84.8

주: 이 표는 석재은(2006, 9, 10) 〈표 1〉, 〈표 2〉를 참조해서 재구성한 것임.

〈표 7〉 연도별 노인 부부 가구의 이전소득 수지 추이

(단위 : 천 원, %)

	2003		2004		2005		2006	
	금액	구성비	금액	구성비	금액	구성비	금액	구성비
총소득	959.0	100.0	1,117.4	100.0	1,159.8	100.0	1,208.9	100.0
이전소득	489.8	51.1	607.5	54.4	633.4	54.6	687.3	56.9
연금 및 사회부조	231.6	24.2	272.5	24.4	293.7	25.3	313.5	25.9
기타	258.2	26.9	335.1	30.0	339.7	29.3	373.8	30.9

자료 : 통계청(2007, 8).

의존해서 생활할 수밖에 없다(남찬섭 2006, 193-194).

그렇다면 현재 한국의 연금 체계에서 사각지대의 존재는 거의 필연에 가까울뿐더러, 두 가지 사각지대 문제는 서로 분리된 사안도 아니다. 한국 복지 제도의 구조적·역사적 특성을 고려할 경우, 공적 연금 체계에서 배제된 노인들은 자신들의 저축이나 가족·친지의 도움으로 생활해야 한다. 이와 관련해서 〈표 7〉을 보자. 노인 부부 가구의 이전소득은 2003년 전국 가계 조사 이후 연금 및 사회보장 수혜에서 지속적인 증가세를 보인다. 2006년의 경우 노인 부부 가구 총소득의 56.9%가 이전소득이다. 이전소득을 공적으로 제공되는 부분과 사적으로 제공되는 부분으로 나눌

경우, 전자에서는 교통 수당이, 후자에서는 친인척의 보조금이 가장 높다(〈표 8〉 참조). 이는 곧 노인 가구의 상당수가 친인척의 보조금으로 생활하고 있음을 시사한다.

물론 이런 특성이 그 자체로 노인 빈곤의 원인인 것은 아니다. 공적 연금의 수급자가 아닐지라도, 이미 상당한 규모의 돈을 저축했거나 가족·친지에게서 적절한 도움을 받을 수 있다면 노인 빈곤 문제가 나타나지 않을 수도 있기 때문이다. 그렇지만 청장년층에서도 상당히 광범위한 사각지대가 나타난다면 상황은 달라진다. 소득 축소 신고에서 비롯된 납부 예외자 문제를 제외한다면, 아마도 그 대부분은 저소득이나 고용 불안정 문제에서 비롯된 사안일 것이기 때문이다. 이는 단순한 추측이 아니다. 〈표 9〉를 보자. 여기서 소득이나 고용의 불안정과 무관한 경우(입원, 교도소 수감, 주소 불명, 재학 등)는 13.3%에 불과하다. 이는 납부 예외자의 약 87%가 소득이나 고용의 불안정 때문에 연금 사각지대에 속하게 되었음을 의미한다. 이렇게 볼 때 사각지대는 현재와 미래의 노인 빈곤 문제에 국한되지 않으며, 청장년층의 소득·고용의 불안정 문제까지 맞물린 사안으로 이해할 필요가 있다.

사정이 이렇다면, 오늘날 한국의 연금 체계는 고령화에서 비롯된 연금 재정의 지속가능성 문제만이 아니라, 사각지대와 관련된 소득분배나 빈곤, 또는 고용의 문제까지 과제로 안고 있는 셈이다. 전자가 오늘날 전 세계, 특히 선진 국가들이 공통으로 안고 있는 과제라면, 후자는 한국의 연금 체계가 특히 심각하게 안고 있는 과제일 것이다. 이를 부인할 수 없는 한, 한국의 연금 개혁은 서구 선진국의 연금 개혁안을 그대로 답습하는 것으로 충분하지 않다. 소득분배나 빈곤, 혹은 고용 문제를 해결하거나 적어도 완화할 수 있는 장치까지 확보해야 하기 때문이다.

<표 8> 노인의 소득원 유무 (복수 응답)

(단위 : %)

전체	자산소득				사적 이전소득				근로 및 사업, 부업소득			공적 이전소득						
	소계	재산 소득	금융 소득	개인 연금	소계	친인척 보조금	사회 단체 보조금	기타 소득	소계	근로 소득	사업 부업 소득	소계	공적 연금	기타 사회 보험 급여	경로 연금	교통 수당	국민 기초 생활 보장 급여	참전 명예 수당
99.7	12.5	8.9	4.5	0.4	78.6	76.9	1.0	5.4	27.8	14.1	14.4	92.6	13.9	0.2	12.8	89.7	8.6	4.9

주: 65세 이상 노인이 대상임.
자료 : 한국보건사회연구원(2004, 105); 통계청(2005, 15)에서 재인용.

<표 9> 지역 가입자 중 납부 예외자 현황

(단위 : 명, %)

구 분	계	실직· 휴직	사업 중단	3월 이상 입원	자연 재해[1]	기초 생활 곤란 등[2]	교도소 수감 등	주소 불명	재학 등[3]
계	4,935,952	3,645,547	428,846	12,746	836	201,415	8,737	518,439	119,386
비율	100.0	73.9	8.7	0.3	0.0	4.1	0.1	10.5	2.4

주: 1) 농어업재해대책법, 자연재해대책법, 재해구호법에 의한 보조 또는 지원의 대상이 된 경우.
　　2) 기초 생활 곤란 등 : 연금 보험료를 납부할 경우 기초 생활의 유지가 곤란하다고 인정되는 자.
　　3) 재학 등 : 재학, 병역의무, 27세 미만인 자 중 납부 이력 보유자.
자료: 국민연금관리공단(2007, 152).

　　그렇다고 해서 다양한 연금 개혁안의 궁극적인 성패가 출산 장려와 함께 성장과 복지의 선순환 확보 가능성에 달렸다는 앞 절의 추론 내용을 한국에 그대로 적용할 수 없는 것은 아니다. 다만 한국은 연금 체계에 상당히 광범위한 사각지대가 존재할 정도로 선진국보다 복지 수준이 전반적으로 불충분하다는 점에서, 복지 제도를 더욱더 확대·강화해야만 성장과 복지의 선순환에 가까이 다가설 수 있을 것이다. 물론 인구의 노령화로 연금 재정에 심각한 위기 가능성이 나타나는 상황에서, 사각지대와 관런된 복지 제도까지 강화해야 한다는 주장은 너무 지나친 것일지 모른다. 하지만 연금 체계의 궁극적인 목적이 노후 소득의 안정성에 있음을 감안한다면, 한국의 바람직한 연금 개혁안은 (선진국 수준의 복지 제도까지는 아닐지라도) 적어도 지금보다 복지 제도를 확대·강화하는 데서, 그리고 이를 통해 성장과 복지의 선순환을 확보하는 데서 찾아야 한다. 더구나 현재 한국에서 소득과 고용의 안정은 출산율을 높이기 위한 방법이기도 하다는 점에서, 복지 제도의 확대·강화는 인구 고령화 문제를 해결하는 길이기도 하다.

IV. 노무현 정부의 연금 개혁안과 그 한계

인구 고령화나 이와 관련된 연금 체계의 지속가능성에 관한 한, 참여정부의 역사적 위치는 독특하다. 이는 단순히 한국에서 인구나 연금과 관련된 문제가 최근에야 비로소 사회적 쟁점으로 등장했기 때문만은 아니다. 참여정부가 역대 그 어느 정부보다도 적극적으로, 아니 좀 더 정확히 말한다면, 한국 역사상 처음으로 이런 문제들의 심각성을 인식하고 다양한 대안을 모색했다는 사실 또한 중요한 요인일 수 있기 때문이다.

대표적인 공적 연금인 국민연금제도와 관련해서, 참여정부는 재정의 안정성을 위해 연금 기금의 효율적 운용 방안을 모색함과 동시에 제도 자체를 조정하고자 노력했다. 이를 위해 정부는 2000년 1월 연금 기금의 주식 위탁 운용을 시작한 후 국내외 주식 투자의 비중을 계속 확대했다(〈표

<표 10> 국민연금기금 운용 현황[1]

(단위 : 억 원, %)

				2000	2001	2002	2003	2004	2005	2006
공공 부문[2]				34,511,390	30,784,652	30,198,894	15,251,210	6,377,000	0	0
복지 부문[3]				716,012	632,548	525,911	439,724	375,175	314,505	257,630
금융부문	총계			25,387,365	44,223,243	62,048,883	96,576,972	126,185,107	155,615,093	181,593,578
	채권	소계		19,893,345	38,591,062	56,412,923	88,791,325	114,755,499	141,752,381	162,640,478
		국내투자	직접운용	19,593,345	38,521,961	56,243,307	88,205,373	106,786,441	124,498,244	141,274,061
			간접운용	300,000	0	0	0	4,000,000	5,000,000	5,000,000
		해외투자		0	69,101	169,616	585,952	3,969,058	12,254,137	16,366,417
	주식	소계		3,408,264	3,929,657	5,041,510	7,095,039	10,130,563	12,435,553	16,138,787
		국내투자	직접운용	1,959,852	2,338,444	2,951,604	3,864,673	4,876,872	5,362,660	5,886,844
			간접운용	1,448,412	1,591,213	1,999,906	3,080,366	4,923,691	6,442,893	9,076,592
		해외투자		0	0	90,000	150,000	330,000	630,000	1,175,351
	대체 투자[4]			0	0	45,500	240,450	437,850	747,175	2,152,365
	정기예금			210,000	0	0	0	550,000	0	200,000
	단기자금			1,875,756	1,702,524	548,950	450,158	311,195	679,984	461,948
기타 부문				255,073	268,738	281,556	299,783	339,635	353,266	362,994
급여 지급 등 제 지출				12,792,627	14,464,398	16,500,244	18,963,429	22,210,356	26,176,862	30,940,284

주: 1) 해당 월 말일 기준의 누계 실적임.
   2) 재정자금, 공공자금, 국공채.
   3) 복지 타운 건립, 보육 시설 대여, 노인복지 대여, 생활 안정 자금, 생계 자금.
   4) 벤처 투자, CRC 투자, SOC 투자, 사모 투자, 부동산 투자.
자료: 국민연금관리공단(2007, 356) .

10〉 참조). 그 결과, 공공 부문이나 복지 부문에 대한 투자 규모는 계속해
서 감소하는 대신 주식 투자 규모는 계속해서 증대되고 있으며, 2002년부

터 시작된 해외 주식 투자와 대체 투자도 계속해서 확대되고 있다. 아울러 2003년에 (여야 합의로 개정된 국민연금법에 따라) 설치된 발전위원회를 통해 연금 재정을 추계한 후 각종 공청회나 토론회를 통해 국민연금의 적정 부담-적정 급여 체계를 도출하고자 노력했으며, 최근에는 사각지대를 없애기 위한 방안까지 모색하고 있다. 2006년 11월 30일과 2007년 1월 7일에 각각 국회 상임위를 통과한 국민연금법 개정안[30]과 기초노령연금법안이 그 대표적인 성과로, 여기서 전자가 주로 보험료율을 인상하고 급여율을 인하함으로써 연금 재정의 안정성을 확보하기 위한 방안이라면, 후자는 노인 사각지대를 해소하기 위한 방안이다.

이와 함께 정부는 노령 인구의 부양률을 낮추기 위해 경제활동 참가율을 높이기 위한 방안이나 이른바 '활동적인 노년'에 해당하는 방안까지 모색하고 있는 듯 보인다. 2007년 2월 5일과 9일에 각각 발표된 보건복지부의 보도자료(보건복지부 2007b; 2007c)가 이런 방향의 시도에 해당할 것이다. 전자의 주요 내용이 입직 연령을 2년 낮추고 퇴직 연령을 5년 늦추는 것(정부는 이를 '2+5 전략'이라 명명했다)이라면, 후자는 주로 2007년도 노인 일자리를 창출 방안을 담고 있다.

인구 고령화 문제도 예외가 아니다. 이 문제에 대처하기 위해, 정부는 2005년 9월에 저출산고령사회기본법을 제정했으며, 같은 해 9월과 10월에는 각각 저출산고령사회위원회(대통령 직속 기구)와 저출산고령사회정책본부(보건복지부 산하 기구)를 출범했다. 이후 정부는 이 두 기구를 중심으

---

30 이 개정안에 따르면, 현재 9%인 보험료율을 2009년부터 2018년까지 매년 0.39%씩 올려 2018년에는 12.9%가 되도록 단계적으로 인상하되, 급여율(현재는 평균 소득액의 60%)은 2008년부터 50% 수준으로 낮추며 장기적으로는 40% 수준까지 인하될 것이다.

〈표 11〉 2007년도 정부 산하 19개 부처의 저출산 관련 사업 규모

(단위: 억 원)

사업명	2006	2007	증감 규모	증감률
영유아 보육·교육비 지원	14,191	18,737	4,546	32.0
방과 후 학교 내실화	453	2,163	1,710	377.5
지역 아동·청소년 보호	402	1,038	636	158.2
산전·후 휴가 지원 등 기타	6,399	8,505	2,106	32.9
합 계	21,445	30,443	8,998	42.0

자료: 보건복지부(2007a, 2).

로 다양한 출산 장려 방안을 실시하거나 모색했으며, 지방자치단체들 또한 이와 비슷한 움직임을 보이고 있다. 보건복지부의 보도자료(보건복지부 2007a)에 따르면, 저출산 문제와 관련된 2007년도 정부의 예산은 3조 443억 원인데, 이는 2006년도의 2조 1,445억 원보다 42% 증가한 규모다(〈표 11〉 참조).[31]

물론 위와 같은 정책 대안이 모두 현실화된 것은 아니며, 심지어 그 일부는 정책 구상 단계에 그친 것도 있다. 예를 들어, 국민연금법 개정안과 기초노령연금법안의 경우, 2007년 4월 2일에 개최된 국회 본회의에서 통과되지 못했으므로 적어도 외관상으로는 실패한 것으로 볼 수 있다. 여기에는 여당과 야당 사이의 정치적 견해 차이가 놓여 있겠지만, 아마도 좀 더 중요한 이유는 애초에 연금 재정의 안정성을 목적으로 시작된 국민연

---

[31] 또한 각 지방자치단체들도 저출산 문제에 대처하기 위해 2007년도에 총 3조 3,053억 원을 투자하기로 계획하고 있는데, 이는 2006년의 2조 3,190억 원에 비해 42% 증가된 금액이다. 각 지방자치단체별 저출산관련 주요 사업에 대해서는, 국회 저출산및고령화사회대책특별위원회(2006, 164-177)와 보건복지부(2007a, 11) 참조.

금의 개정 움직임이 이후 논의 과정에서 사각지대라는 문제가 새롭게 제기되었다는 사실일 것이다.

새로운 문제가 추가되자 재정 안정화 문제를 먼저 해결하고 사각지대 문제는 단계적으로 추진하자는 정부(여당 포함)의 견해와 두 문제를 동시에 해결해야 한다는 야당과 일부 전문가들의 견해가 끊임없이 충돌했다 (윤석명 2006, 32-34; 안종범 2005, 96-100). 이 문제를 가까스로 조정해서 국민연금법 개정안이 만들어졌지만, 기초노령연금법안은 재정 조달 가능성이나 급여율과 관련된 의견 차이가 해소되지 않은 채 상임위를 통과했으며,[32] 그 결과 2007년 3월 30일에 개최된 국회 법사위에서는 두 법안이 가까스로 통과되었지만, 4월 2일에 개최된 본회의에서는 부결되었다.[33] 2007년 2월 5일에 발표한, 이른바 '2+5 전략' 또한 재정 조달 가능성 때문에 실현 가능성이 불투명하다. 이렇게 본다면, 위와 같은 정책 대안으로 현 정부의 정책이나 그 효과를 평가하는 것 자체가 온당하지 못한 것일 수도 있다.

하지만 2007년 7월 3일에 국회 본회의에서 통과된 연금 개혁안은, 외관상으로는 '그대로 내고 덜 받는' 형태라는 점에서 참여정부의 개정안과 차이가 있지만 연금 개혁의 초점을 재정의 안정성에 두고 있다는 점에서는 크게 다르지 않다.[34] '더 내고 덜 받는' 방식 또한 궁극적인 목표는 연금

---

32 기초노령연금법안의 국회 상임위 통과가 한나라당 의원들의 퇴장과 민주노동당 소속인 현애자 의원의 기권 속에서 열린우리당과 민주당의 합의로 이루어졌음을 생각해 보라!

33 4월 2일에 개최된 본회의에서는 한나라당과 민주노동당이 공동으로 제출한 '그대로 내고 덜 받는' 내용의 수정안도 부결되었는데, 이 수정안은 현행 연금 보험료 수준(9%)을 그대로 유지하되 연금 급여율을 현행 60%에서 2018년까지 40%로 낮추고('소득비례연금') 전체 노인 80%를 대상으로 평균소득의 10%까지 기초 연금을 지급하는 내용으로 구성되어 있었다.

재정의 안정성에 있었기 때문이다. 다만 '더 내고 덜 받는다'는 참여정부의 연금 개혁안이 이후 국회를 거치면서 수정된 개혁안에 비해 이 정부의 연금 관련 정책 방향을 좀 더 분명하게 보여 준다고 말할 수는 있다.[35]

위의 정책 대안들에 비춰 볼 때, 인구 고령화나 연금의 지속가능성과 관련된 참여정부의 정책 방향은 2절에서 살펴본 내용과 크게 다르지 않은 듯하다. '더 내고 덜 받거나 그대로 내고 덜 받는' 형태로 국민연금을 개편하는 것이 기존 연금 체계의 조정에 해당한다면, 기초노령연금법의 도입이나 연금 기금의 주식 투자 비중 확대는 연금 체계의 변화에 해당할 것이며, 경제활동 참가율을 높이거나 노년층의 일자리를 창출하기 위한 방안은 모두 연금 수령자의 부양률을 낮추기 위해 고용 구조나 노동시장을 변화시키려는 방법에 해당할 것이다. 나아가 정부가 장기적으로 다층 체계를 지향한다는 점[36]이나 다양한 출산 장려 정책을 추진한다는 점 또한 2절에서 살펴본 내용과 거의 비슷하다고 판단된다.[37] 이는 곧 참여정

---

34 2007년 7월 3일에 국회 본회의에서 통과된 연금 개정안에 따르면, 국민연금의 경우 현행 연금 보험료 수준(9%)을 그대로 유지하되 연금 급여율은 현행 60%에서 내년에는 50%로, 2009년부터는 매년 0.5%씩 줄여 2028년에는 40%로 하향조정하며, 기초노령연금의 경우에는 2008년부터 전체 노인의 60%에게 매달 국민연금 전체 가입자 월 평균 소득의 5%(월 9만 원 정도)를 지급하되 그 수준은 2028년까지 10%로 상향 조정하고 수급자 범위도 2009년부터 70%로 확대된다.

35 익히 알다시피, 참여정부는 먼저 국민연금법을 개정하고 나서 이후에 사각지대 해소를 위한 기초노령연금의 도입을 추진하고자 했다. 그러므로 참여정부의 연금 관련 정책에 대해 평가하기 위해서는 여야 합의로 국회 본회의를 통과한 연금 개혁안('그대로 내고 받는' 국민연금 개정안과 기초노령연금의 도입이 결합된)보다 참여정부가 애초에 제시했던 연금 개혁안을 중심으로 살펴보는 것이 좀 더 타당할 것이다.

36 보건복지부는 2030년에 공적·사적 연금을 결합해서 완성도 높은 다층 노후 소득 보장 체계를 갖추는 것이 장기적인 정책 목표라고 밝히고 있다(http://www.mohw.go.kr, 보건복지부 홈페이지).

37 선진국에서는 연금 체계의 변화가 대체로 확정 급여 대 확정 기여, 부과 방식 대 적립 방식, 공적 연금 대 사적 연금, 강제적인 연금 체계 대 자율적인 연금 체계의 대립을 중심으로 한 논쟁과

부가 출산 장려 정책이나 연금 개혁에 관한 세계적인 흐름에서 크게 벗어나지 않는 정책 대안을 추진하거나 모색하고 있었음을 암시한다.

　과연 이런 시도가 인구 고령화와 연금 체계의 지속가능성 문제에 대처하는 바람직한 방법일 수 있을까? 3절에서 언급했듯이, 한국은 연금의 사각지대와 관련된 빈곤 문제가 심각할 뿐만 아니라 소득과 고용의 불안정이 출산율에 미치는 영향 또한 상당하다. 그러므로 고령화나 연금 문제를 해결하거나 완화하려면 좀 더 복지 제도를 확대·강화하면서 성장과 복지의 선순환을 확보하고 이를 다시 출산 장려와 연결할 방안을 마련해야 한다. 이미 상당한 정도의 복지 제도가 확보된 선진국에서는 이 제도를 어느 정도 축소하더라도 성장과 복지의 선순환이 가능할 수 있겠지만, 한국의 경우에는 오히려 복지 제도를 좀 더 확충해야만 이런 선순환에 부합할수 있을 것이다. 게다가 이는 현재 한국 사회가 안고 있는 사각지대나 급격한 저출산 문제를 해결하거나 완화하기 위해서라도 반드시 필요한 사항이다.

　2절에서 언급했듯이, 재정안정성을 위해 '더 내고 덜 받는' 방식으로 연금 체계를 조정하는 방식은 현실적으로 고령화 문제의 해결(혹은 완화) 가능성에 따라 그 장기적인 효과가 판가름날 수밖에 없다. 물론 이 문제가 해결되지 않더라도, '더 내고 덜 받는' 방식이나 '그대로 내고 덜 받는' 방식이 단기적으로는 연금 재정의 안정성에 기여할 수도 있을 것이다. 그렇지만 고령화 문제가 지속되는 한, 앞으로 언젠가는 또 다른 조정이 끊

맞물려 있지만 한국에서는 그렇지 않은데, 아마도 이는 한국의 국민연금이 순수한 부과 방식으로 운영되지 않았다는 사실과 관련 있을 것이다.

임없이 요구될 수밖에 없다.[38] 그러므로 국민연금법 개정안의 장기적 타당성은 출산 장려 정책의 효과[39]와 함께 평가될 수밖에 없다.

한편 연금 기금의 주식 투자는 효율적인 기금 운용이라는 측면에서 타당성이 있겠지만, 노후 소득을 시장 경쟁에 그대로 노출해 또 다른 노인 빈곤을 유발할 수도 있다는 측면에서는 위험한 선택에 가깝다. 이른바 '신자유주의' 이데올로기가 가장 강력한 미국에서조차, 공적 연금OASDI의 주식 투자가 아직까지 허용되지 않는 이유도 이와 무관하지 않다. 물론 한국의 경우, 2006년 12월 말 현재 적립 금액이 약 190조 원에 이를 정도로 상당히 클 뿐만 아니라 앞으로도 오랫동안 늘어날 수밖에 없다는 점에서,[40] 정부의 주장처럼 투자 다변화는 적립금의 효율적 운용을 위해 어쩔 수 없는 선택일지 모른다. 그렇다고 해도 현재와 같이 주식 투자의 비중을 확대하는 방식으로 연금 기금을 운용하는 방식은 투자 실패에 따른 노후 소득의 불안정 문제를 불러올 가능성이 크다.

이와 관련해서, 기초노령연금법의 효과를 기대해 볼 수도 있다. 이 법안에 따르면, 2008년부터 65세 이상 인구 중 하위 소득 60%(보건복지부의 추계에 따르면, 월소득 인정액이 44만 원 이하)에 해당하는 노인들에 대해 국민연금 가입자 월평균 소득의 5%에 상당하는 기초노령연금이 지급될 예정이다. 이것이 현실화되면 노인 빈곤 문제가 부분적으로나마 완화될 수 있

---

38 2007년 7월 3일 국회 본회의를 통과한 '그대로 내고 덜 받는' 국민 연금 개정안 또한 예외가 아닐 것이다.

39 이에 대해서는 이후에 살펴보자.

40 보건복지부의 추계에 따르면, 현행 국민연금제도를 그대로 유지할 경우 2035년에 국민연금은 최대 1,715조 원에 이르게 되는데, 이는 GDP의 48.7%에 이르는 금액이다(보건복지부 2006).

다는 점에서 분명 상당히 중요한 진전일 것이다.[41] 그렇지만 사각지대가 궁극적으로 노후 소득의 안정에 따라 해소될 깃임을 고려한다면, 노인 빈곤층에게 전체 가입자 월평균 소득의 5%(2008년 기준, 8만 9,000원)에 해당하는 돈은 상당히 부족한 금액이다. 물론 기초노령연금에 관한 견해 차이가 상당할 뿐만 아니라 이와 관련된 재정 부담도 만만치 않을 것이므로, 정부로서는 이 정도의 금액조차 상당히 힘든 선택이었을지 모른다. 그렇다고 해도, 정부가 사각지대는 단계적으로 해소하자고 주장했음을 고려한다면, 노인 빈곤 문제를 완화하기 위한 정부의 노력이 충분했다고 보기는 어렵다.[42] 연금 재정의 안정성과 사각지대 해소라는 두 가지 과제 중에서, 정부의 개혁 논의가 주로 전자에만 집중되었다(김연명 2006, 132)는 비판이 제기되는 이유는 바로 여기에 있다.

물론 노인 일자리를 창출하려는 정부의 정책이 기초노령연금법의 한계를 상당 부분 보완해 줄 수도 있다. 노인 일자리가 확대된다면 노인층의 연금 사각지대가 상당 부분 축소될 수도 있기 때문이다. 하지만 노인층을 상대로 한 일자리 창출 방안이 정부가 기대하는 만큼의 효과를 보일지 의문이다. 〈표 12〉를 보자. 2000~2006년 사이에 한국의 경제활동 참가율은 계속해서 비슷한 수준을 보인다. 65세 이상 노인의 경우 또한 예

---

41 보건복지부는 2008년 1~6월에 180만 명이, 2008년 7월에는 300만 명이, 2009~2010년에는 312만 명 정도가 각각 이 법의 혜택을 받게 될 것이라고 주장한다.
42 기초노령연금법안의 상임위 통과 과정에서 민주노동당이 처음에 기권했던 이유는 국민연금 가입자 월평균 소득의 5%가 사각지대를 해소하기에는 역부족이라고 판단했기 때문이었다. 당시 민주노동당은 월평균 소득의 5%에서 시작해서 2030년 평균 소득 월액의 15%에 이를 때까지 조금씩 상향 조정하자는 안을 제시했지만, 이것은 법안에 포함되지 않고 오직 부대 결의에 포함된 상태로만 통과되었을 뿐이다(『서울경제』 2006/12/07.).

<표 12> 경제활동 참가율

(단위 : %)

	2000			2001			2002			2003			2004			2005			2006		
	전체	남	여	전체	남	여	전체	남	여	전체	남	여	전체	남	여	전체	남	여	전체	남	여
15세 이상	61.2	74.4	48.8	61.4	74.3	49.3	62.0	75.0	49.8	61.5	74.7	49.0	62.1	75.0	49.9	62.0	74.6	50.1	61.9	74.1	50.3
65세 이상	29.6	40.7	22.8	30.0	41.3	22.9	30.7	42.8	23.0	28.7	39.8	21.5	29.8	41.4	22.2	30.0	41.2	22.4	30.5	42.0	22.7

주 : 구직 기간 4주 기준 적용.
자료 : 통계청(2005, 20; 2007, 9) 자료를 이용해서 재구성.

<표 13> 65세 이상 취업자의 산업별 구성비

(단위; %, 2006년 기준)

	농림어업	광공업	건설업	도소매·음식·숙박	사업·개인·공공서비스	전기·운수·창고·금융
15세 이상[1]	7.7	18.1	7.9	24.9	31.3	10.1
65세 이상[2]	50.2	5.4	2.2	17.5	21.2	3.6

주 : 1) 전체 취업자 대비 65세 이상 인구의 비중.
   2) 65세 이상 인구의 산업별 취업 비중.
자료 : 통계청(2007, 10).

외가 아니다. 남자 노인과 여자 노인 사이에 약간의 차이가 있기는 하지만, 계속해서 30% 수준을 유지하고 있다. 이는 결코 낮은 수준이 아니다. 현재 한국은 일본과 함께 OECD 국가 중에서 고령층의 경제활동 참가율이 매우 높은 나라에 속한다(이지혜 2005, 102-107).

흥미로운 사실은 노인층의 취업이 대부분 1차 산업, 특히 농업에 국한되어 있다는 점이다. <표 13>을 보자. 2006년 현재 전체 취업자 중에서 65세 이상 인구의 비중이 가장 높은 곳은 사업·개인·공공 서비스 부문이지만, 65세 이상 인구 중에서는 1차 산업 종사자의 비중이 가장 높다.[43]

산업구조의 변화 추세에 비추어 볼 때, 이는 지극히 당연한 모습일 수 있다. 그렇지만 현재와 같은 산업구조 변화 추세가 지속될 경우, 노인 취업률은 상승하기보다 하락할 가능성이 훨씬 높다.

정부 역시 이 점을 인정하는 듯 보인다. 최근에 보건복지부가 2007년도에 노인 일자리 수를 11만 개로 늘리고 그 방법을 복지·교육형 중심으로 개편하는 데서 찾겠다고 발표한 이유는 바로 여기에 있는 것으로 보인다(보건복지부 2007c). 문제는 노인 일자리를 11만 개로 늘리기도 어렵겠지만, 설령 가능하다고 해도 복지·교육형 중심의 일자리를 담당할 만한 노인들은 대부분 사각지대에 속하지 않을 확률이 높다는 점이다. 그래서 이런 일자리 창출 방안으로는 노인 빈곤층과 관련된 사각지대 문제가 해소되거나 축소될 가능성이 매우 낮다. 이는 곧 정부의 노인 일자리 창출 방안이 기본적으로 연금 재정의 안정성을 위한 것이지, 노인 빈곤 문제를 해결하기 위한 방안은 아닐 수도 있음을 암시한다.[44]

설령 그렇지 않다고 해서 모든 의문이 해소되는 것은 아니다. 익히 알다시피, 연금의 사각지대는 노인층에 국한된 사안이 아니다. 앞서 언급했듯이, 한국의 경우 청장년층의 사각지대 또한 상당히 심각한 사안이기 때

---

[43] 아직까지 한국에서 연금의 조기 퇴직 유인이 크게 문제되지 않는 이유도 이와 무관하지 않다(이지혜 2005).

[44] 최근 '고령 친화적 고용정책'의 일환으로 일본의 '임금피크제'를 도입할 필요가 있다는 주장이 제기되고 있는데, 여기서도 이와 비슷한 문제가 관찰되는 듯 보인다. 일본의 경우 이 제도는 주로 (공식적인 퇴직 연령을 넘어서는) 고용 연장 방식으로 도입되었지만, 한국에서는 이것이 주로 '재직 근로자의 정년 보장' 측면에서만 논의되고 있다(이지만·정승화 2006, 11-81). 이는 곧 이 제도가 노인 빈곤이나 고령화 문제에 대한 좀 더 근본적인 대안이라는 측면에서 논의된다기보다는 단순히 기업의 비용 절감 측면에서만 논의되고 있음을 시사한다.

〈표 14〉 청년(15~29세) 실업 통계 총괄

(단위 : %)

		2000	2001	2002	2003	2004	2005	2006
15세 이상	실업률	4.4	4.0	3.3	3.6	3.7	3.7	3.5
	경제활동 참가율	61.2	61.4	62.0	61.5	62.1	62.0	61.9
15~29세	실업률	8.1	7.9	7.0	8.0	8.3	8.0	7.9
	경제활동 참가율	47.2	47.7	48.4	48.3	49.2	48.8	47.1

자료 : 통계청, 『경제활동인구연보』, 각 연도.

〈표 15〉 연도별 비정규직 비율 (2001~2006)[12]

(단위: %)

	김유선						노동부					
	2001	2002	2003	2004	2005	2006	2001	2002	2003	2004	2005	2006
임금 근로자	100.0	100.0	100.0	100.0	100.0	100.0	100.0	100.0	100.0	100.0	100.0	100.0
정규직	44.3	43.4	44.6	44.1	43.9	45.0	73.2	72.6	67.4	63.0	63.4	64.5
비정규직(순계)[3]	55.7	56.6	55.4	55.9	56.1	55.0	26.8	27.4	32.6	37.0	36.6	35.5

주: 1) 매년 8월 기준.
　2) 노동부: 비정규직=한시적 근로+기간제·시간제 근로+비전형 근로(파견근로, 용역근로, 특수 고용 형태+가정 내 근로+
　　일일(단기) 근로. / 김유선: 비정규직=노동부의 정의+장기 임시 근로(업체 비소속 자유 근로자, 계절 근로자 포함).
　3) 순계는 각 고용 형태별 중복 인원을 제외하고 산정한 숫자임.
자료: 노동부 홈페이지(http://www.molab.go.kr/issue/issue00/sub01_02.jsp); 김유선(2006, 14).

문이다. 그렇지만 기초노령연금이나 노인 일자리 창출 방안은 노인층 사
각지대에 대해서는 효과가 있을지 몰라도, 청장년층 사각지대에 대해서
는 효과를 기대하기 어렵다. 물론 정부의 예상대로, 청장년층의 취업률
혹은 경제활동 참가율이 높아지면 이런 문제가 해결될 수도 있을 것이다.
문제는 과연 이런 상황을 기대할 수 있는가 하는 점이다.

　기존의 성장 방식이나 복지 메커니즘이 크게 변하지 않는 한, 청장년

층의 취업률은 성장률에 비례할 것이다. 그렇지만 애석하게도 오늘날 한국의 경제성장률은 과거 고도 성장기보다 상당히 낮다. 게다가 현재 한국경제는 탈산업화나 IT화 같은 산업구조의 변화에 힘입어 '고용 없는 성장'의 가능성이 제기될 정도로, 기업의 고용 창출 능력이 과거보다 하락했음을 부인하기 어렵다.[45] 오늘날 청년 실업 문제가 새롭게 제기되는 이유도 이와 무관하지 않다. 〈표 14〉를 보자. 여기서 전체 실업률은 2000년 이후 대략 3~4% 수준을 유지하지만, 청년 실업률은 (2002년에 약간 하락한 경우를 제외하면) 대체로 이보다 훨씬 높은 8% 수준을 보인다. 이는 곧 경제가 성장하더라도 청장년층, 특히 청년층의 취업률이 기대한 만큼 높아지지 않거나 심지어 하락할 수도 있음을 암시한다.

청장년층의 취업률이 높아질 수 있다고 해도 문제는 남는다. 익히 알다시피 1997년 경제 위기 이후 노동시장 유연화는 상당한 규모의 비정규직을 양산했다. 〈표 15〉를 보자. 김유선에 따르면, 2001~2005년 사이에 비정규직의 비율은 계속해서 55~56% 수준을 유지하고 있다. 물론 노동부의 추계는 이와 다르다. 노동부에 따르면, 2001~2006년 사이에 비정규직은 참여정부 초기인 2003년에 급증했다가 2004년 이후 그 증가세가 약간 꺾이기는 했지만 지금도 그 비율은 35~36% 수준을 유지하고 있다. 이렇게 추계치가 다르게 나타나는 이유는 무엇보다도 김유선이 장기 임시근로(업체 비소속 자유 근로자, 계절 근로자 포함)까지 비정규직으로 정의했기 때문이다. 이는 곧 김유선의 추계가 노동부의 추계에 비해, 비정규직의

---

45 2000~2005년 사이에 임직원 수 1,000명 이상인 상장 대기업의 순이익과 임직원 수 변화를 분석한 결과, 순이익이 꾸준히 늘어나거나 흑자로 전환된 142개 기업 중 53개 기업에서 임직원 수가 줄어든 것으로 나타났다(『한겨레』 2006/11/01).

규모와 비율, 그리고 임금격차를 과대평가된 것일 수도 있음을 암시한다. 그렇다고 해도, 비정규직의 비율이 55~56%나 된다는 것은 결코 가벼운 사안이 아니다.

정규직과 비정규직의 임금격차 또한 심각하다. 물론 여기서도 김유선과 노동부는 서로 다른 결과를 보여 준다. 김유선에 따르면 2001년 4.8배에서 2005년 5.4배(2006년도 이와 동일)로 확대되었는데, 이는 OECD 국가 중 임금 불평등이 가장 심한 것으로 알려진 미국(2005년 4.5배)보다 훨씬 더 심각한 수준이다(김유선 2006, 14-15). 이와 달리 노동부는 비정규직의 월평균 임금수준이 정규직의 62~65% 수준에서 고착화되는 경향을 보이고 있다고 평가한다.[46]

비정규직 문제는 단순히 고용 불안정이나 이와 관련된 임금격차 문제에 국한되지 않는다. 비정규직은 대부분 사회보장의 사각지대에 놓여 있기 때문이다(석재은 2006, 27). 노동부의 추계에서조차, (사회보험 가입률 격차가 완화되는 추세이기는 하지만) 비정규직의 사회보험 가입률은 아직도 정규직의 60% 수준을 밑돌고 있다.[47] 최근 한국 사회에서 '양극화'나 '근로빈곤층'(노대명 2006) 문제가 제기되는 이유도 이런 비정규직 문제와 무관하지 않다. 이런 상황에서는 단순히 취업률을 높이는 것으로 연금의 사각지대가 해소되기 어렵다. 고용 불안정이 분배 혹은 빈곤 문제를 유발하고, 이것이 다시 사각지대를 유발할 것이기 때문이다.

물론 여성의 취업이 출산율 하락으로 이어지는 문제를 완화하기 위해

---

[46] 노동부 홈페이지(http://www.molab.go.kr/issue/issue00/sub01_02.jsp) 참조.
[47] 노동부 홈페이지(http://www.molab.go.kr/issue/issue00/sub01_02.jsp) 참조.

서라도 어느 정도의 유연화는 필요할 수 있다. 게다가 '세계화' 추세를 고려할 때, 노동시장의 유연화는 거부하기 어려운 대세(?)일 수도 있다. 그렇다고 해도 정규직과 비정규직의 임금격차가 미국보다 심할 정도로 확대되었다면, 이는 결코 간단한 사안이 아니다. 지나친 유연화가 분배 혹은 빈곤 문제로 이어지면서, 연금의 사각지대를 유발하거나 확대하는 상황일 수도 있기 때문이다. 그렇다면 노동시장의 유연화를 피할 수 없다고 해도, 지나친 유연화를 경계하면서 이와 관련된 임금격차나 빈곤 문제를 해결하거나 완화할 방안을 모색할 필요가 있다. 이를테면, 고용 창출을 교육 훈련 프로그램과 연계해 일자리와 함께 소득 상승의 가능성을 제공하거나 어느 정도의 고용 안정을 제공하는 방안, 또는 빈곤층을 위한 복지 제도를 강화하는 방안이 모두 여기에 해당할 것이다.[48]

아쉽게도 현 정부에게서 이런 방향의 노력을 찾아보기란 쉽지 않다. 〈표 16〉을 보자. 이 표에서 현 정부의 사회보장예산은 과거 국민의 정부 시절보다 상당히 증가했을 뿐만 아니라, 2005년을 제외하면 이 예산이 기능별 세출예산에서 차지하는 비중도 국민의 정부 시절에 비해 높다. 그렇지만 이 표를 좀 더 구체적으로 살펴보면, 사정이 달라진다. 국민의 정부 시절에는 사회보장 예산이 연평균 약 20% 정도의 증가율을 보였지만(1998년, 4조 2,070억 원 → 2002년, 10조 6,770억 원), 참여정부 시절에는 이 증가율이 약 10% 정도에 불과하다(2003년, 11조 3,420억 원 → 2006년, 15조 1,560억 원). 전체 세출예산에서 사회보장이 차지하는 비중도 국민의 정부

---

[48] 이를 위해서는 '적극적 노동시장정책'이나 '유연안전성' 정책이 요구될 수 있는데, 이에 대해서는 각주 13번을 참조하라.

<표 16> 기능별 세출예산 대비 사회보장예산 비중의 추이 (1997~2006)

(단위: 십억, %)

	1997	1998	1999	2000	2001	2002	2003	2004	2005	2006
규모	4,207	4,695	5,827	6,320	9,521	10,677	11,342	12,649	13,327	15,156
비중	6.2	6.7	7.3	7.3	10.1	10.1	10.2	10.7	9.9	10.5

자료: 기획예산처, 『나라살림』, 각 연도.

<표 17> 주요 국가의 GDP 대비 사회복지 지출 비교

(단위: %)

	실업률	실업 급여의 소득 대체율[1)	GDP 대비 공적 사회 지출 비중		노령연금의 소득 대체율[2)		GDP 대비 의료 지출 비중	
			전체	공적 연금	총대체율	순대체율	공적 지출	총지출[3)
	2005	2004	2003	2003	2004		2004(2003)	
평균	6.8	58	16.9	6.1	49.4	61.1	5.9	9.0
독일	11.3	73	27.6	11.5	39.9	58.0	8.5	10.9
일본	4.6	57	17.7	8.2	34.4	39.2	6.5	8.0
한국	3.9	43	5.7	1.3	59.4	63.6	2.9	5.6
멕시코	3.6	-	6.8	1.2	35.8	45.1	3.0	6.5
스웨덴	7.8	73	31.3	8.0	62.5	65.6	7.7	9.1
미국	5.1	31	16.2	6.2	41.2	52.4	6.9	15.4

주 : 1) 순대체율. 실직자에게 추가로 지급되는 공적 부조 포함.
　　2) 평균 소득 기준.
　　3) 사적 의료비 지출 포함.
자료: OECD(2006a), OECD 홈페이지(www.oecd.org/els/social/indicators/SAG)에서 재인용.

시절에는 7.4%(1998년)에서 10.1%(2002년)로 크게 상승했지만, 참여정부 들어서는 10% 대에 묶여 있을 뿐이다. 게다가 국민의 정부 시절에는 사회보장 예산의 비중이 지속적인 상승세를 보여 주지만, 참여정부 시절에는 그렇지 않다. 2003~04년에 계속해서 상승하다가[49] 2005년에 9.9%로 크게 하락했으며, 2006년에 다시 10.5%로 상승하기는 했지만 이는 2004년의 10.7%에 미치지 못하는 수준이다.

그렇다고 해도 사회보장 예산의 규모는 국민의 정부 시절보다 상당히 증가했다는 점에서, 참여정부가 처음부터 성장에만 관심이 있었을 뿐 분배나 빈곤 문제에 대해서는 별다른 관심이 없었다(유종일 2006)고 평가하는 것은 조금 지나친 것일지 모른다. 문제는 현재 한국의 복지 수준이 비교적 낮다는 점이다. 〈표 17〉을 보자. 여기서 연금의 소득 대체율은 비교적 높은 편에 속하지만, 공적 사회복지 지출은 멕시코 수준에도 미치지 못할 뿐만 아니라, 공적 의료 지출 비중이나 실업 급여의 소득 대체율 또한 상당히 낮다.[50] 사정이 이러하다면, 현 정부가 사회보장 예산을 늘리는 속도로는 멕시코에도 미치지 못하는 한국의 복지 수준을 끌어올리기가 쉽지 않을 것이다. 그런데도 현 정부는 연금 체계의 지속가능성 문제를 여전히 재정안정성 중심으로 접근할 뿐, 사각지대에 대해서는 비교적 낮은 관심을 보이는 듯하다.

[49] 그렇다고 해서 2003~04년에 사회복지 관련 지출이 확대되었다고 말하기는 쉽지 않다. 『한겨레』가 '통합 재정' 항목을 분석한 결과에 따르면, 통합 재정에서 사회보장 및 복지와 보건에 대한 지출이 차지하는 비중은 2003~04년에 연평균 19.5%씩 상승한 것으로 나타났는데, 이는 무엇보다도 순융자가 크게 증가했기 때문이다(2003년 3,456억 원 → 2004년 11조 1,242억 원). 그러므로 순융자를 제외하고 순수하게 사회복지(사회보장 및 복지와 보건 관련 지출로 한정하면, 이 비중은 2003년과 2004년에 각각 13.5%(21조 5,540억 원)와 12.5%(20조 8,766억 원)으로 나타난다. 이와 달리 국민의 정부 시절에는 이것의 비중이 5년간 13~18%(마지막 해인 2002년에는 16.7%인 21조 7,745억 원) 수준을 보여 주었다(『한겨레』 2007/03/21). 사정이 이러하다면, 참여정부는 적어도 국민의 정부에 비해 사회복지 부문에 대한 관심이 높지 않았다고 평가할 수 있을 것이다. 국민의 정부는 흔히 '신자유주의' 정책을 적극적으로 수용했다고 평가받는다는 점에서, 이는 결코 간단한 사안이 아닐 것이다.

[50] 의료 지출의 경우, 연금과 더불어 노인복지 문제의 중요한 축을 담당한다. 그러므로 사적 의료 지출의 비중이 높다는 사실은 그만큼 한국이 노인 복지체계가 취약하다는 사실을 반영한다.

〈표 18〉 지방자치단체별 저출산 대책 주요 자체 사업

시·도	주요 내용
서울	■ 정부 보육료와 실보육료 차액 지원 ■ 보육료 지원 - 셋째아 이상, 3세 미만 - 월 25만 4,000~35만 원
부산	■ 보육료 지원 - 둘째아 이상, 만2세 이하, 월10만 원 ■ 출산 축하금 - 셋째아 이상, 20만 원
대구	■ 보육료 지원 - 셋째아 이상, 만2세 이하, 월20만 원 ■ 출산 축하금 - 셋째아 이상, 30만 원 ■ 출산용품 무료 대여
인천	■ 보육료 지원 - 24시간 보육 시설 이용·아동, 월 15만 8,000원 ■ 보육료 지원 - 셋째아 이상 만 3세 미만 - 월 13만 5,000~27만 원 ■ 신혼부부·임산부 건강 검진 및 영양제 지원 ■ 출산용품 지원
광주	■ 보육료 지원 - 셋째아 이상, 만 1세 이하, 월 10만 원
대전	■ 보육료 지원 - 셋째아 이상, 만 3세 미만, 월 20만 원 ■ 신혼부부 건강검진
울산	■ 출산 장려금 - 셋째아 이상, 30만 원 ■ 출산용품 시원
경기	■ 보육료 지원 - 둘째아 이상, 만 2세 미만, 월 22만 1,000원~22만 1,000원 ■ 출산 장려금 지원 - 둘째아 50만 원, 셋째아 이상 100만 원 ■ 출산용품 지원
강원	■ 출산용품 지원 ■ 임산부 산전 검사비 및 영양제 지원
충북	■ 출산장려금 - 둘째아 120만 원, 셋째아 150만 원
충남	■ 출산 장려금, 출산용품 등 - 둘째아 이상, 20~100만 원
전북	■ 보육료 지원 - 셋째아 이상, 만 2세 미만, 월 10만 원 ■ 출산 장려금 - 셋째아 이상, 30만 원, ■ 양육 수당(순창) - 모든 출생아
전남	■ 농어촌 신생아 양육비 - 가정당 30만 원, 쌍둥이 60만 원
경북	■ 보육료 지원 - 셋째아 이상, 만 4세 이하, 월 14만 5,000원 ■ 출산용품 지원 ■ 출산 장려금 - 둘째 120만 원 셋째 240민 원, ■ 셋째아 이상 가족 무료 검진
경남	■ 만 4세로서 셋째아 보육료 지원 - 월 16만 2,000원 ■ 출산 축하금 - 20만 원
제주	■ 출산 장려금 - 셋째아 50만 원, 넷째아 100만 원

자료: 보건복지부(2007a, 11).

어떤 의미에서는 공적 연금의 소득 대체율이 비교적 높다는 사실이 연금 체계의 지속가능성 문제를 재정 문제 중심으로 접근하게 만든 요인일 수도 있다. 그렇다고 해도 사각지대 문제에 대해 비교적 적은 관심을 보일 뿐만 아니라, 그 해법 또한 주로 고용 창출에서 찾는다는 것은 결코 간단한 사안이 아니다. 이와 관련해서 현 정부는 주어진 재원으로 연금 재정의 안정성을 확보하기 위해서는 어쩔 수 없다고 주장할지도 모른다. 사각지대나 빈곤(혹은 분배) 문제를 중시할 경우, 연금 재정의 안정성이 약화될 수도 있다는 점에서, 이런 주장이 완전히 틀린 것은 아니다. 그렇지만 사각지대의 해소는 단순히 빈곤이나 분배 차원의 과제에 그치지 않는다. 앞서 지적했듯이, 사각지대의 해소는 연금 재정의 안정성을 위한 방법이기도 하기 때문이다.

고령화에서 비롯된 연금 재정의 안정성 문제는 단순히 성장과 분배(혹은 복지)의 선순환을 확보하는 것으로 해결되지 않는다. 고령화에서 비롯된 것인 한, 이 선순환과 함께 출산율을 높이거나 적어도 떨어뜨리지 않을 방안까지 확보해야 하기 때문이다. 이 조건이 충족되지 않는 한, '더 내고 덜 받는', 또는 '그대로 내고 덜 받는' 방식으로 연금 체계를 조정하려는 정책은 장기적인 효과를 기대하기 어렵다. 참여정부 역시 이 점을 인식하고 있으며, 그래서 출산 장려 정책에도 상당히 적극적인데, 그 방법은 대부분 출산 비용의 절감에 있는 듯하다. 물론 현재 한국 사회에서 출산 장려 정책은 단순히 중앙 정부에 국한된 현상이 아니다. 지방자치단체들 또한 다양한 출산 장려 방안을 앞다퉈 내놓고 있기 때문이다.

그렇다고 해서 그 방향까지 같은 것은 아니다. 앞에 나온 〈표 11〉을 다시 보자. 2007년도 정부의 저출산 관련 정책에서 가장 크게 증대된 것은 '방과 후 학교' 관련 사업이다. 적어도 아직까지는 이런 변화를 정부의 출산 관련 정책의 중심이 (출산 장려금을 지급하거나 육아·보육 비용을 절감하는 등) 직접적인 출산 비용과 관련된 것에서 간접적인 출산 비용을 절감하는 것으로 점차 이동하고 있음을 보여 주는 증거로 해석하기는 어렵다. 그렇지만 직접적인 출산 비용보다 간접적인 출산 비용이 출산율에 크게 영향을 미친다는 점에서, 2007년의 정책 변화는 출산 장려 측면에서 상당히 진일보한 것일 수 있다. 다만 자치단체들의 경우, 아직까지 직접적인 출산 비용 중심의 출산 장려 정책을 시행하고 있는 듯 보인다(〈표 18〉 참조).

이런 노력에도 불구하고, 한국의 출산율은 아직까지 계속해서 하락세를 보여 준다. 또한 현재 한국은 일본과 함께 OECD 국가 중에서 (출산이 가장 왕성한) 20대 후반과 30대 초반의 여성의 노동 공급이 급격히 줄어드는 예외적인 국가로 분류된다(조윤영 2006, 5, 9-11). 이는 그만큼 현 정부의 출산 장려 정책이 충분하지 않기 때문일 것이다.[51] 특히 일과 가정의 조화를 위해서는, 그래서 여성의 취업이 출산율 하락으로 이어지는 것을 막기 위해서는 출산 비용과 관련된 복지 제도가 더욱 확대되어야 하겠지만, 적어도 아직까지는 이런 제도가 충분하다고 판단하기 어렵다. 물론 출산 비용을 절감하려는 정책이 지속적으로 확대·추진된다면, 앞으로 언젠가는 여성의 취업과 출산율 상승이 동시에 나타날 수도 있을 것이다. 그렇다고 해서 이런 정책이 한국의 고령화 문제를 완전히 해소할 수 있다고 판단하기는 쉽지 않다.

---

[51] 특히 고학력 취업 여성의 간접적인 출산 비용과 관련된 정책은 거의 부재하다고 평가된다(최경수 2004, 46-64).

이는 단순히 출산율을 인위적으로 높이기가 쉽지 않다는 사실 때문만은 아니다. 앞서 언급했듯이, 한국의 저출산 문제는 단순히 출산 비용의 문제에 국한되지 않고 유배우율의 하락까지 포함하는 문제다. 게다가 후자는 상당 부분이 소득과 고용의 불안정에서 비롯된 문제다. 특히 저소득층의 경우, 소득과 고용의 불안정 문제는 (추가) 출산만이 아니라 결혼을 결정하는 데에도 상당히 큰 영향을 미친다. 이는 곧 출산 비용 중심의 정책으로는 한국의 고령화 문제를 해결하는 데 근본적인 한계가 있음을 암시한다. 이렇듯 현재 한국에서 소득과 고용의 불안정 문제가 사각지대의 문제만이 아니라 출산율에도 영향을 미친다면, 그래서 향후 연금 체계의 지속가능성을 더욱 위협할 수도 있다면, 연금 재정의 안정성에 초점을 둔 연금정책은 머지않은 장래에 연금 재정의 안정성조차 보장할 수 없는 한계에 직면할 수밖에 없다. 이는 결국 소득과 고용의 불안정, 즉 양극화 문제가 해결되지 않는 한, 연금의 사각지대 문제만이 아니라 인구의 고령화와 연금 재정의 안정성 문제까지 완전히 해결될 수 없음을 암시한다.

V. 결론

이렇게 볼 때, 참여정부가 제시한 연금 개혁안은 결코 바람직한 방안으로 보기 어렵다. 한국의 연금 체계가 재정의 안정성만이 아니라 사각지대라는 문제까지 안고 있음을 고려한다면, 그리고 이 두 가지 문제가 서로 분리된 것이 아니라는 점을 생각한다면, 연금 체계의 지속가능성은 복지 제도를 좀 더 강화하면서 성장과 분배의 선순환을 확보함과 동시에 출산율을 높이는 데서 찾아야 한다. 여기서 복지 제도는 단순히 비정규직·저소득에서 비롯된 빈곤이나 분배 문제를 해결하기 위한 장치에 그치지 않는다. 현재 한국에서 비정규직·저소득 문제는 곧 연금의 사각지대 문제이며, 저출산의 원인이기도 하기 때문이다.

그런데도 정부는 주로 연금 재정의 안정성에 초점을 맞춘 연금 개혁을 시도했으며, 사각지대 문제에 대해서는 비교적 낮은 관심을 보였다. 사각지대의 심각성을 인정한다고 해도 이를 해결하기 위해서는 상당한 규모의 재원이 필요하다는 점에서, 연금 재정의 안정성을 중시한 정부의 선택이 이해되지 않는 것은 아니다. 그렇지만 광범위한 사각지대의 존재가 장기적으로 연금 재정의 안정성을 약화시킬 수도 있다는 점에서, 정부의 연금정책은 역설적으로 연금 재정의 안정성이라는 기준에도 부합하지 않는 것일지 모른다.

물론 사각지대를 해소한다는 이유로 무조건 복지 제도를 확대·강화할 경우 또 다른 위험을 유발할 수도 있다. 연금 체계의 지속가능성은 지속가능한 성장을 전제하므로, 복지 제도가 지나치게 확대될 경우 성장의 기반까지 잠식당하면서 연금 체계의 지속가능성 또한 보장하지 못하는 상황이 출현할 수도 있기 때문이다. 게다가 일과 가정의 조화를 위해서라도 어느 정도의 유연화는 필요하다는 점에서, 무조건 유연화를 반대하면서 고용 안정을 위한 복지 제도를 강화하는 것은 상당히 위험한 선택일 수 있다. 그렇다고 해도, 현재 한국에서 노동시장의 유연화에서 비롯된 소득과 고용의 불안정 문제, 즉 양극화 문제는 저출산의 원인이자 연금 사각지대의 원인이기도 하다면, 그리고 연금 사각지대는 장기적으로 연금 재정의 문제이기도 하다면, 성장 기반의 확보와 노동시장 유연화만큼이나 양극화를 해소하기 위한 사회적 장치가 요구된다고 볼 수 있다.

인구 고령화가 한국 사회에 던지는 과제는 여기에 그치지 않는다. 앞에서도 언급했듯이, 인구 고령화는 성장의 산물이자 성장을 위협하는 요인일 수도 있지만, 이런 인구 변화 추세를 근본적으로 역전시키기는 쉽지 않다. 설령 적절한 복지 제도를 통해 양극화 문제를 해소하고 일과 가정의 조화까지 확보함으로써 출산율의 하락 추세를 막아낸다고 해도, 과거처럼 높은 출산율을 기대하기는 어렵다.[52] 이는 곧 과거처럼 출산율이 비교적 높거나 적어도 하락하지는 않는 상황에서나 가능했던 사회 경제 구조가 더 이상 지속되지 못할 수도 있음을 암시한다. 인구와 성장의 관계를 고려할 때, 고령화 사회에서는 과거보다 성장률이 낮아질 가능성도 있기 때문이다. 그렇다면 과거처럼 비교적 높은 성장률에 기대어 소득과 고용의 안정성을 확보하고 이를 통해 다시 연금 체계나 복지 제도의 지속가능성까지 확보하던 방식은 이제 설득력을 상실한 것일지도 모른다.

이를 부인할 수 없다면, 인구 고령화는 우리에게 단순히 연금 체계의 지속가능성을 위한 방안을 모색하라는 요구에 그치지 않고 성장 중심 혹은 성장 우선의 사회경제 운용 방식에 대한 전면적인 재검토까지 요구하는 사안일 수도 있다. 특히 우리나라처럼 분배나 복지 제도가 취약한 경우, 인구의 고령화는 성장 중심 혹은 성장 지향의 사회 경제 운용 방식에 대한 근본적인 재검토 혹은 반성이 필요한 사안일지도 모른다. 이는 곧 인구 고령화를 연금 체계에 국한된, 그것도 연금 재정의 안정성에 국한된 사안으로 한정하는 것이 현재 세대 혹은 가까운 미래 세대의 행복 또는

---

52 그렇다고 해서 출산장려정책의 필요성을 부인하는 것은 아니다.

불행 회피를 위해 비교적 먼 미래 세대에게 또 다른 불행을 안겨 주는 차악(?)의 선택일 수도 있음을 함축한다.[53] 물론 이런 우려 혹은 판단이 지나치게 비관적인 것일 수도 있다. 그렇다고 해도 현재의 인구 고령화 추세가 크게 변하지 않는 한, 어떤 연금 개혁이든 기금 고갈 시점을 좀 더 유예하는 것에 불과할 뿐이다.

이렇게 본다면, 오늘날 우리에게 인구 고령화는 단순한 위기 요인이 아니다. 성장 중심 혹은 성장 우선의 사회 경제 운용 방식에 대해 근본적으로 재검토하면서 성장과 분배의 관계, 연금 체계와 복지 제도 전반의 지속가능성에 대해서까지 모색해야 하는, 상당히 포괄적인, 그래서 해결책을 찾기가 쉽지 않은 위기 요인으로도 판단될 수 있기 때문이다. 물론 인구 고령화로 성장 잠재력이 약화된다 해도, 연금 체계를 완전 민영화·시장화·개인화할 수 있다면, 이 체계의 지속가능성에 대해 고민할 필요가 없을지도 모른다. 그렇지만 사회 경제 구조의 안정적인 재생산을 위해서는 효율성만이 아니라 연대와 평등을 위한 사회적 장치도 필요할 뿐만 아니라 연대와 평등을 위한 장치가 때로는 경제의 효율화를 위한 조건이기도 하다면, 연금 체계나 복지 제도를 완전히 민영화·개인화·시장화하는 방법은 너무도 위험하다.[54] 이런 의미에서 고령화가 우리에게 던지는 진

---

53 연금 체계는 기본적으로 재정 고갈을 전제로 한 것이므로, 연금 기금으로 사각지대 문제를 해소하면서 앞으로 보험료를 납부한 사람은 조세를 통해서건, 연금 기금을 통해서건 부양받는 +소로 연금 개혁을 추진할 필요가 있다는, 김연명의 상당히 과격한(?) 주장을 쉽게 물리칠 수 없는 이유는 바로 여기에 있다(김연명 2006).

54 설령 관심 범위를 연금 체계로 국한한다고 해도, 노후 소득을 안정시킬 필요가 있음을 인정한다면 공적 연금 체계의 필요성 또한 부정되기 어렵다. 적어도 현재까지 공적 연금은 노인 빈곤 문제를 가장 크게 완화해 주는 제도이기 때문이다(홍경준 2005, 90-96).

정한 과제는, 과거와 같은 고도성장이 더 이상 지속되기 힘든, 그래서 비교적 저성장 기조가 일반적일 수밖에 없는 상황 속에서 소득과 고용의 불안정성을 최소화하면서 연금 체계의 지속가능성까지 확보하는 방법을 찾아내야 한다는 것일지도 모르겠다.[55]

55 이런 판단이 지나친 것일 수도 있다. 설령 그렇지 않다고 해도, 연금 재정의 안정화를 위한 미국의 연금 개혁안조차 상당히 강한 반발에 부딪쳐 실패했음을 감안한다면(Pierson 1997). 성장 중심의 사회 경제 운용 방식까지 재검토하면서 연금 체계의 지속가능성을 확보하는 일은 기의 불가능에 가까운 것일 수 있다. 그렇다고 해도, 고령화 문제가 성장 잠재력의 하락을 초래하는 원인이기도 하다면, 고령화 문제가 완전히 해소되지 않는 한 성장과 분배, 성장과 연금 체계의 지속가능성의 관계에 대한 재검토 혹은 반성은 거의 필연일지 모른다.

참고문헌

국민연금관리공단. 2007. 『2006년 국민연금통계연보』.

국회 저출산및고령화사회대책특별위원회. 2006. 『주요 국가의 저출산 관련 정책』.

기획예산처. 각 연도. 『나라살림』.

김미숙 외. 2003. 『고령화 사회의 사회경제적 문제와 정책 대응 방안: OECD 국가의 경험을 중심으로』. 한국보건사회연구원

김승권. 2004. "최근 한국사회의 출생률 변화원인과 향후 전망." 『한국인구학』 제27권 2호.

김연명. 2006. "국민연금 개혁, 방향이 잘못 잡혔다." 『신진보리포트』 통권 3호.

김유선. 2006. "비정규직 규모와 실태: 통계청, '경제활동인구조사 부가조사'(2006.8) 결과." 한국노동사회연구소 홈페이지(http://www.klsi.org/data/).

김흥종·신정완·이상호. 2006. 『사회경제정책의 조화와 합의의 도출: 주요 선진의 경험과 정책 시사점』. 대외경제정책연구원

남찬섭. 2006. "압축성장과 구조적 취약성." 『인물과 사상』 4월호.

노대명. 2006. "근로빈곤층의 실태와 사회 서비스 부문 고용창출." 『빈곤과 불평등 실태 및 정책 대안』(5/9 한국보건사회연구원 정책토론회 자료집).

보건복지부. 2006. "국민연금, 거대기금의 의미를 밝힌다"(08/31 보도자료).

_____. 2007a. "'07년 저출산고령사회 시행계획"(02/01 보도자료).

_____. 2007b. "Vision 2030, 인적자원 활용 2+5 전략"(02/05 보도자료).

_____. 2007c. "노인일자리, 복지·교육형 중심으로 개편"(02/09 보도자료).

석재은. 2006. "공적 연금 사각지대의 실태 및 원인"(07/05 노사정위원회 사회소위원회 제53차 회의 발표문).

안종범. 2005. "국민연금 개혁의 정치경제학." 『응용경제』 7권 2호.

양준모. 2006. "고령화와 국민연금: 고령화에 따른 국민연금제도 개혁 방향의 모색." 『한국 경제의 분석』 12권 1호.

유종일. 2006. "참여정부의 '좌파 신자유주의' 경제정책." 『창작과 비평』 34권 3호.

윤석명. 2006. "국민연금 개혁 관련 주요 쟁점 및 바람직한 개혁 방향 모색." 『보건복지포럼』 17호.

이상호. 2003. "연금과 시장: 세계은행와 국제노동기구의 연금 개혁안을 중심으로." 이상호 외. 『자본주의 대 자본주의: 연금 개혁의 비교자본주의』. 아연출판부.

이지만·정승화. 2006. 『고령친화적 기업 경영 모델 개발과 확산에 관한 연구』. 보건복지부.

이지혜. 2005. "국민연금과 고령층 노동시장의 퇴직 유인." 『경제논집』 44권 1호.

조윤영. 2006. "기혼 여성의 출산과 노동 공급 : 생애주기 모형." 『KDI 정책연구시리즈』.

최경수 편. 2004. 『인구 구조 고령화의 경제적 영향과 대응 과제(II)』. 한국개발연구원.

최경수·문형표·신인석·한진희 편. 2003.『인구 구조 고령화의 경제적 영향과 대응 과제(Ⅰ)』. 한국개발연구원.

통계청. 2005. "2005년 고령자 통계"(10/16 보도자료).

_____. 2006. "장래인구추계 결과"(11/22 보도자료).

_____. 2007. "2007년 고령자 통계"(10월 보도자료).

_____. 각 연도.『인구동태통계연보』.

_____. 각 연도.『경제활동인구연보』.

한국개발연구원. 2005. "인구 구조 고령화의 경제·사회적 파급 효과와 대응 과제."『고령화사회 대비 협동 연구 총괄 보고서』.

한국보건사회연구원. 각 연도.『전국 출산력 및 가족 보건 실태 조사』.

_____. 2004.『2004년도 전국 노인 생활 실태 및 복지 욕구 조사』.

_____. 2005.『2005년도 전국 결혼 및 출산 동향 조사』.

홍경준. 2005. "공적 연금 체제의 빈곤 완화 효과 연구."『사회보장연구』제21권 제2호.

Aaron, H. J. 2002. "Budget Estimates : What We Know, What We Can't Know, and Why It Matters." S. H. Altman and D. I. Shactman ed. *Policies for An Aging Society*. The Johns Hopkins University, Baltimore.

Altman, S. H. and Shactman, D. I. 2002. "Overview: Issues and Options for an Aging Population." S. H. Altman and D. I. Shactman ed. *Policies for An Aging Society*. The Johns Hopkins University, Baltimore.

Barr, N. 1992. "Economic Theory and the Welfare State: A Survey and Interpretation." *Journal of Economic Literature* Vol. XXX.

Coleman, J. S. 1988. "Social Capital in Creation of Human Capital." *American Journal of Sociology* Vol. 94. supplement.

Esping-Andersen, G. 1996. "After the Golden Age? Welfare State Dilemmas in a Global Economy." G.Esping-Andersen ed. *Welfare State in Transition-National Adaptions in Global Economies*. Sage. London.

_____. 1999. *Social Foundations of Postindustrial Economies*. Oxford University.

Geanakoplos, J. Mitchell, O. S. and Zeldes, S. P. 2002. "Private Accounts, Prefunding, and Equity Investment under Social Security." S. H. Altman and D. I. Shactman ed. *Policies for An Aging Society*. The Johns Hopkins University, Baltimore.

Gillion, C. 2000. "The development and reform of social security pension: The approach of the International Labor Office." *International Social Security Review* vol. 53. no. 1.

Holzmann, R. and Stiglitz, J. E. ed. 2001. "New Ideas about Old Age Security-Toward

Sustainable Pension Systems in the 21st Century." The World Bank. Washington, D.C.

James, E. 1997. "Pension Reform: Is There An Efficiency-Equity Trade-Off?" *World Bank Policy Rese arch Working Papers* No. 1767.

Keese, M. 2003. "Reversing the tide: Preminiary lessons from the OECD's older worker thematic review"("OECD 고령노동자 연구결과 분석"). 한국노동연구원. 『고령화시대 노동시장정책 II: 각국사례』(국제세미나 자료집, 2003. 10. 24).

Marmor, T. R. and Mashaw, J. L. 2002. "The Case for Universal Social Insurance." S. H. Altman and D. I. Shactman ed. *Policies for An Aging Society.* The Johns Hopkins University, Baltimore.

McGillivray, W. 2000. "Pension reform: Where are we now?." *International Social Security Review.* vol. 53. no. 1.

Meier, G. M. 1984. *Leading Issues in Economic Development,* 4th ed. Oxford University.

Munnel, A. H. 2002. "The Case for Retaining Defined Benefit Programs." S. H. Altman and D. I. Shactman ed. *Policies for An Aging Society.* The Johns Hopkins University, Baltimore.

Myles, G. 1996. "Markets Fails: Social Welfare in Canada and the United States" G. Esping-Andersen ed. *Welfare State in Transition,* Sage. London.

Myles, J. and Pierson, P. 2001. "The Comparative Political Economy of Pension Reform" in P. Pieron ed. *The New Politics of the Welfare State.* Oxford.

Narayan, D. 1999. "Social Capital and the State: Complementarity and Substitution." *World Bank Policy Research Working Papers,* No. 2167.

OECD. 2006a. "Society at a Glance: OECD Social Indicator." (www.oecd.org/els/social/indicators/SAG).

OECD. 2006b. *Live Longer, Worker Longer.* Paris

Orszag, P. R. and Stiglitz, J. E. 1999. "Rethinking Pension Reform: Ten Myths About Social Security Systems." World Bank Conference Sept. 14-15, *(http://wbln0019. worldbank.org/hdnet/hddocs.nsf).*

Pierson. P. 1997. "Dismantling the Welfare State?" Cambridge University.

_____. 2001. "Post-Industrial Pressures on the Mature Welfare States" in P. Pierson ed. *The New Politics of the Welfare State.* Oxford University.

Queisser, M. 2000. "Pension Reform and international organization: From conflict to convergence." *International Social Security Review* vol. 53. no. 2.

Siebert, H. 2002. "economic perspectives for Aging Societies." H. Siebert ed. *Economic policiy for Aging Societies,* Springer. Berlin.

Visco, I. 2002. "Aging Populations: Economic Issues and Policy Challenges." H. Siebert ed. *Economic policiy for Aging Societies*. Springer. Berlin.

White, J. 2002. "The Entitlement Crisis That Never Existed." S. H. Altman and D. I. Shactman ed. *Policies for An Aging Society*. The Johns Hopkins University, Baltimore.

World Bank. 1994. *Averting the Old Age Crisis*. World Bank Policy Research Report. Oxford University.

찾아보기